경제 저격수의 고백
2

HOODWINKED:
An Economic Hit Man Reveals Why the World Financial Markets Imploded and What We Need to Do to Save Them
by John Perkins

탐욕스러운 기업들의 속임수 Hoodwinked

경제 저격수의 고백 2

전 세계를 무대로 속임수를 써 막대한 부를 거둬 가는 경제 저격수의 총 끝이 이제 우리를 겨냥한다. 우리는 살아남기 위해 무엇을 어떻게 해야 하는가.

존 퍼킨스 | **김현정 옮김**

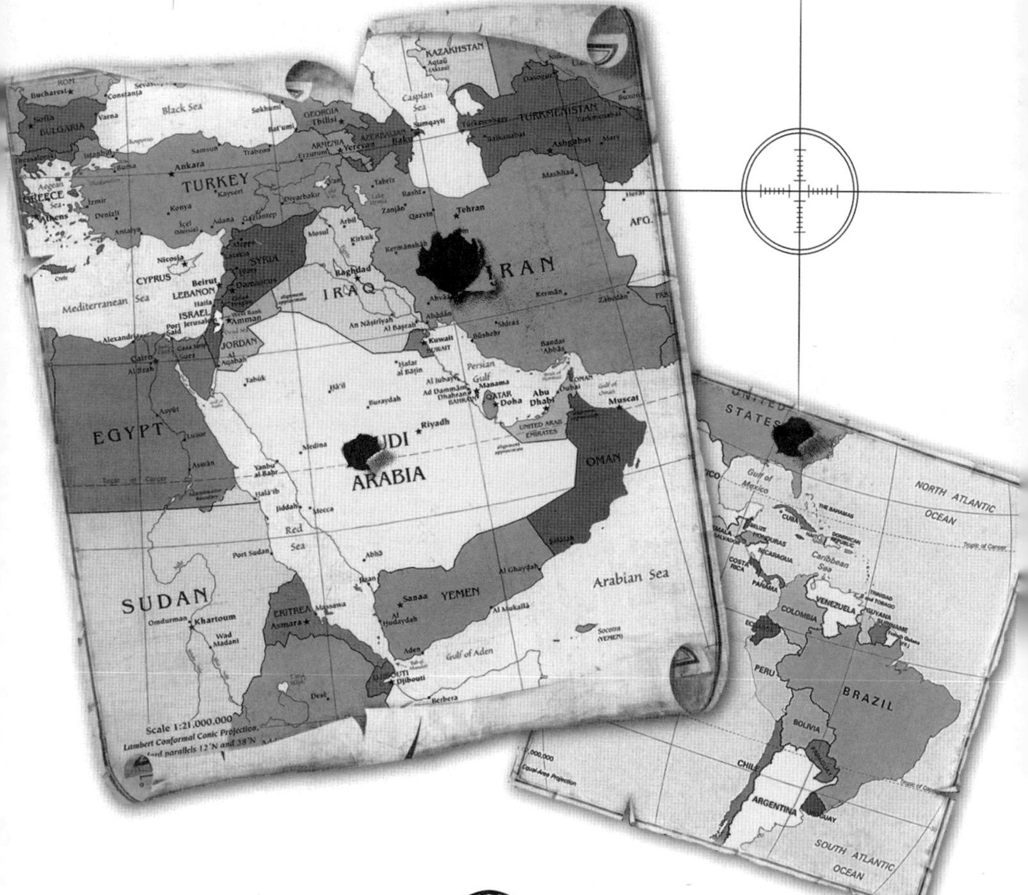

민음인

나의 손자 그랜트 에단 밀러,

세계 각지에서 이 시대를 살아가고 있는

그랜트의 형제자매들에게 이 책을 바친다.

후손들은 지속 가능하고, 공정하고, 평화로운 세상을 만들어 나가도록

우리에게 영감을 부여한다.

저자의 말

이 책에 등장하는 사람들은 모두 실존 인물이며
이 책에 묘사되어 있는 사건들은 모두 실제로 발생한 일들이다.
드물게, 개인 정보 보호를 위해 등장인물의 이름을 비롯해
중요하지 않은 정보를 수정하거나 자연스러운 글의 흐름을 위해
여러 개의 일화나 대화를 묶어 놓은 경우도 있다.

North Pacific Ocean
Indian Ocean
AUSTRALIA
MALAYSIA
EAST TIMOR
Jakarta
Singapore
Kuala Lumpur
PALAU
Timor Sea
Darwin
Port Hedland
Karratha
Scale 1:32,000,000 at 5°N

| 차례 |

2부 | 해결책

KAZAKHSTAN
Black Sea
Caspian Sea
Ankara
SYRIA
CYPRUS
Beirut
LEBANON
ISRAEL
Amman
JORDAN
Mediterranean Sea
IRAQ
Baghdad
IRAN
Tehran
Kuwait
EGYPT
SAUDI
ARABIA
Riyadh
Medina
Mecca
Doha
Abu Dhabi
Muscat
Red Sea

서문

나는 경제 저격수였다. 경제 저격수란 대기업과 미 정부 일부의 이익을 위해 활동하는 엘리트 조직, 즉 현대판 '살인 청부업자'를 일컫는다. 나의 공식적인 직함은 듣기에도 그럴듯한 수석 경제학자였다. 뿐만 아니라, 합법적인 것처럼 보이는 인상적인 보고서를 만들어 내는 우수한 경제학자와 경영 컨설턴트, 금융 분석가를 휘하에 거느리고 있었다. 하지만 내가 담당한 진짜 임무는 제3세계 국가들을 속여 강탈하는 것이었다.

우리 경제 저격수들의 활동 방식은 다양하지만 가장 흔한 임무는 미국 기업들이 갈망하는 자원을 가진 나라를 찾아내는 것이다. 그런 다음, 그 나라의 지도자를 유혹하고 뇌물을 주어 자국 국민들을 착취하게 만든다. 다시 말해서 결코 갚지 못할 차관을 도입하고, 국가 자산을 민영화하고, 섬세한 환경을 파괴하는 것을 합법화하고, 마지막으로 미국 기업에 귀중한 자원을 헐값에 팔아넘기도록 자원이 풍부한 나라의 지도자들을 설득하는 것이다. 경제 저격수의 이런 시도에 저항할 경우 CIA를 등에 업고 활동하는 자칼이 해당국의 체제를 전복시키거나 지도자를 암살한다.

우리 경제 저격수들이 제3세계에서 제법 큰 성공을 거두자 윗자리에 앉아 있는 상사들은 미국 내, 그리고 해외 곳곳에서 비슷한 전략을 실행할 것을 명령했다. 그 결과로 나타난 것이 바로 이번 경제 위기를 초래한 주범이라고 볼 수 있는 지속 가능하지 않은 형태의 자본주의다. 물론 일시적으로나마 회복이 이루어지고 있긴 하지만 이번 위기는 세계적인 쓰나미의 시작이라고 볼 수 있다.

플로리다에서 출발한 아이슬란드 항공 757편은 밤새 대서양을 가로질러 2009년 3월 5일 새벽 레이캬비크(아이슬란드의 수도 — 옮긴이) 공항에 도착했다. 비행기가 활주로에 내려앉는 동안 야간 비행으로 지친 몸을 추스르며 글을 써내려 갔다. 어두운 창밖을 바라보던 중 문득 1800년대 말로 거슬러 올라가 역마차를 타고서 애리조나 주 툼스톤, 사우스다코타 주 데드우드 등 옛 서부 지역 신흥 도시에 도착한 듯한 기분이 밀려들었다. 동시에, 서부 신흥 도시의 몰락은 쓰나미의 힘이 점차 강력해지고 있다는 사실을 반증하는 또 다른 증상이었다는 생각이 들었다.

유럽의 먼 친척뻘 되는 가난한 저개발 국가였던 아이슬란드는 느닷없이 눈부신 경제 성장을 거듭하더니 2007년에는 세계은행에서 발표한 일인당 소득 기준으로 세계에서 세 번째로 부유한 나라로 등극했다. 레이캬비크가 순식간에 신흥 도시로 떠오르자 사람들은 이 도시에서 하룻밤 새 엄청난 재산을 긁어모으곤 했다. 유명 인사, 도박꾼,

사기꾼, 경제 저격수들이 속속 레이캬비크로 몰려들었다. 모건 스탠리, 골드먼 삭스를 비롯해 월 가를 장악하고 있는 대형 금융업체 대부분이 넥타이 부대를 레이캬비크로 파견했다. 경제 저격수로 활동하는 남자와 여자들은 석유를 비롯한 귀중한 천연자원으로 인해 순식간에 물질만능주의가 팽배한 나라가 되어 버린 인도네시아, 나이지리아, 콜롬비아 등을 착취하기 위해 사용했던 것과 유사한 모델을 아이슬란드에도 똑같이 적용하여 가능한 많은 빚을 쓰도록 아이슬란드 국민과 정부를 설득했다. 아이슬란드 국민들은 할리우드에나 어울릴 법한 엄청난 소비 패턴을 받아들였다. 마이애미에 있는 대저택, 비벌리힐스에 있는 아파트, 영국의 백화점, 덴마크의 항공사, 벤틀리, 롤스로이스, 노르웨이의 발전소, 심지어 영국의 축구 팀까지 사들였다. 2007년이 되자, 아이슬란드 시민들이 보유한 해외 자산 규모는 2002년에 비해 약 오십 배가량 늘어나 있었다. 2003년부터 2007년까지 아이슬란드의 주식 시장은 무려 아홉 배나 성장했다. (같은 기간 동안 미국의 주식 시장은 불과 두 배 성장했을 뿐이다.) 레이캬비크의 부동산 가격은 세 배나 뛰어올랐다. 아이슬란드 가정의 평균 재산은 삼 년이라는 기간 동안 무려 세 배나 증가했다.[1]

아이슬란드의 금광, 즉 아이슬란드의 눈부신 경제 성장을 가능케 했던 원자재는 다름 아닌 수력 전기 에너지와 지열 에너지였다. 아이슬란드 국경 내에 위치한 빙하, 강, 화산, 온천수 등이 무한정 에너지를 공급해 줄 것처럼 보였다. 이런 자원은 상자나 통에 담을 수가 없기 때문에 현지에서 직접 착취하는 방법밖에 없었다. 최대 에너지 수요자 중 하나인 알루미늄 업체들은 1960년대 말 아이슬란드로 몰려

들었다. 이후 사십 년 동안 세계 시장에서 알루미늄 수요가 급증하자 알루미늄 업체들은 해외 투자자 소유의 용광로에 동력을 공급하기 위해 발전소를 짓도록 아이슬란드의 지도자들을 설득했다. 세계적인 알루미늄 업체 알코아는 아이슬란드를 유명하게 만들어 줄 만한 방안을 내놓았다. 아이슬란드 북쪽 지역에 수력을 이용해 알루미늄을 생산하기 위한 산업 단지를 조성할 것을 제안한 것이다. 아이슬란드가 해야 할 일이라고는 앞으로 발생할 전력 판매 수익을 담보로 엄청난 규모의 차관을 도입하고 알코아의 용광로만을 위해 600메가와트가 넘는 전력을 생산할 댐과 발전소를 지을 외국 기업을 고용하는 것뿐이었다. (당시 아이슬란드 국민 전체가 사용하는 전력량은 300메가와트에 불과했다.)

물론 말처럼 간단한 일은 아니었다. 과학자들은 댐이 들어설 자리가 지진 단층선 위에 놓여 있으며 댐 건설 시 침수될 지역(아이슬란드의 규모는 켄터키 주보다 약간 작으며 댐으로 인해 수몰될 지역의 규모는 맨해튼과 맞먹는 수준)에 희귀종이 대량 자리 잡고 있다는 사실을 발견했다. 아이슬란드 정부가 환경 관련 법안을 포기하고 '특수 조건' 건설 허가증을 발행하는데도 아이슬란드 국민들은 짐짓 모르는 척했다. 2007년 6월, 알코아는 미국의 벡텔이 지은 알루미늄 공장을 가동하기 시작했다. 알코아는 새 공장에서 아이슬란드에 지어진 자신들의 첫 번째 알루미늄 공장에서 생산되는 양의 열 배에 달하는 34만 6000미터톤의 알루미늄을 매년 생산할 계획이었다.

아이슬란드 국민들은 알코아의 공장 가동을 축하했다. 하지만 알코아가 설비를 가동하는 시간 동안 자국 전력 회사가 한 시간당 수만 달러씩 손해를 본다는 사실을 알게 되자 기쁨은 사라졌다.

2008년 10월 6일, 전례 없는 일이 발생했다. 자국 경제보다 몇 배나 큰 규모로 성장했던 아이슬란드 은행들이 무너진 것이다. 손실 규모가 무려 1000억 달러에 이르렀고 그 규모는 나날이 늘어만 갔다. 아이슬란드의 부채는 GDP의 850퍼센트 수준으로 급증했다. 한마디로, 아이슬란드라는 나라가 도산한 것이다.[2]

착륙 후 비행기가 활주로를 따라 달리는 동안 레이캬비크가 어떤 모습일지 궁금증이 밀려왔다. 금이 모두 사라지고 난 후의 툼스톤이나 데드우드와 같은 모습을 하고 있지는 않을지, 한 시간 내에 도둑과 걸인, 해야 할 일을 모두 마친 저격수, 아이슬란드를 털어먹는 데 성공한 후 술고래로 변해 버린 경제 저격수 한두 명을 제외하곤 아무도 남아 있지 않는 유령 도시 속을 거닐게 되지는 않을지 궁금해졌다.

아이슬란드가 문제의 시작을 알리는 전조에 불과하다는 데에는 전혀 의심의 여지가 없었다. 직접 아이슬란드를 방문한 데는 여러 가지 이유가 있었다. 선진국을 상대로 한 첫 번째 '저격'에 관한 구체적인 상황들을 파악하고 싶은 마음도 그중 하나였다. 아이슬란드의 비극을 통해 교훈을 얻지 못한다면 우리도 똑같은 결과를 마주하고 고통을 받게 될 가능성이 크기 때문이다.

미국을 비롯한 세계 여러 나라들과 마찬가지로 아이슬란드는 일종의 변형 자본주의로 인해 많은 어려움을 겪었다. 1960년대 말 경영대학원 시절 은사님들은 변형 자본주의의 등장을 예측하며 맹렬한 비난을 쏟아냈었다. 변형 자본주의를 지지하는 사람들은 월 가에서부터 상하이에 이르기까지 세계 곳곳을 돌아다니며 재계와 정계 지도자들에게 우리 모두를 파국(내가 경제 저격수가 되었던 시기인 1970년대 이후 제3세계 국가들이 경험하였으며 현재 아이슬란드가 겪고 있는 몰락의 길)으로 이끌 가치관을 주입시켰다. 이와 같이 특수한 형태를 띠고 있는 자본주의의 바탕이 되는 기본 철학은 자원 민영화, 기업 중역들에게 허용되는 무소불위의 권력, 갚을 수 없는 빚을 얻게 해 국가와 개인 모두가 일시적인 노예 상태에 빠져드는 현상 등에 대한 흔들림 없는 믿음이다. 가장 강력한 기업을 운영하는 CEO들은 왕족과도 같은 특별 계급인 만큼 일반인들과 달리 규제를 받지 않아도 된다는 가정을 바탕으로 하는 변형 자본주의는 지정학적 요인들을 통째로 바꾸어 놓았다. 이제, 우리 모두는 도시 국가가 지금과 같은 형태의 국가로 대체되던 때와 별반 다를 게 없는 시기에 들어서고 있다. 한 가지 차이점이 있다면 거대한 기업들이 지금의 국가를 찬탈하고 있다는 것뿐이다.

경영 대학원 은사님들이 말씀하셨던 것처럼 자본주의 자체에 문제가 있는 게 아니었다. 자본주의가 악용되고 있으며 너무도 많은 사람들이 돌연변이 바이러스에 감염되었다는 것이 문제였던 것이다. 거기까지 생각했을 때 비행기가 멈췄다. 하지만 나는 계속해서 바이러스가 급격하게 증가해 유행성 전염병이 되기 전에 통제할 기회가 있을지에 대해 궁금해했다.

비행기에서 내려 세관을 통과한 후 만난 레슬링 선수 같은 체격의 젊은 남자가 자신이 내 운전사라며 소개를 해 왔다. 남자는 공항 밖으로 빠져나가는 길을 안내했다. 해가 뜰 무렵이라 어슴푸레한 빛이 어려 있었지만 금세라도 눈으로 바뀔 것만 같은 차가운 보슬비가 내려 하늘은 잔뜩 찌푸려 있었다. SUV에 올라타자 마치 데드우드로 향하는 역마차를 탄 듯한 기분이 들었다.

운전석에 앉은 남자는 변명하듯 "좀 더 작은 차를 샀어야 하는데." 라고 얘기했다. 일순간 내 얼굴 위에 피어오른 당혹스러운 표정을 보고 비난의 뜻이 담겨 있다고 생각한 게 틀림없었다.

"하지만 그 일은 불과 일 년 전에 일어난 거니까요. 누가 그런 일이 일어날 거라고 상상할 수 있었겠습니까?"

공항을 떠난 지 얼마 되지 않아 운전사는 여전히 어두운 하늘을 가득 메운 엷은 안개 너머로 보이는 건물들을 가리키며 2006년 미국방부가 미군을 철수시키기 전까지 그곳은 1200명이 넘는 군인들이 상주하던 미군 기지였다고 설명했다.

한때 미군 기지였던 그곳이 텅텅 비어 있는지 물어보았다.

운전사의 대답은 예상 밖이었다.

"그렇진 않아요. 한 대학에서 부지를 인수했어요. 군인들이 떠나간 자리를 학생들이 메우게 된 겁니다."

운전사는 쯧쯧 하며 혀를 찼다.

"미 정부가 군인들을 철수시키기 전 저 부지에 있는 시설에 많은 돈을 쏟아부었지요."

"그 이유가 뭔가요?"

운전사는 마치 몰라도 너무 모르는 학생을 바라보는 교수 같은 눈길을 보냈다.

"도급 업체들이 강도처럼 덤벼들었다고 들었어요."

자동차 앞 유리로 떨어지는 빗방울 사이로 황량한 풍경을 볼 수 있었다. 분노한 신이 주먹을 휘둘러 아무렇게나 바위를 흩뿌려 놓은 것처럼 울퉁불퉁한 지형 위에 험준한 바위들이 흩어져 있었다.

운전사는 화산에서 용암이 흘러나온다고 얘기한 다음 구름에 가려진 눈밭을 가리켰다.

"이 모든 일의 원인이 된 산이 바로 저기에 있습니다."

미 항공 우주국에서 아폴로 호 우주 비행사들을 달에 보내기 전 그 산에서 훈련을 시켰다는 기사를 읽은 적이 있다는 얘기를 운전사에게 들려주었다.

"맞아요. 정말 그랬어요."

운전사는 맞장구를 쳤다.

"하지만 우주 비행사들은 결국 트롤에게 쫓겨나고 말았어요."

"트롤이라니요?"

"트롤은 북유럽 신화에 등장하죠. 요정과 거인을 섞어 놓은 형상을 하고 있어요. 까다로운 존재죠."

운전사는 잠깐 말을 멈춘 다음 히죽 웃었다.

"알코아는 새로운 용광로를 짓기 전 용광로 때문에 트롤이 살 자리를 빼앗기는 일을 막기 위해 퇴마사를 불렀어요. 그 퇴마사가 돌팔이였고 지금 아이슬란드가 경제적인 어려움을 겪는 이유가 모두 트롤의 복수라는 소문도 있어요."

운전사는 운전석 옆 창문 쪽으로 시선을 돌리고선 고개를 끄덕였다.

"보이시죠?"

차창 너머로 화산암 위에 자리를 잡고 있는 여러 개의 돌무덤이 보였다.

"우스꽝스러운 조각상들 말인가요?"

"네, 맞아요. 해가 뜨면 트롤이 돌로 바뀌어요. 해가 뜨면 곤란해지는 거지요."

운전사는 싱긋 웃었다.

"그런 일은 자주 일어나지 않아요. 아이슬란드는 그렇게 해가 쨍쨍 내리쬐는 나라가 아니거든요."

"트롤 경제학."

아무 생각 없이 입에서 말이 흘러나왔다.

운전사는 재미있는 듯 나를 바라봤다. 나는 어깨를 으쓱하며 답했다.

"그냥 생각이 난 겁니다. 제가 달리 무슨 표현을 생각해 내겠습니까? 저는 경제학자인 걸요."

"아, 그러시군요."

운전사의 표정을 정확하게 읽어 낼 순 없었지만 '이 경제학자가 내 조국에서 무얼 더 얻어 갈 수 있을 거라고 생각하는 걸까?'라는 의문을 품고 있는 듯했다. '트롤 경제학'이라는 두 단어가 머릿속을 맴돌았다. 레이캬비크로 가는 길 내내 트롤 경제학이라는 표현이 귓전에 들려오는 듯했다. 만일 트롤이 정말로 아이슬란드를 망가뜨린 전형적인 '저격'과 관련이 있는 거라면 트롤은 인간의 형상을 하고서 알코아, 정부, 은행 등의 일자리를 파고들었을 것이다. 잠자리 안경을 끼고 장난스러운 미소를 머금은 대머리 남성의 이미지가 퍼뜩 머릿속에 떠올랐다. 그건 바로 얼마 전에 사진으로 본 시카고 대학 경제학 교수이자 노벨상 수상자인 밀턴 프리드먼의 얼굴이었다. 프리드먼은 그 어떤 사람보다 더욱 적극적으로 아이슬란드를 비롯한 거의 모든 나라들이 미국을 대공황에서 구해 주었던 정책을 피해야 한다고 목소리를 높였다. 프리드먼은 아이슬란드를 무너뜨린 포악한 형태의 자본주의를 널리 퍼뜨리기 위해 마법을 부렸다.

"저기 보이네요!"

운전사가 빗방울 사이로 형체를 드러내고 있는 건물을 가리키며 소리를 질렀다.

"아이슬란드가 지금 겪고 있는 모든 문제의 근원이 된 곳이자 아이슬란드 최초의 알루미늄 공장이지요. 지금은 리오 틴토 알칸이 저 공장을 소유하고 있어요."

차창 앞 유리를 오가는 와이퍼 사이로 보이는 건물을 좀 더 자세히 들여다보기 위해 살짝 눈을 찌푸렸다. 하늘을 가득 메운 희뿌연 안개 너머로 거대한 원통형 타워가 솟아 있는 모습을 확인할 수 있었다. 바다 위로 뻗어 있는 부두 위에 자리를 잡고 있는 여러 개의 원통형 타워를 보고 있노라니 중세 전쟁을 다룬 오래된 영화에서 보았던 성루城樓가 생각났다. 원통형 타워 옆에는 땅 위를 끝없이 뻗어나갈 것처럼 쭉 뻗어 있는 키 작은 건물이 하나 자리를 잡고 있었다.

세상에서 가장 긴 화물 열차마저도 숨겨 놓을 수 있을 것처럼 보이는 건물을 가리키며 운전사가 입을 열었다.

"저 건물은 길이가 1마일이나 되죠. 총 세 개의 건물이 있어요. 나머지 두 개는 지금 보이는 건물 뒤에 있어요."

자동차가 알루미늄 공장에 점점 가까워지는가 싶더니 곧 공장 옆을 지나갔다. 그동안 우리는 둘 다 아무런 말도 하지 않았다. 사람이

라곤 눈을 씻고 찾아봐도 없었고 움직임도 전혀 없었다. 운전사의 설명이 없었더라면 버려진 공장이라고 단정 지어 버리고도 남을 정도였다.

"이 공장은 밤낮으로 가동됩니다."

운전사는 사무적으로 설명을 했다.

탄광, 펄프 제지 공장, 정유 공장, 원자력 발전소 등 다른 산업 시설을 방문했을 때와 마찬가지로 알루미늄 공장의 규모가 압도적이랄 만큼 어마어마하다는 인상을 받았다. 어떤 식으로든 이 공장의 순위를 매긴다는 것은 불가능해 보였다. 하지만 완공 이후 생산 역량이 향상되고 있음에도 불구하고 이 공장의 생산 역량이 알코아의 새로운 용광로보다 훨씬 작다는 사실은 잘 알고 있었다. 나는 좌석에 깊숙이 몸을 파묻은 채 차창 너머 빗줄기 사이로 공장이 사라지는 모습을 가만히 지켜보았다.

"저기 아까 선생님께서 말씀하신 유령 도시가 있네요."

운전사의 한마디가 상념에 빠져 있는 나를 흔들어 깨웠다. 자동차 오른쪽에는 교외에서 흔히 찾아볼 수 있는 예스러운 모습의 집들이 늘어서 있었다.

"모두 비어 있어요."

운전사는 슬픈 듯 고개를 흔들어 대며 또다시 쯧쯧 하고 혀를 찼다.

"아이슬란드에 집을 사 둘 계획이라면 훌륭한 기회가 될 겁니다."

차창 너머로 보이는 주택들을 유심히 바라보았다. 하지만 레이캬비크 교외의 집들은 내 기대를 충족시키지 못했다. 거리는 먼지로 그득했고, 잡초가 나뒹굴고 있었다. 뿐만 아니라 문이 잠긴 댄스홀이며, 거센 바람에 쾅 소리를 내며 닫히는 대문이 고스란히 눈에 들어왔다.

공항을 떠난 지 사십오 분쯤 흐른 후 마침내 레이캬비크에 도착했다.

"도시를 둘러보실 수 있도록 조금 돌아갈게요."

운전사가 얘기했다.

"산산이 부서진 꿈으로 가득한 거리죠."

운전사는 아름다운 현대식 오피스 빌딩이 줄줄이 늘어서 있는 거리로 들어섰다.

"이 건물들은 대부분 은행이나 금융 기관으로 사용되었어요. 물론, 지금은 모두 비어 있지만요."

처음에는 운전사가 농담을 하는 거라고 생각했다. 현대 건축의 눈부신 자태를 뽐내는 모든 건물이 텅 빈다는 것은 불가능해 보였다. 운전사는 속도를 늦추었다. 차창에 얼굴을 바싹 붙인 채 근사해 보이는 건물들을 올려다보았다. 창문 귀퉁이에는 여전히 조그만 스티커들이 덕지덕지 붙어 있었다. 이상한 일이었다. 운전사가 속도를 더 늦추자 건물 안에 정말 아무것도 없는 걸 확인할 수 있었다. 책상도 없고 의자도 없었다. 심지어 커튼도 없었다. 마치 텅 비어 있는 거대한 동굴을 보는 것 같았다.

"또 다른 유령 도시죠."

운전사가 말했다.

"믿을 수가 없군요."

"선생님이 이 도시의 방문객이라는 사실을 감사하게 여기세요."

운전사가 나를 바라봤다.

"저는 여기 살아요."

"우리 둘 다 여기에 살게 될까 봐 걱정되네요."

이 책은 바로 '여기'에 관한 것이다. 즉, 우리가 지금 어디에 서 있는지, 우리가 어떻게 이토록 위험한 곳에 당도하게 되었는지, 이제 어디로 가야 할지에 관한 책인 것이다.

월 가가 아직은 레이캬비크의 산산이 부서진 꿈으로 가득한 거리처럼 보이지 않을 수도 있다. 물론 잡초만 무성한 채 버려진 툼스톤 거리처럼 보이지도 않는다. 그럼에도 불구하고 지난 몇 년 동안 미국에서도 유사한 징후들이 나타났다는 사실을 부정할 순 없다. 미국인들은 그동안 치솟는 실업률, 다우 존스 지수 폭락, 집 없는 사람들이 캘리포니아 주 새크라멘토와 오리건 주 포틀랜드 외곽에 쳐 놓은 천막들, 전용 제트기를 타고 워싱턴으로 날아와 의회에 엄청난 규모의 긴급 구제 금융을 요청하는 자동차 회사 사장들, 회사를 망하게 한 주범인 중역들에게 무려 4억 5000만 달러의 보너스를 지불하겠다는 AIG의 망신스러운 결정, 투자자들의 돈 수십 억 달러를 갈취했다는 사실을 인정한 전 나스닥 증권 거래소 위원장 버나드 메이도프 등 수없이 많은 충격적이고 극단적인 사실을 접해 왔다.

비슷한 얘기들을 열거하자면 끝이 없다. 이런 사실들은 그야말로 사람들을 우울하게 만든다. 이런 사실들을 전해 듣고서 깜짝 놀란 사람도 많을 거라고 생각한다. 하지만 우리 모두는 이런 일들이 벌어질 거라는 사실을 좀 더 일찍 깨달았어야 한다. 1960년대 말 학교에서 만났던 교수님들이 그랬다. 그 시대에 학교를 다녔던 수많은 학생들도 그랬다.

스탠포드 대학 신입생 마사는 내게 이런 얘기를 했다.

"경고 신호가 셀 수 없이 많았어요. 1조 달러가 넘는 미국의 예산

적자만 해도 분명한 경고인 겁니다. 갚을 능력이 없는 사람들에게 엄청난 금액의 대출을 승인하여 주택 담보 대출 시장에 거품이 생겨난 일도 경고지요. 터무니없이 많은 돈이 소요되는 전쟁, 일자리 아웃소싱, 은행법 폐지 등 셀 수 없이 많아요. 어떻게 모를 수가 있다는 거지요?"

하지만 우리는 여전히 스스로를 기만하고 있다. 주식 시장이 되살아나는 것처럼 보이거나 유가가 하락하는 등 이따금씩 '좋은 소식'이 나타나면 최악의 상황이 끝이 났다고 스스로를 속이는 것이다. 한마디로 우리는 파블로프의 개나 다름이 없다. 종이 울리면 반사적으로 침을 흘리는 것이다. 이런 반응은 위험하기 그지없는 환상일 뿐이며 그 환상은 좀 더 심각한 문제를 다루는 데 방해가 된다.

"진짜 이야기(2004년 11월에 발표한 『경제 저격수의 고백』에서 폭로한 이야기)는 바로 우리가 거짓된 삶을 살아가고 있다는 것이다. (중략) 우리는 그저 허상의 껍질을 한 겹 만들어 내 자칫 목숨을 앗아갈 수도 있는 암을 숨기고 있는 것뿐이다."

안타깝게도 허상의 껍질을 벗겨 내고 그 속을 들여다보려 하지 않는 사람들이 너무도 많다. 정계와 재계 지도자들은 "지금까지 해 온 것처럼 앞으로도 계속 해 나가야 한다."고 우리를 부추긴다. 오래전부터 전해져 내려온 진부한 의견에 의지하는 경우가 너무도 많다. 우리는 이미 암, 즉 자본주의에서 파생된 포악한 돌연변이 바이러스를 표준으로 받아들였다. 미국인들은 앞으로도 계속해서 전 세계 자원 중 터무니없이 많은 양을 소비하고 그 값을 신용 카드로 치르면서 높은 이자(혹은 이런 행동으로 인한 결과)를 내지 않아도 될 거라며 자기 스스로를 속이고 있다.

“기존의 시스템이 자멸의 길로 이어지는 게 아닐까 하는 의심이 들 수도 있다. 그럼에도 불구하고, 용기를 내어 지금까지의 관행에서 탈피하고, 지금껏 너무도 당연하게 절대적인 진리라고 여겨 왔던 개념과 맞서려면 어떻게 해야 할까?” (『경제 저격수의 고백』에서도 같은 질문을 던졌다.)

우리는 지금껏 용기를 내지 못했다. 우리는 지금껏 미국 정부가 이라크에서 테러리스트의 그림자를 쫓고, 치약 튜브에 폭발물이 담겨 있는 건 아닌지 확인하기 위해 공항에서 승객들의 소지품과 가방을 뒤지고, 인신 보호 영장도 없이 사람들을 감옥에 가두는 만행을 통해 가장 신성한 문서를 훼손하는 것을 보고만 있었다. 뿐만 아니라 미국 대통령을 비난하는 것이 반역 행위라고 스스로를 속여 왔다. 우리는 탐욕스러운 자본가들로부터 우리를 보호해 주었던 법률들을 아무렇지도 않게 내동댕이쳐 버렸으면서 AIG의 손실과 비교도 되지 않을 만큼 GDP 규모가 작은 몇몇 나라들을 서슴없이 ‘악의 축’이라고 칭한다. 뿐만 아니라 테러리스트를 잡겠다고 콜롬비아의 정글을 샅샅이 뒤지는 작전은 적극적으로 지지하면서 우리 경제를 통째로 망가뜨릴 수 있는 힘을 갖고 있는 기업의 거래 내역이 담긴 원장을 찾기 위해서는 아무런 노력도 하지 않는다.

오바마 대통령의 당선은 상징적인 의미를 갖고 있다. 하룻밤 사이에 보수적인 공화당원이 권좌에서 밀려나고 진보적인 민주당원이 대통령이 되었다는 사실은 미국 유권자들의 태도에 커다란 변화가 있었음을 시사한다. 오바마 대통령의 당선은 미국인들이 변화를 원한다는 메시지를 담고 있다. 신용 카드 업계에 제재를 가하고, 자동차 배기가스 배출 기준 및 연비 기준을 강화하고, 금융 규제 위원회를 신설하고, 추가적인 정책들을 실행하겠다는 오바마 행정부의 계획으로 인해 미국인들은 어쩌면 지금껏 걸어온 길을 되돌아가게 될지도 모르겠다. (의회에서 통과가 되는 날이 온다면.) 하지만 그 누구도 입 밖에 꺼내지 않는 한 가지 안타까운 진실은 바로 그 길이 결코 우리를 진정한 변화로 인도해 주지 못한다는 것이다. 그 길은 지금 우리가 허우적대고 있는 이 늪을 벗어나기 위한 길이 아니다. 그 길은 단지 재앙에 도달하기까지 조금 더 오랜 시간이 걸리는 우회로일 뿐이다. 이제 새로운 길을 개척해야 할 때가 되었다.

사랑하는 나의 딸 제시카와 사위 댄은 2007년 9월 25일 귀여운 손자를 내 품에 안겨 주었다. 그로부터 두어 달이 지난 추수 감사절 지속 가능하고, 공정하고, 평화로운 세상을 만드는 데 내 남은 삶을 바치겠다는 몇 해 전의 다짐을 다시 한 번 가슴에 새겼다. 손자 그랜트를 보고 있자니 상황이 얼마나 긴박한지 경각심이 되살아났다.

나는 그랜트가 모르는 사실을 알고 있다. 그건 바로 내가 경제 저격수로 활동할 때 시작된 위기로 인해 그랜트의 삶이 위협을 받고 있다는 사실이다. 지금은 예방에 관해 논할 때가 아니다. 마찬가지로, 정상적인 상태(소수가 다수를 착취하는 세계)로 되돌아가기 위한 방법을 논할 때도 아니다. 우리는 이제 우리 자신, 그리고 우리 경제를 변화시켜야 한다.

과거 경제 저격수로 활동한 기간에는 '정상'으로 여겨지는 이 위험한 영역으로 사람들을 몰아넣기 위해 수많은 일에 가담했다. 지난 오년간은 저자 겸 강연자로 활동하며 미국을 비롯한 세계 각국에서 정계와 재계 지도자, 학생, 교사, 근로자 등 다양한 사람들에게 중요한 얘기를 전하고 있다.

지난 몇 년 동안 강연을 하면서 이제 우리는 우리를 구원하고 그랜트의 세계를 구해 줄 변화를 받아들일 준비가 되었다는 희망을 갖게 되었다.

이 책의 1부에서는 지금 우리가 겪고 있는 문제의 근본 원인이 무엇인지 살펴보려고 한다. 근본 원인을 파악하고 나면 우리에게 어떤 선택권이 있는지 판단할 수 있다. 2부에서는 우리에게 주어진 선택권을 좀 더 구체적으로 살펴볼 계획이다. 개개인, 그리고 사회의 일원으로서 나의 손자 그랜트와 그랜트의 형제자매들이 물려받고 싶어 할 만한 시스템을 실행하기 위해 우리가 어떤 행동을 취해야 할지 살펴볼 것이다.

오바마 대통령의 경제 계획, 월 가 개혁을 위해 현재 운영 중인 계획, 기타 미국 정부의 단기 정책의 장단점에 관한 내용을 담고 있는 수없이 많은 책들이 시장에 쏟아져 나왔다. 대부분의 책들은 부상자 치료를 위한 우선순위 선정에 관한 이야기들을 담고 있다. 즉, 지혈을 위해 추천할 만한 응급 처치법에 관한 이야기를 담고 있는 것이다.

이 책은 한 단계 더 나아가 사람들을 감염시키는 바이러스를 찾아내고 장기적인 치료법을 처방하는 데 주력한다.

1부 | 문제

1장 | 우연

사실

경제 저격수로 활동할 당시 수많은 제3세계 국가의 통계 자료를 분석했다. 하지만 지난 몇 년 동안 미국이 그랬던 것만큼 빠른 속도로 무너지는 나라는 보지 못했다. 우리는 그동안 곤두박질치는 미국의 실상과 관련된 이런저런 사실들을 접해 왔다. 우리가 그동안 전해 들어온 것보다 실상이 더욱 열악하다는 개인적인 견해와 함께 중요한 사실들을 일목요연하게 정리해 보았다. (이미 관련된 이야기를 지나치리만큼 많이 들어 왔다고 생각하시는 분은 아래 내용을 건너뛰어 1장의 후반부 '도전' 부분부터 읽어 나가기 바란다.)

직접적인 위기는 미국 경제에서 비롯되었다. 부동산 시장에서 첫 번째 징후가 나타났다. 부동산 가격은 2005년 역사상 최고 수준으로 치솟았으나 이듬해인 2006년 하락세를 보이기 시작했다. 부동산 가격이 하락 국면에 접어들자 경제 내 다른 부문도 하락세를 보이기 시작했으며 결국 부동산 위기가 한층 악화되었다. 베어스턴스, 메릴 린치, 리먼 브라더스, AIG를 비롯한 미국의 금융계 전체가 서브 프라임 모기지 시장에 지나치게 많은 투자를 한 탓에 결국 시스템이 붕괴되고 말았다. 2008년 리먼 브라더스가 파산을 신청했으며 베어스턴스는 주당 이 달러를 받고 JP 모건에 주식을 넘겨 가까스로 파산을 면했다. 미국 정부가 엄청난 규모의 구제 금융을 실시하지 않았더라면 AIG, 뱅크 오브 아메리카, 시티 그룹도 몰락하고 말았을 것이다. 결국 미국의 대형 금융업체, 금융 자본이 지배했던 시장이 무너지면서 미국의 GDP와 얼추 맞먹는 규모인 14조 달러가 증발해 버렸다.[1]

과거 미국의 상원 의원을 지냈으며 현재 투자 은행 알렌 앤드 컴퍼니의 임원을 맡고 있는 빌 브래들리는 2009년 4월 30일 한 심포지엄에서 미국이 처한 상황을 다음과 같이 요약 설명했다.

"미 연방 정부가 보증 및 재정 투입의 형태로 국내 금융 부문에 지원한 금액이 약 12조 7000억 달러에 이릅니다. 뿐만 아니라 우리는 이미 이번 위기에 4조 달러를 투입했습니다. (중략) 미국 납세자가 내놓은 돈 4000억 달러가량이 시티 그룹에 투입된 상황입니다."

2008년 노벨 경제학상 수상자 폴 크루그먼이 남긴 얘기도 들어 보자.

"미국 전체 가구가 보유한 순자산이 무려 13조 달러나 급락했습니다. 전 세계에서 비슷한 현상이 나타나고 있지요."[2]

세계 금융 시장 붕괴는 경제 전반에 영향을 미쳤다. 2008년 12월 30일까지 미국의 대표적 주택 가격 지수인 케이스 쉴러 주택 가격 지수가 전례 없는 수준으로 급락했다. 주거용 건축은 38퍼센트나 감소했다. 2009년 초 미국의 GDP는 연평균 6퍼센트가 넘는 마이너스 성장을 기록했으며 산업 생산은 13퍼센트나 감소했다. 미국 노동 통계청에서는 다음과 같은 내용을 발표했다.

"2009년 4월 현재 거의 모든 주요 민간 산업 부문에서 대규모 일자리 감소 현상이 나타났다. 미국 전역에서 민간 부문 일자리가 61만 1000개 감소했다."

같은 기간 동안 미국 내 실업자 수가 1370만 명으로 늘어나 전체 노동 인구에서 차지하는 비중이 약 9퍼센트로 늘어났다. 2009년 5월, 미국은 공식적으로 16개월 연속 경기 후퇴를 기록하며 대공황 이래 최장의 불황을 맞게 되었다.

새로운 통계 자료가 공개될 때마다 신기록이 수립되는 듯했다. 예상치는 점점 우울해졌다. 기업 재고는 1040억 달러 감소하여 1947년 통계 자료를 발표하기 시작한 이래 최고 하락폭을 기록했다. 수출은 30퍼센트나 감소하여 사십 년 만의 최고 하락폭을 기록했으며 기업 투자는 약 40퍼센트 감소하여 또 다른 기록을 수립했다. 주택 건축 활동이 38퍼센트나 줄어들었으며 기업은 전례 없이 연간 38퍼센트나 지출을 줄였다. 설상가상으로, 전체 미국인 중 12퍼센트가 주택 담보 대출금을 제 날짜에 상환하지 못하거나 압류 처분을 받게 되었다. 미국 경제 건전성의 전조로 여겨졌던 GM은 설립 이래 처음으로 열세 개에 달하는 미국 내 조립 공장을 폐쇄하고 자동차 생산량을 19만 대가량 줄일 계획이라고 발표했다. 그로부터 몇 달이 지난 2009년 6월 1일, GM은 구조 조정을 실시하면 2만 1000개가 넘는 일자리가 사라지고, 최소 열두 개 공장의 문을 닫아야 하며, 대리점 2600곳의 문을 닫아야 한다며 파산 보호를 신청했다.[3] 결국, GM은 미국 정부의 도움으로 국유화의 길을 걸으며 최악의 수모를 겪게 되었다.

미국의 불황은 전 세계에 영향을 미쳤다.

UN은 「2009년 세계 경제 상황 및 전망」 보고서에서 2009년 한 해 동안 세계 경제 규모가 2.6퍼센트 감소할 것으로 내다봤다. 과거, 최악의 경우가 발생했을 때 2009년 한 해 동안 세계 경제 규모가 불과 0.5퍼센트 감소할 거라는 진단을 내놓았던 것과 비교했을 때와 그 차이가 엄청나다. 2009년 1월에 발표된 이 보고서에는 다음과 같은 내용이 포함되어 있다.

"세계적인 신용 경색으로 인해 세계 각국에서 실물 경제가 부담을 느끼는 상황이 지속되고 있다."

뿐만 아니라 UN은 이 보고서에서 앞으로 이 년 내에 실업자 수가 5000만 명에 이를 것이라는 예상을 내놓는 동시에 '상황이 계속해서 악화되면 이 숫자가 금세 두 배로 늘어날 것'이라고 경고했다. UN은 2009년 한 해 동안 세계 교역 규모가 11퍼센트 감소하여 대공황 이후 최대의 연간 하락폭을 기록할 것으로 내다봤다.[4]

위에서 언급한 예상 수치들이 매우 끔찍해 보이겠지만 실상을 따져보면 이 수치들은 비현실적일 만큼 긍정적인 미래를 그려 보이고 있다. 위 통계 수치들을 보면 각국 정부, 세계적인 금융 기관들이 우리 모두를 교묘하게 조종하며 뻔뻔하게 속이고 있다는 사실을 알 수 있다. 이들은 내가 경제 저격수로 활동하면서 익혔던 바로 그 게임을 하고 있다. 즉, 미래를 가능한 장밋빛으로 포장하고, 사람들을 진정시키기 위해 모든 노력을 기울이고, 현 상태를 유지하기 위해 노력하는 것이다. 내가 접한 통계 자료는 최악의 시나리오가 발생할 가능성 자체를 극도로 과소평가하고 있다. 예를 들어, 해외 언론들은 2600만 명이 넘는 중국인들이 이미 실업 상태에 빠졌다는 보도를 내놓았다.[5] 미국 내에서 일자리를 구하지 못하고 있는 실업자 1370만 명까지 더하면 실제 전 세계의 실업자 수는 UN에서 발표한 실업자 수 5000만 명을 이미 훌쩍 뛰어넘은 것으로 보인다. 그것도 UN의 발표 수치를 상당한 차이로 뛰어넘을 것으로 보인다. 2009년 1분기가 끝날 무렵, 경제 분석가들은 경제가 회복기에 접어들었다는 확신을 심어 주기 위해 안간힘을 썼다. 이때도 바로 이 전략이 똑같이 사용되었다고 볼 수 있다. 하지만 2009년 한 해 동안 경제가 1.3퍼센트 하락할 거라는 예상치를 내놓았던 미국 연방 준비 제도 이사회는 5월이 되자 경제 하락폭이 2퍼센트에 이를 거라는 발표를 내놓았다. 연방 준비 제도 이사회는 실업률 예상치도 8.8퍼센트에서 9.6퍼센트로 인상했다.[6] 그러나 수정 발표된 예상치 역시 장밋빛에 불과하며 실제 상황은 더욱 열악하다고 생각하는 편이 현명하다.

소로스 펀드 매니지먼트 LLC, 열린 사회 연구소의 회장이자 『조지 소로스, 금융 시장의 새로운 패러다임*The Crash of 2008 and What It Means: The New Paradigm for Financial Markets*』의 저자인 조지 소로스는 앞에서 언급한 2009년 4월 30일의 심포지엄에 참석하여 버락 오바마 미 대통령에게 어떤 조언을 했었는지 얘기했다.

"금융 시스템은 과거의 모습으로 복원될 수 없습니다. 따라서, 오바마 대통령은 금융 시스템을 재건해야 합니다."[7]

도전

오늘날 우리가 겪고 있는 붕괴 현상은 우연이 아닐 뿐더러 단기적인 현상도 아니다. 약 사십여 년 전 내가 경제 저격수가 되기 전부터 이미 시작되었던 정책과 태도의 결과로 지금과 같은 붕괴 현상이 나타나고 있는 것이다.

제2차 세계 대전 이후 미국은 인류 역사상 처음으로 진정한 의미의 세계 제국을 만들어 나가고 있다. 다만, 위장복을 입은 검투사 대신 서류 가방과 컴퓨터 모형으로 무장한 예술가들이 제국 건설에 앞장서고 있다는 차이점이 있을 뿐이다. 이들은 제3세계에서 캐낸 진귀한 광물을 손에 넣기 위해 정교한 경제 도구를 활용한다.

일반적으로 미국 기업들은 자사에서 갈망하는 무언가를 보유한 나라를 찾아낸다. 그 대상은 귀중한 자원일 수도 있고 전략적으로 의미 있는 부동산일 수도 있다. 그런 다음, 경제 저격수들이 출동해 세계은행을 포함한 각종 국제기구로부터 엄청난 금액의 돈을 빌려야 한다고 해당 국가의 지도자들을 설득한다. 지도자들은 국제기구로부터 빌린 돈이 직접 자국으로 들어오는 것이 아니며 발전소, 항만, 산업 공단 등 인프라 구축을 담당할 미국 기업으로 돈이 흘러들어 간다는 정보를 제공받는다. 이 과정에서 경제 저격수들은 지도자에게 확신을 심어 준다.

"국제기구로부터 대출을 받으면 당신은 물론 친구분들까지도 이익을 얻을 수 있습니다."

여기서 친구란 전기, 수출, 공장에서 생산된 제품 등을 바탕으로 돈을 버는 기업체를 소유한 극소수의 부유한 현지 가문들을 뜻한다.

다만, 경제 저격수들은 인프라 구축을 담당하는 미국 기업들이 최고의 수혜자가 될 거라는 점은 따로 일러 주지 않는다.

몇 년의 시간이 흐른 후, 경제 저격수는 그 나라를 다시 찾는다. 마치 모델을 관찰하는 예술가처럼 턱을 문지르며 말문을 연다.

"몇 해 전 빌린 엄청난 규모의 대출을 갚기 힘들어 보이는군요."

모델이 두려움에 몸을 떨기 시작하면 은은한 미소를 지어 보인다.

"걱정하지 마세요. 저희가 모든 문제를 다 해결해 드릴 수 있습니다. 석유(혹은 다른 자원)를 저희 회사에 싸게 팔고, 우리 회사의 업무 진행을 어렵게 만드는 환경법과 노동법을 폐지하고, 미국에서 생산된 제품에 다시는 관세를 부과하지 않겠다고 약속하고, 저희가 원하는 조건에 따라 귀국에서 생산되는 제품에 무역 장벽을 세우고, 귀국의 공익 시설, 학교, 기타 공공 기관을 민영화하여 미국 기업에 매각하고, 이라크 등지에서 활동하는 미군을 지원하기 위해 군대를 파견하시기만 하면 됩니다."

이것이 바로 기업과 미국 정부 사이를 자유롭게 오고 가는 사람들의 속임수와 경제적인 간계를 바탕으로 진화해 온 시스템이다. (집합적으로 이런 활동을 '기업 정치'라 칭한다.) 대표적인 인물로는 포드 자동차의 사장을 지내고, 존 F. 케네디와 린든 존슨 정권 하에서 국방 장관을 역임한 후, 세계은행 총재에 취임한 로버트 맥나마라, 시카고 경영 대학원에서 경제학 교수 및 학장을 역임하였으며, 리처드 닉슨 정권에서 노동 장관, 예산 국장, 재무 장관을 지낸 후 레이건 정권에서 국무 장관으로 재직하고, 벡텔 그룹 사장, 조지 W. 부시 대통령을 위한 고문, JP 모건 체이스 은행 국제 자문 위원회의 회장을 지낸 조지 슐츠, 제럴드 포드 대통령 시절 백악관 비서실장을 역임하였으며, 1989년 공화당 하원 원내 총무를 지낸 후, 조지 H. W. 부시 대통령 정권에서 국방 장관으로 재직하였으며, 조지 W. 부시 행정부 시절 석유 시추 회사 할리버튼의 회장 겸 CEO로 재직하는 한편 부통령을 지냈던 리처드 (딕) 체니 등이 있다.

얼마 전 에콰도르에서 미술 전시회장을 거닐다가 뛰어난 솜씨로 딕 체니를 묘사해 놓은 펜화를 보게 되었다. 그림 속의 체니는 한 발을 백악관에 깊숙이 들이민 채 할리버튼의 신축 두바이 사옥에 다른 한 발을 딛고 있었다. 체니는 한 손에 계약서 뭉치를 가득 쥔 채 흔들어 대는 동시에 다른 한 손에는 AK-47 소총을 들고 있었다. 뿐만 아니라, 그림 속의 체니는 볼일을 보기 위해 바지를 발목까지 내린 채 아프리카와 중동 위에 쪼그리고 앉아 있었다. 체니의 발아래에는 '현실을 바라보는 세상의 눈'이라는 글귀가 적혀 있었다.

최고의 자리에 앉아 있는 사람들의 면면을 살펴보면 미국에서 가장 규모가 큰 대기업을 이끄는 사람이나 정부 요직을 맡고 있는 사람이 결국은 같은 사람이다. 하지만 일선에서 활동하는 사람은 나와 같은 경제 저격수들이다. 뿐만 아니라, 우리 경제 저격수들은 자칼이라 불리는 진짜 저격수들이 경제 저격수 뒤에 몸을 숨긴 채 우리의 제안을 받아들이지 않는 사람이 나타날 경우 언제라도 타도하거나 암살할 채비를 하고 있다는 사실을 잘 알고 있다. 극히 드문 경우이긴 하지만 이라크나 아프가니스탄에서 그랬던 것처럼 은밀한 노력이 실패로 돌아가면 군대가 행동을 개시한다.

해외에서 이 모델이 성공을 거두자 경제 저격수들은 이 모델을 미국 내로 들여왔다. 우리 경제 저격수들은 필리핀, 자이르(콩고), 에콰도르 등의 지도자들에게 요구했던 것과 동일한 정책과 기술을 뉴욕, 캘리포니아, 미시간 등에 소개했다. 미국 내에서 가장 널리 보급된 경제 저격수의 수법 중 일부 소개하면 다음과 같다. 엄격한 환경 기준, 사회 기준, 진실을 강조하는 광고 기준을 비롯하여 과거 대중의 권익을 보호하기 위해 도입되었던 각종 기준을 준수하도록 기업을 압박하는 법률을 폐지하도록 압력을 행사하는 방법, 개인, 기업, 정부에 엄청난 금액의 부채를 떠넘기는 방법, 공익 시설, 감옥, 기타 '공공' 기관을 민영화하는 방법, '국토방위'라는 명분 아래 경찰의 감시 권한을 강화하는 방법, 기업의 이익을 위해 국유지를 사용하는 방법 등이 있다.

앞서 '성공적'이라는 표현을 사용했다. 하지만 성공적이라는 건 상원 의원, 국회 의원, 규제 담당자, 대통령 같은 사람들과 함께 식사를 즐기며 재계나 금융계에서 막강한 권력을 휘두르는 CEO 무리, 즉 기업 정치에 참여할 수 있는 권력을 갖고 있는 사람들의 입장에서나 그럴 뿐이다. 이들을 제외한 나머지 사람들에게는 그저 처참한 실패일 뿐이다. 일반인들은 메디 케어에서부터 공립 학교에 이르기까지 그동안 누려 왔던 모든 특권들이 지속적으로 사라져 가고, 이웃들이 운영하는 구멍가게가 대형 체인의 손아귀로 넘어가고, 몇몇 대기업들이 미디어를 장악하는 모습을 지켜볼 수밖에 없었다. 지금 미국은 그동안 앞으로 결코 다시는 경험할 일이 없을 거라고 철석같이 믿어 왔던 경제 불황으로 인해 고통을 겪고 있다.

비록 거의 칠 년에 가까운 기간 동안 경제 저격수로 활동했지만

1978년이 되어서야 비로소 내가 영속시키려고 했던 시스템이 어떤 심오한 뜻을 갖고 있는지 깨달을 수 있었다. 당시 나는 파나마의 오마르 토리호스 대통령이 세계은행으로부터 엄청난 금액의 부채를 빌리도록 설득하는 임무를 맡고 있었다. 파나마를 파산 지경으로 몰아가면 파나마 운하 관리권이 미국에게 돌아가고 미국 기업들이 짭짤한 건축 계약을 따낼 수 있을 것이라고 생각했다. (최근 파나마 운하 관리권을 파나마 정부에 넘기는 조약이 체결되었다.) 내가 사용한 방법은 경제 저격수들이 흔히 사용하는 상투적인 방법이었다. 지도자를 타락시키는 대신 그 지도자에게 부를 안겨 주고 그 지도자가 이끄는 나라를 무자비하게 착취하는 방법을 택했던 것이다.

하지만 오마르는 설득당하지 않았다. 어느 오후, 오마르는 이렇게 얘기했다.

"나는 그깟 빌어먹을 돈 따위는 필요 없소, 후아니토."

당시 우리는 미국의 정치인과 기업 중역들이 세계 언론 및 아내의 매서운 눈초리를 피해 섹스와 마약을 즐기는 안전한 피난처였던 콘타도라 섬에 정박해 있는 고급 요트 갑판 위에 서 있었다. 오마르는 광택이 나는 적갈색 철책에 기댄 채 가장 매력적인 미소를 지어 보였다.

"내겐 이미 좋은 집과, 훌륭한 음식, 빠른 자동차가 있소. 어디 그뿐이오. 언제든 요트를 빌려 줄 친구도 있지요."

오마르는 자세를 바로 잡은 다음 측근들이 비키니를 입은 젊은 여인들과 럼 칵테일을 기울이고 있는 조종석을 향해 팔을 뻗었다.

"이만하면 세상 남자들이 갖고 싶어 하는 거의 모든 걸 가진 게 아니겠소."

그런 다음, 오마르는 눈살을 찌푸렸다.

"하지만 아직 한 가지가 남아 있지요."

오마르는 자신의 목표가 파나마 국민들을 '양키의 족쇄'로부터 자유롭게 만들고, 운하 관리권을 빼앗기지 않고, 당시 내가 대변하고 있던 '약탈 자본주의'로부터 남미가 자유로워질 수 있도록 돕는 것이라고 했다. (당시 오마르는 '약탈 자본주의'라는 표현을 직접 언급했다.)

오마르는 덧붙여 얘기했다.

"내 제안이 결국은 미국 어린이들에게도 득이 될 겁니다."

오마르는 내가 퍼뜨리려고 하는, 소수가 다수를 착취하는 시스템은 불행한 결말을 맞이할 수밖에 없다고 설명했다.

"그런 시스템은 과거의 스페인 제국처럼 결국 파멸을 맞이하게 되어 있어요."

오마르는 쿠바산 시가를 한 모금 길게 빨아들이더니 마치 키스를 보내는 것 마냥 연기를 천천히 내뱉었다. 오마르는 경고가 담긴 한마디를 내뱉었다.

"당신과 나, 그리고 우리의 모든 친구들이 힘을 더해 약탈 자본가들에 대항하지 않으면, 세계 경제가 어려움을 겪게 될 겁니다."

오마르는 바다 너머로 보이는 모래사장과 콘타도라 섬 위에 서 있는 야자수를 응시하더니 다시 나를 향해 고개를 돌리고 얘기했다.

"속임수에 넘어가지 마세요."

시스템을 바꾸려고 애쓴 탓에 오마르는 목숨을 잃었다. 오마르는 1981년 6월 비행기 사고로 사망했다. 해외 언론들은 석연치 않은 오마르의 비행기 사고를 CIA가 저지른 암살이라고 여겼다. 그 끔찍한 소식에 망연자실한 마음이 들었지만 놀라지는 않았다. 이미 비행기 사고가 일어나기 몇 달 전부터 오마르가 자신을 부패시키려는 경제 저격수의 노력에 굴복하지 않으면 이란의 모하메드 모사데그, 과테말라의 야코보 아르벤스, 인도네시아의 아흐메드 수카르노, 콩고의 파트리스 루뭄바, 칠레의 살바도르 아옌데, 에콰도르의 하이메 롤도스 등 수많은 제3세계 지도자들이 그랬던 것처럼 자칼에게 목숨을 잃게 되지는 않을까 우려하고 있던 터였다.

미국인 중 그 누구도 오마르의 대의명분을 지지하는 사람은 없었다. 적어도 미국 대통령들은 모두가 그랬다. 미국 의회와 마찬가지로 대통령들은 다리 사이로 꼬리를 말아 넣고 충성스럽게 주인 곁을 지켰다. 미국 대통령들이 섬겼던 주인이란 다름 아닌 선거에 돈을 대는 대가로 더 많은 영향력과 권한을 요구하는 기업 총수들이었다. 미국의 일반 시민들, 유권자들, 그리고 소비자들은 우림, 산꼭대기, 산호초, 일선 노동자들이 어떤 대가를 치르는지 알지도 못한 채 그저 더 값싼 제품을 내놓으라고 요구하기에 급급했다.

1960년대 말 CBS 방송국의 전설적인 앵커 월터 크롱카이트가 베트남에서 돌아와 미국 정부의 주장과는 달리 전쟁이 쉽게 끝나지 않을 것 같다는 발표를 내놓았을 당시 미국 국민들은 일시적으로나마 무기력한 태도를 벗어 버리는 듯했다. 크롱카이트의 말에 자극을 받은 사람들은 종전을 요구하며 거리로 뛰쳐나와 시위를 벌였다. 베트남 전쟁에 대한 지지도가 급격히 낮아지자 닉슨 대통령은 결국 대통령직에서 물러나게 되었다. 하지만 사이공이 몰락하자 미국인들은 다시 무사안일주의에 빠져 베트남 전쟁이라는 갈등이 발생한 근본 원인이 무엇인지 찾아보려는 노력 따위는 전혀 기울이지 않게 되었다. 그 전쟁으로 인해 백만장자가 억만장자가 되었으며 그 전쟁은 언젠가 되살아나 우리를 괴롭힐 만성 질환의 존재를 알리는 하나의 증상에 불과하다는 사실을 외면했던 것이다. 크롱카이트는 앵커 자리에서 은퇴했고 미국인들은 그가 일했던 방송국을 비롯해 미국 내 수많은 방송국들이 기업 정치에 관여하는 기업들에 잠식당하는 모습을 그저 지켜볼 뿐이었다. 뉴스 보도는 사라지고 자극적인 오락 프로그램이 그 자리를 차지했다. 미국 기업의 약탈과 이윤 창출에 개방적인 태도를 취하는 아프리카의 잔인한 독재자들을 하나씩 인정하는 클린턴의 허울 좋은 '아프리카 르네상스' 정책에도 맞서지 않았다. 그렇지 않은 사람도 드물게 있긴 했지만, 대부분의 미국인들은 9·11 테러 사건 이후 미국 군대를 이라크에 파견하겠다는 정부의 논리에 저항하지 않았다. 뿐만 아니라, 미국인들은 상대 국가에게 불리한 조건을 내거는 미국 정부의 무역 협정, 세계 곳곳에서 나날이 쌓여만 가는 엄청난 금액의 빚, 연이은 산업 규제 완화 정책을 통해 미국 정계가 대기업들에게 안겨 준 가공할 만한 위력 등을 모두 외면했다.

미국인들은 CEO의 평균 급여가 일반 근로자의 400배가 넘어설 때까지 기업의 최고 책임자들에게 기꺼이 전례 없이 많은 부를 안겨 주며 CEO를 찬양하는 문화를 아무런 거리낌 없이 받아들였다. (400배라는 격차는 역사상 전례 없는 숫자일 뿐 아니라 유럽, 일본 등 세계 그 어느 곳과도 비교가 되지 않을 만큼 엄청난 숫자이다.) 미국인들은 이윤을 빼돌리고 새롭고 한층 위험한 금융 기법을 만들어 내는 방식으로 수십 억 달러를 벌어들인 월 가의 CEO들을 비즈니스 잡지 표지 전면에 내세웠다. 다수의 희생을 대가로 극소수가 이익을 취하는 아주 오래된 공식이 그대로 적용되었다. 미국인들은 이 경우에서 다수에 해당되는 사람이 바로 자신이라는 슬픈 사실을 깨닫지 못했다. 불황이 세계 경제를 강타했지만 미국인들은 아무런 반응도 보이지 않았다. 한 일이라고 해 봐야 은행, 보험 회사, 자동차 회사 때문에 그동안 모아 놓은 저축을 깡그리 날려 버린 사람들을 구제해 준 것 밖에 없다. 미국인들은 주머니 속에 들어 있는 돈을 헤아리는 데 급급해서 미국 내 빈민가에서 나이키 테니스 화를 빼앗기 위해 서로 총질을 해대는 사람들이나 세계 곳곳에서 뼈만 앙상하게 남은 채 굶주림에 몸부림치는 사람들의 눈을 들여다보려고 하지 않았다. 뿐만 아니라, 미국 소비자들이 사랑해 마지않는 소비 제품들이 생산되는 중국 내 수많은 도시들의 대기를 오염시키는 굴뚝 연기에도 관심을 기울이지 않았다.

2009년 5월, 인권 단체 국제앰네스티는 세계적인 경기 하락으로 인해 전 세계에 한층 심각한 억압 현상이 나타나고 있다는 경고와 함께 다음과 같은 결론을 내렸다.

"우리는 불평등, 부당함, 불안 등이 가득한 일촉즉발의 상황에 처해 있다. 지금의 위기 상황이 곧 폭발할 것으로 보인다."[8]

지구촌 인도주의 포럼에서 발표한 자료에 의하면 지구 온난화로 인해 매년 30만 명이 넘는 사람들이 목숨을 잃는다.[9] 우리는 위에서 언급한 이 모든 신호들과 더불어 셀 수 없이 많은 다른 신호들을 외면한다.

환경 보호 프로그램, 빈곤층, 어린이, 노인, 취약 계층의 사회적 지위 및 생활 여건 개선을 위해 힘쓰는 비영리 단체 및 비정부 기구, 지구 환경을 감시하고 보호하기 위한 프로젝트에 투입될 재원이 점점 말라 가는 것을 지켜보면서도 그저 두 손을 놓고 있었다. 우리는 우리 자녀들과 손자 손녀들에게 더 나은 삶을 물려주기 위한 변화를 추구하지 않았다. 대신, 우리는 나날이 높아져만 가는 유가와 세금에 대한 불만을 털어놓고, 근사한 자동차와 최첨단 디지털 기기를 사들이며, 정치 활동에 자금을 지원하고 CEO의 주머니를 불려 주는 정책을 지지했다.

전 세계 인구의 5퍼센트에 불과한 미국인들이 전 세계 자원 중 25퍼센트 이상을 소비하는 반면 세계 인구의 절반가량이 빈곤선 수준에서, 혹은 그보다 열악한 환경에서 살아남으려고 안간힘을 쓰는 시스템이 효과적이라고 믿도록 우리 스스로를 속여 왔다. 2억 명에 달하는 어린 아이들이 비인간적인 조건 하에서 사실상 노예에 가까운 노동자로 일하는 시스템. 빈국들이 해외 원조로 일 달러를 빌릴 때마다 1.3달러를 갚아야 하는 시스템.[10] 아프리카라는 대륙에서 국민들의 건강 관리에 쓰는 돈의 네 배에 달하는 돈을 부채를 갚기 위해 지출해야 하는 시스템이 효과적이라고 스스로를 속이고 있는 것이다.[11]

미국인들은 이 같은 통계 수치를 읽고, 서로를 힐끗 쳐다보고선, 아무렇지도 않은 듯 어깨를 들썩인 후 '이 시스템이 완벽하지 않을지는 몰라도 그래도 그나마 제일 나은 시스템'이라고 스스로에게 확신을 심어 주기 위해 노력한다.

우주선에 사람을 태워 달까지 보내고, 천연두에 대한 면역력을 갖기 위한 기술을 개발하고, 양을 복제하고, 인터넷을 통해 책 한 권을 순식간에 전송할 수 있는 세상을 살아가는 우리들이 서로 흩어져 있는 점을 연결하기 위한 질문을 외면하고 있는 것이다.

세계 인구의 5퍼센트가 전체 자원의 25퍼센트를 소비하는 시스템을 유지하고, 똑같은 경제 모델을 중국, 인도, 아프리카, 남미에 전파하려면 무엇이 필요할까?

셀 수 없이 많은 아이들을 돈의 노예로 만든 덕에 이 시스템이 유지되는 거라면 우리 아이들에게 어떤 미래가 있을까?

산업화된 이 세계가 갖고 있는 값싼 석유에 대한 끝없는 욕구를 채우기 위해 다른 나라들을 마음대로 주무르고 갚을 수도 없는 빚을 떠안겨야만 하는 거라면 우리는 앞으로 어떤 삶을 살아가게 될까?

우리는 이 모든 질문에 답을 하려 들지 않는다. 그 이유는 간단하다. 이 질문에 답을 하려다 보면 불가피하게 '지금 우리가 채택하고 있는 이 시스템이 실패'라는 결론에 도달하기 때문이다. 지구상에서 살아가는 나머지 95퍼센트의 사람들에게 우리가 소비하는 것과 똑같은 자원을 제공하기 위해서는 지구와 같은 행성이 적어도 다섯 개는 더 필요하다는 얘기를 듣는 것만은 피하고 싶었다. (물론 다른 조건은 같아야겠지만 그 행성에서 자원을 소비하며 살아가는 사람은 없어야 한다.) 다른 나라의 어린이들을 계속해서 학대하다 보면 우리 자녀들이 끝없는 폭력으로 분열된 세상에서 살아가게 될 것이라는 얘기를 듣는 것도 피하려고 한다. 다른 나라에 갚을 수도 없을 만큼 엄청난 빚을 자꾸 안기다 보면 결국 그 나라뿐 아니라 미국의 경제도 무너지게 될 거라는 얘기에도 귀를 막고 싶어 한다.

우리는 귀를 틀어막고서 '정상'으로 되돌아가는 것은 선택이 될 수 없다는 이야기를 듣지 않으려고 해 왔다.

2장 | 저명한 경제학자의 충돌: 케인스와 프리드먼

제3세계에서 거대한 규모의 인프라 프로젝트를 장려하는 경제 저격수로 활동한 것은 민영화와 이윤이 세상을 구원할 거라는 절대적인 믿음이 있었기 때문이다. 이 같은 절대적인 믿음으로 인해 우리는 지금 위기에 봉착하게 되었다. 지구 온난화, 인권 침해, 나날이 커져만 가는 빈부 격차, 자원 감소, 석유, 식량, 기타 상품의 가격 상승 등 셀 수 없이 많은 해악과 경제적인 붕괴 등 우리 앞에 나타난 위기를 하나하나 거론하자면 끝이 없을 정도이다. 하지만 위기의 근간이 된 여러 정책들이 저명한 경제학자 간의 충돌로 인한 직접적인 결과라는 사실을 알고 있는 사람은 극히 드물다. 두 거물 간의 충돌이 역사를 바꾸어 놓은 것이다.

1936년, 너무도 유명한 경제학 서적 『고용·이자 및 화폐에 관한 일반 이론 *The General Theory of Employment, Interest, and Money*』을 발표한 영국의 경제학자 존 메이너드 케인스는 자본주의가 성공적으로 돌아가기 위해서는 일반 국민들이 핵심적인 역할을 해야 한다고 주장하며 대중의 권리를 위해 용맹하게 싸웠다. 제2차 세계 대전 전후로 케인스의 주장은 학계와 정계로부터 많은 지지를 받았다. 케인스는 근로자들이 급여 삭감에 동의할 거라는 가정을 바탕으로 시장에 제약이 없어야 완전 고용이 이루어진다는 주장을 담고 있는 이론을 비롯해 '자유 시장'의 타당성에 관한 지배적인 이론들을 완전히 뒤집어 놓았다. 당시 자유 시장 이론은 수많은 공장에서 빈번하게 일어나는 노조 해체, 열악한 근로 환경 등을 정당화하려는 기업가들로부터 전폭적인 지지를 받고 있었다. 따라서 자유 시장은 특히 중요한 의미를 갖는 개념이었다. 케인스는 대공황으로 인한 대량 실업 문제를 해결하기 위해서는 노동자의 희생을 강요할 것이 아니라 조세를 통해 정부가 재정 지출을 대폭 늘려야 한다고 주장했다.

1950년대에 당선된 공화당 출신의 드와이트 아이젠하워 대통령은 케인스 이론을 바탕으로 전국 고속 도로망과 같은 공공 투자 프로그램에 착수했다. 공화당으로부터 '급진적'이라거나 '루스벨트를 따라 뉴딜 정책을 추진하는 대통령'이라는 평가를 받지 않기 위해 아이젠하워 대통령은 나날이 높아져만 가는 소련의 '적화 위협'에 대응하기 위한 방어책으로써 이런 프로그램들이 반드시 필요하다고 홍보했다.

1961년 새롭게 선출된 민주당 출신의 존 F. 케네디 대통령은 정부에서 흘러나온 돈이 경제 성장의 원동력이 된다는 믿음에 따라 행동했다. 케네디 대통령은 개개인이 능력을 키우고 기업들이 혁신을 추진할 수 있도록 장려하는 공공 프로그램에 정부 재원을 투입했다. 케네디 대통령은 '뉴 프론티어(새로운 개척자)' 정신을 지지하며 교육, 노인을 위한 의료 서비스, 불황에 대처하기 위한 정부의 단호한 대처, 인종 차별 철폐 등을 약속했다. 케네디 대통령이 설립한 단체인 평화 봉사단(나도 1968년에 평화 봉사단에 가입했다.)은 미국인들에게 다른 나라 사람들에게 좀 더 가까이 다가가고픈 마음을 심어 주었다. 케네디 대통령은 민간 부분에 혜택을 주는 동시에 규제를 가할 수 있는 분야에 정부 재정을 투입하기 위해 우주 프로그램을 추진하며 인간을 달에 착륙시키기 위해 노력을 기울였다.

1963년 케네디 대통령이 암살된 후 미국 대통령의 자리에 오른 린든 존슨은 케인스의 생각을 한 단계 높은 수준으로 끌어올렸다. 존슨 대통령은 '위대한 사회'를 건설하겠다는 일념으로 의료 서비스, 교육, 도시 활성화, 교통 관련 프로그램에 많은 재원을 투입했다.

수많은 공화당 실력자들도 케인스 경제학을 지지했다. 1968년 미국 대통령으로 당선된 리처드 닉슨은 사회 보장 연금, 메디 케어(노인 의료 보험 제도), 식량 원조, 공적 부조 등을 통해 연방 정부가 시민 개개인에게 직접 지급하는 돈의 액수를 늘렸다. 닉슨 재임 기간 동안 공공 프로그램에 투입되는 정부 지출이 미국의 GNP에서 차지하는 비중이 6퍼센트에서 9퍼센트로 증가했다. 닉슨은 대기업의 급여와 시장 가격을 통제했다. 뿐만 아니라, 심지어 '우리 모두가 케인스 이론 추종자'라는 말을 남기기에 이르렀다.

하지만 케인스의 주장을 반대하는 강력한 세력이 등장했다. 케인스의 이론을 바탕으로 하는 정책들로 인해 행동에 제약을 받고 규제의 영향을 받게 된 보수 세력 기업가와 정치인들이 케인스 이론을 신랄하게 비난했다. 이들은 노조의 힘이 지나치게 강력해졌으며 높은 인

건비와 지나치게 많은 규제로 인해 다른 나라들이 부당하게 경쟁 우위를 갖게 되었다고 불평을 늘어놓았다.

1970년대 초 아시아를 순방하던 중 인도네시아에서 사떼(우리나라의 꼬치 요리와 비슷한 인도네시아 요리 ─ 옮긴이)를 먹던 제이크 도버는 "터무니없다."며 소리를 지를 정도였다. 당시 도버는 필자가 근무하고 있던 보스턴 소재 컨설팅 업체 메인의 사장이었다. 도버는 필자와 메인의 여러 고위 중역을 자카르타 인터콘티넨털 호텔 꼭대기 층에 있는 고급 레스토랑으로 초대했다.

"일본 기업들이 미국의 모든 제조 산업을 갉아먹을 수 있게 되었다니 한마디로 터무니없지! 일본 기업들은 우리 아이디어를 훔쳐서 우리가 발명한 제품을 반값에 생산하고 있어. 이 모든 게 바로 빌어먹을 노조 때문이야."

제이크는 자신을 꼭 닮은 메인의 중역들과 함께 자신들과 뜻을 같이 할 정치인을 찾아 나섰다. 결국 이들은 영화배우 출신 정치인과 조만간 학계의 슈퍼스타로 떠오를 시카고 대학(당시 조지 슐츠가 경영대학원 학장으로 재직) 경제학자라는 전혀 어울리지 않을 것 같은 한 쌍의 조합을 찾아낼 수 있었다. 로널드 레이건과 내가 아이슬란드에서 떠올렸던 이미지의 주인공인 밀턴 프리드먼은 한 팀을 꾸려 케인스 이론을 공격적으로 반박하고 나섰다. 케인스를 반박한 프리드먼은 이후 노벨상을 받기에 이르렀다.

왜소한 체구에 잠자리 안경을 낀 교수의 모습을 하고 있는 밀턴 프리드먼은 얼핏 보기에 전사처럼 보이지는 않았다. 프리드먼은 적진이라고 할 수 있는 곳에서 자라고 교육을 받았다. 한마디로 케인스의 주장을 따르는 경제학자였던 것이다. 하지만 마치 태양을 피해 달아나려는 아이슬란드의 트롤처럼 프리드먼은 케인스의 반대편으로 달아나 버렸다. 프리드먼은 케인스 이론과는 급진적일 만큼 다른 이론을 바탕으로 하는 '통화주의'를 창시하여 한때 자신이 믿고 따랐던 케인스로부터 등을 돌렸다. 프리드먼은 일반 국민들이 경제에 도움이 되지 않는 방향으로 행동하기 때문에 정부가 경제를 관리할 수 없다는 이론을 세웠다. 프리드먼은 민간 기업 CEO가 공무원보다 대중의 이익에 더욱 커다란 기여를 한다고 믿었다. 프리드먼은 케인스가 주장한 원칙을 따르면 1970년대 내내 미국의 경제 성장에 방해가 되었던 바로 그 증상을 뜻하는 스태그플레이션(높은 인플레이션과 저조한 경제 성장의 조합)이 나타난다고 주장했다. 이런 믿음에 따라 프리드먼은 세율을 낮추는 동시에 미국 경제를 대공황의 수렁에서 건져 내기 위해 정부가 뉴딜 정책을 추진하면서 도입한 규제를 없애야 한다는 해결책을 내놓았다.

케인스학파 경제학자들은 프리드먼이 '자유 시장' 내에 존재하는 많은 결함들을 외면한다고 주장했다. 케인스학파 경제학자들이 주장하는 여러 결함 중 가장 중요한 것은 바로 사람들이 항상 윤리적으로 행동하지는 않는다는 점이다. 기업의 중역들이 신제품 출시에 관한 정보 및 신제품 출시가 주가에 미칠 영향 등 일반인들에게 공개되지 않는 정보를 악용할 수도 있다. 금융 전문가들은 '자산 담보부 증권', '파생 상품'과 같은 모호한 언어를 바탕으로 교묘한 속임수를 사용하며 의도적으로 대중에게 혼란을 안겨 준다. 본질은 같지만 각기 다른 시장에서 각기 다른 가격에 판매되는 상품에 대한 데이터에 접근할 수 있는 거래 전문가들은 지역 간 가격 차이를 이용해 돈을 벌기 위해 이 정보를 활용한다. (예를 들어, 똑같은 상품이라 해도 보츠와나에서 판매되는 가격과 볼리비아에서 판매되는 가격이 다르다.) 케인스학파 경제학자들은 규제가 없으면 시장이 부패의 온상이 될 거라는 주장을 굽히지 않았다.

하지만 로널드 레이건이 은막에서 은퇴한 후 캘리포니아 주지사 자리를 거쳐 백악관에 입성하면서 저명한 두 경제학자 간의 전쟁은 프리드먼의 승리로 끝이 났다. 레이건은 '기업의 사회적 책임은 이윤 창출'이라는 말과 함께 '작은 정부가 좋은 정부'라는 주장을 신봉하는 사람이었다. 레이건의 백악관 입성과 함께 공공 부문 자산이 민간 소유로 넘어가고 부도덕한 기업 소유주들로부터 소비자와 투자자를 보호하던 법이 붕괴되는 시대가 시작되었다. 돌이켜 생각해 보면 그 무렵은 탐욕, 물질주의에 대한 집착, (기업, 정부, 개인의) 과도한 부채, 거대한 기업의 탄생, 엔론, 버나드 메이도프, 월 가 붕괴 등이 상징하는 그런 종류의 부패로 가득한 시대였다.

레이건의 대통령 당선 이후 삼십여 년 동안 다국적 기업들은 승승장구했지만 도로, 교량, 상하수도, 병원, 학교 등에 대한 정부의 공공투자는 사실상 전혀 이루어지지 않았다. 점점 많은 도시, 카운티, 주들이 한때 공공 자산이라 여겨졌던 것들을 민간 기업에 팔아넘길 수밖에 없는 상황에 처하게 되었다. 뉴딜 정책 시행 당시, 그리고 뉴딜 정책 시행 이후에 만들어졌으나 프리드먼 경제학으로 인해 오랫동안 외면받아 왔던 인프라를 보수하려면 2조 달러가 넘는 돈이 필요한 것으로 추정된다.[1]

미국 정부는 오랜 기간 동안 자유 시장이 선진국 경제뿐 아니라 개도국 경제 성장에도 도움이 된다는 생각을 바탕으로 정책을 수립했다. 빌 클린턴 대통령은 미 재무 장관 및 골드먼 삭스 CEO를 역임한 로버트 루빈, 연방 준비 제도 이사회 의장 앨런 그린스펀 등 프리드먼의 주장을 신봉하는 두 사람으로부터 많은 영향을 받은 인물이었다. 따라서 클린턴은 관세 및 무역에 관한 일반 협정, 북미 자유 무역 협정 등 정치 활동에 많은 돈을 후원하는 다국적 기업에 이익이 돌아가는 '자유 무역' 협정(세계 무역 기구 협정 등)을 적극 체결하고 나섰다. 지난 2000년 대통령으로 당선된 조지 W. 부시 대통령은 9·11 테러 사건이 발생한 이후 프리드먼에게 미국 국민들을 대상으로 시장 활동의 중요성을 다시 한 번 강조해 줄 것을 요구했다. 남미 국가와 무역 협정을 체결한 후에도, 심지어 이라크 전쟁에 엄청난 돈을 쏟아부은 후에도 부시는 같은 요구를 했다. 사실 부시는 자신의 아버지, 영국의 마거릿 대처 총리, 캐나다의 브라이언 멀로니 수상, 아이슬란드의 다비드 오트손 총리, 칠레의 아우구스트 피노체트 대통령과 마찬가지로 프리드먼의 주장을 철저히 신봉하는 사람이었다.

역설적이게도, 중산층과 빈곤층을 위한 정부의 재정 지원 프로그램을 쌍수 들어 반대했던 여러 지도자들이 재임 기간 동안 군대와 기업 활동을 지원하기 위한 엄청난 재정 적자는 기꺼이 감수하려 들었다. 1980년대 미국은 레이건 대통령이 주창한 전략 방위 구상 '스타워즈'를 통해 군납품 업체에 수십 억 달러를 지원했다. 조지 W. 부시 대통령도 다르지 않았다. 9·11 테러 발생 이후 국내외에서 대테러 활동을 강화한다는 명분 아래 미국 역사상 가장 큰 규모의 적자를 기록하고 말았다. 부시 대통령의 정책으로 인해 중산층과 빈곤층의 실질 소득과 수입은 줄어들었고 미국의 경제는 어려움에 처했다. 하지만 부시 대통령 재임 기간 동안 미국 내에서는 셀 수 없이 많은 억만장자가 탄생했으며 가장 부유한 미국인들의 부는 상당히 증가했다.

『소수를 위한 민주주의*Democracy for the Few*』, 『맹목적 애국*Superpatriotism*』을 비롯한 여러 권의 저서를 집필한 저자이자 정치 평론가인 마이클 파렌티는 이런 시기에 나타난 국가 채무의 변화에 대해 다음과 같이 기술했다.

> 로널드 레이건 대통령 취임 당시 미국의 국가 부채는 8000억 달러 수준이었다. 레이건 대통령이 물러날 무렵, 부채의 규모는 2조 5000억 달러로 늘어나 있었다. (중략) 레이건은 미 역사상 가장 규모가 큰 조세 프로그램도 도입했다. 하지만 레이건이 도입한 조세 방법은 소득이 높을수록 더 높은 비율의 세금을 내는 누진세와 반대되는 역진세逆進稅였다. 수천 만의 미국인들에게 사회 보장세를 부과한 것이다. 조지 부시 시니어 재임 기간 동안 미국의 국가 채무는 다시 2조 5000억 달러에서 5조 달러로 늘어났다. 그다음 대통령인 클린턴은 부채를 갚기 위해 많은 노력을 기울였다. 이 부분에 대한 공로를 인정해 주고 싶다. 하지만 클린턴 다음으로 취임한 조지 부시 주니어 대통령의 재임 기간 팔 년 동안 미국의 국가 채무는 5조 달러에서 무려 10조 달러로 증가했다.[2]

조지 W. 부시가 대통령으로 당선될 당시, 미국에서 가장 부유한 400인이 소유한 재산은 약 1조 달러 정도였다. 하지만 그로부터 육

년이 흐른 2007년에는 미국 내 400대 갑부가 소유한 재산의 규모가 60퍼센트 증가해 1조 6000억 달러에 이르렀다. 반면 같은 기간 동안 일반 근로자의 실질 소득은 2000달러 이상 줄어들었다.[3]

전 세계 금융 시장이 붕괴되고, 기업 대출이 중단되고, 기업들이 직원들을 대량 해고하고, 경제가 몰락의 길로 접어들면서 부시 대통령의 임기 마지막 몇 해 동안 프리드먼의 자유 시장 철학은 그 끝을 향해 치달았다. 하지만 엄청난 금액의 손실을 내고서도 기업 정치의 혜택을 누려 온 극소수는 마치 당연한 권리를 챙기기라도 하는 양 엄청난 금액의 연봉과 보너스를 챙겨 받았다. 이런 정책들로 인해 이듬해 모든 미국인들을 충격에 빠지게 한 헤드라인들이 쏟아져 나왔다. 2008년부터 2009년까지 아래 기사들을 접한 미국인들은 역겨움을 감출 수가 없었다.

- AIG, 보너스로 4억 5000만 달러 지급[4]
- 미 전역의 중역, 주택 담보 대출 문제 및 은행의 몰락을 이용해 돈을 벌기 위해 새로운 회사 설립[5]
- 메릴 린치, 최고 경영진에 1000만 달러의 보너스 지급[6]
- 미 의회에서 긴급 구제에 대한 질문을 받는 금융 기업 중역들[7]
- 80억 달러 규모의 사기 혐의를 받고 있는 텍사스의 금융업체[8]
- 실수를 참회하는 자동차 업체 회장들, 여행을 떠나다[9]
- 정부의 은행 구제를 위한 로비스트로 활동하는 100명의 전직 공무원[10]
- 골드먼 삭스, 1분기 동안 16억 달러의 이윤 기록[11]
- 엑손모빌 CEO 연봉 10퍼센트 인상[12]

- 조사 결과: 미국 CEO, 연봉 인하보다 연봉 인상이 대세[13]
- 여전히 금융가들을 워싱턴 정계의 중요한 인물로 대하는 이유가 무엇인가?[14]
- AIG, 알려진 것보다 더 많은 금액의 보너스 지급[15]

위에서 나열한 각종 헤드라인과 관련 기사들은 21세기에 발행되는 신문의 1면이나 웹 사이트가 아니라 1929년 미국 경제가 대폭락하고 대공황이 닥치기 전에 발생한 일들을 다루는 역사책에서 발견해야 납득이 갈 만한 것들이다.

어이가 없겠지만 위 헤드라인들은 모두 지어낸 것이 아니라 실제 언론에서 내놓은 것들이다. 위 기사들을 읽다 보니, 천국으로 통하는 문을 지키고 있는 성 피터 앞에 서게 된 케인스와 프리드먼에 관한 이야기가 떠올랐다. 성 피터가 각자 자신에 대해 설명해 볼 것을 요구하자 케인스는 대공황 기간 동안 수백만 명의 가난한 사람들이 굶어 죽는 걸 막기 위해 최선의 노력을 기울였다고 답했다. 프리드먼은 자신은 인류가 죄를 저지르지 않도록 하는 데 자신의 삶을 바쳤다고 직설적으로 답했다.

"어떻게 인간이 죄를 저지르지 않도록 했다는 거지?"

성 피터는 프리드먼에게 다시 질문을 던졌다.

안경을 쓴 교수가 답했다.

"규칙을 어기는 건 곧 죄를 저지르는 겁니다. 그래서 저는 규칙을 없애기 위해 노력했지요."

"또다시 대공황이 찾아오는 일은 없을 겁니다!"

1960년대 말 경영 대학원에서 공부할 당시 이런 말을 셀 수도 없이 많이 들었다. 나의 은사님들은 대공황과 같은 재앙이 다시 발생하는 걸 막기 위해 만들어 둔 법률들이 우리 모두를 보호해 줄 거라는 확신을 갖고 있었다. 그분들의 생각은 옳았다.

미국은 지난 삼십 년 동안 총 네 번의 불황을 겪었다. 첫 번째 불황은 1980년에 시작되어 약 이 년 동안 지속되었다. 두 번째 불황은 1990년에 시작된 후 채 일 년이 되기도 전에 끝이 났고 역사상 최장기간 동안 지속된 경제 호황이 뒤따랐다. 2001년 3월에 시작된 불황은 그해 11월에 끝이 났다. 지금 현재 미국이 겪고 있는 불황은 2006년 발생 후 2007년 여름이 되어서야 본격적인 위용을 드러내기 시작한 일련의 사건들에 기인한다.

지난 삼십 년 동안 미국이 세 번의 불황에서 성공적으로 벗어날 수 있었던 것은 필자가 경영 대학원에서 배웠던 것처럼 수많은 규제가 미국인들을 보호해 주었기 때문이다. 그러나 안타깝게도, 지난 이십여 년 동안 각종 규제 법안들이 조금씩 퇴색되거나, 강도가 약해지거나, 효력을 잃게 되었다. 그 결과 미국 기업들이 마치 형편없이 망가진 반항적인 청소년처럼 제멋대로 구는 상황이 연출되었다.

젊은이들은 공부든, 스포츠든, 예술이든, 춤이든, 이성 관계에서든 자신이 동년배에 비해서 우월해야 한다고 믿으며 자란다. 단순히 잘하고 싶은 욕구를 충족시키기 위해서 애를 쓰다 보면 상대를 이기는 데에만 집중하게 된다. 성년이 되기 전 청소년기를 보내는 젊은이들은 규칙 준수를 거부하고 '규칙이라는 건 그저 경쟁을 하고, 진정한 내 자신이 되고, 남을 이기기 위한 나의 역량을 방해하는 것일 뿐'이라는 변명을 늘어놓곤 한다.

자본주의도 비슷한 과정을 겪어 왔다. 의류 제조업체가 되었든 자동차 회사가 되었든 기업들은 성공을 위해서는 경쟁 업체로부터 고객을 빼앗아 와야 한다는 믿음을 갖고 있다. 좀 더 넓은 관점에서 본다면, 이런 사고방식은 시장을 장악하고 착취하려는 욕구로 이어진다. 사람들은 수백 년 동안 국가를 포함한 공동체가 이웃 공동체를 착취하지 않고서는 상대보다 앞설 수 없다는 주장을 맹신해 왔다. 이런 믿음은 고대 중국, 그리스, 대영 제국에 이르는 과거의 군사 제국에서부터 제2차 세계 대전 이후에 등장한 신식민주의를 떠받치는 토대가 되어 왔다. 실질적인 경쟁자건 가상의 경쟁자건 모든 경쟁자를 물리치겠다는 채워지지 않는 야욕으로 인해 인간이 살아가고 있는 이 지구상에서 가장 소중한 자원들이 빠른 속도로 사라져 가고 있다.

경쟁을 향한 수그러들 줄 모르는 의욕은 미숙한 청소년기의 특징이라고 볼 수 있지만, 기업들은 한층 노련하고 원숙하게 경쟁을 한다. 협동으로 이어지는 조직 역량은 선진화된 사회 질서의 상징과도 같다. 우리 인간들은 늑대, 사자, 돌고래, 침팬지와 같이 협력 집단을 구성하는 동물들로부터 많은 감명을 받을 뿐 아니라 이런 동물들을 연구하는 데에도 많은 노력을 기울인다. 인간 공동체가 한층 정교하게 발전해 나가자, 우리 인간들도 협력을 하면 많은 이득을 얻을 수 있다는 사실을 깨닫고서 동맹을 구축하게 되었다. 바로 이런 이유 때문에 여러 도시 국가가 모여 하나의 커다란 국가를 형성하게 되었으며 세계 각국은 북대서양 조약 기구, 유럽 연합 등 서로를 지원하고 보호하기 위한 조약을 체결한다.

제2차 세계 대전이 끝이 나고 UN, 세계은행 등 범지구적인 협력을 장려하기 위한 기구들이 창설된 이후에도 미국 정부와 기업 총수들이 계속해서 경쟁과 착취를 강조하는 모델을 지지해 온 이유가 무엇인지 질문을 던져 볼 필요가 있다. 미국 정부는 1980년대 이후 자유 무역 협정과 같은 여러 협약들을 조인했다. 세계를 통합시키겠다는 순수한 노력이 아니라 세계를 분열시켜 지배하겠다는 욕심이 미국 정부가 각종 협약을 체결한 진짜 이유라는 사실이 드러났다. 미국 정부가 이런 욕심을 부린 이유가 무엇일까?

두 저명한 경제학자의 전쟁에서 프리드먼이 케인스를 이긴 것이 그 답이 될 수 있다. 프리드먼이 전쟁에서 승리한 탓에 수백만 명의 사람들이 기아에 허덕이고 환경 파괴, 천연자원 고갈로 인해 우리가 알고 있는 생명체의 생존 자체가 위협받는 세상을 지지하는 급진적인 시스템이 탄생했기 때문이다.

정치적인 측면에서 볼 때, 로널드 레이건이 대통령에 당선된 1980년은 일종의 분수령이었다. 하지만 케인스 경제학이 주도권을 잡고 있는 가운데 프리드먼이 자신만의 이론을 개발하기 위해 노력을 기울이고 있던 삼십여 년 전 이미 자멸을 향한 무모한 움직임이 싹트고 있었다고 볼 수 있다. 첫 번째 기습 공격은 미국 독립 혁명의 도화선이 되었던 콩코드 다리 위에서 들려온 한 발의 총성과도 같았다. 예상치 못한 한 발의 총알이 세상을 바꾸어 놓은 것이다. 하지만 요란한 등장 이후의 과정은 지구 반대편에서 은밀하게 진행되었다. 모든 일이 은밀하게 진행된 덕에 민주당에서 공화당으로 당적을 옮기고, 케인스에 대한 믿음을 버리는 대신 프리드먼을 신봉하고, 영화배우 조합 회장이었던 전직에서 탈피해 노조에 반대하는 것이 옳다고 젊은 로널드 레이건을 한층 쉽게 설득할 수 있었다.

이 이야기를 처음 들려준 사람은 경제 저격수로 첫 발을 내디딘 후 처음 몇 달 동안 나를 이끌어 주었으며, 치명적인 매력과 더불어 사람을 교묘하게 다루는 능력을 갖고 있었던 클로딘 마틴이었다.

3장 | 최초의 경제 저격수

클로딘을 만난 후 그전에 결코 경험해 보지 못했던 심각한 내적 갈등을 겪게 되었다. 클로딘은 남자를 유혹하기 위한 모든 방법을 동원해 나를 유혹했다. 물론 나는 기꺼이 클로딘의 유혹에 넘어갔다. 부모님이 고수하셨던 청교도적인 생활 방식으로부터의 탈피, 모험과 연애, 조언, 상상을 초월할 만큼 강렬한 육체적인 관계 등 클로딘은 내가 원하는 모든 것을 안겨 주었다. 클로딘의 유혹에 넘어가 허우적대면서 경제 저격수의 세계에 내 영혼을 팔아넘기고 있다는 사실을 깨달을 수 있었다. 나는 나의 아내, 그리고 내가 평생 동안 신봉해 왔던 대부분의 원칙들을 배신했다.

세계 각국 정부와 기업에게 컨설팅 서비스를 제공하는 2000명가량의 전문가가 일하는 컨설팅 업체 메인에서 일을 하기 시작한 건 1971년이었다. 상사는 메인이라는 컨설팅 업체가 신중한 태도를 무엇보다 자랑스럽게 여기고 있다는 점을 강조했다. 메인의 고객들은 마치 변호사나 심리 치료사가 그러하듯 메인의 컨설턴트들이 엄격하게 비밀을 보장해 줄 것을 기대했다. 한마디로, 언론과의 인터뷰는 절대로 용납되지 않았다. 그 결과 메인 컨설팅의 서비스를 받는 사람들을 제외하고는 메인이라는 컨설팅 회사의 이름을 아는 사람이 거의 없었다. 다른 상황에서였더라면 클로딘을 만나면서 의심을 품었을지도 모른다. 하지만 이미 메인의 특이한 업무 방식을 익히고 난 후라 별다른 의문을 품지 않았었다.

프루덴셜 센터 내에 위치한 메인 본사에서 멀지 않은 보스턴 공립 도서관에 자리를 잡고 책을 읽다가 짙은 녹색 의상을 입고 흑갈색 머리를 흩날리는 아름다운 여자에게 정신을 빼앗겨 버렸다. 그 여자가 열람실 안으로 들어와 한가로이 서가 사이를 오가다가 나와 마주 보는 자리를 차지하고 앉을 때까지 마치 무슨 일이 일어나고 있는지 전혀 모르는 척했다.

그 여자가 나를 유심히 관찰하고 있다는 사실을 깨닫자 흥분과 동시에 당혹감이 몰려왔다. 교사의 아들로 태어나 뉴햄프셔에 위치한 남학생 전용 사립 기숙 학교에서 자란 샌님이었던 터라 아름다운 여자들 속에 둘러싸이게 되면 어색해서 어찌할 바를 모르며 아무것도 할 수 없을 것 같은 기분을 느끼곤 했었다. 맞은편에 앉은 여자를 정면으로 응시하고 싶은 유혹을 간신히 억누르고 있었지만 그 여자의 다리가 무척 아름답다는 사실은 너무도 잘 알고 있었다. 세계은행에서 발표한 쿠웨이트에 관한 통계 자료에 좀 더 집중하려고 애를 쓰는 동안 맞은편에 앉은 아름다운 여자는 다리를 꼬았다, 풀었다, 다시 꼬기를 반복했다.

그러더니, 그녀는 몸을 곧추세우고선 한마디 말도 없이 자리에서 일어섰다. 미동도 않은 채 그저 나를 내려다보며 한참 동안이나 같은 자리에 서 있었다.

나는 눈앞에 놓인 자료에 한층 더 집중하며 몇 페이지를 넘겼다. 그러다 책을 바닥에 떨어뜨릴 뻔했다.

나를 지켜보던 여자는 마치 작은 소리로 가르랑거리는 고양이처럼 쿡쿡 웃어 댔다.

이제, 고개를 돌려 여자를 쳐다볼 수밖에 없었다. 여자는 지나 롤로브리지다(이탈리아의 여배우 — 옮긴이)를 닮은 외모를 갖고 있었다.

여자는 손가락을 들어 입술에 갖다 대더니 부드럽게 미소를 지었다. 테이블을 돌아 내 곁으로 다가 온 여자는 내 얼굴 앞에 책 한 권을 들이밀었다. 그 책에는 인도네시아에 관한 정보를 담고 있는 도표와 함께 명함이 한 장 끼워져 있었다. 명함에는 '클로딘 마틴, 특별 컨설턴트, 메인 컨설팅'이라고 적혀 있었다.

클로딘이 입고 있는 옷처럼 에메랄드 빛깔을 띠고 있는 클로딘의 눈을 가만히 쳐다보았다.

클로딘은 손을 뻗어 의자를 살짝 밀어낸 다음 내 옆자리에 앉았다. 클로딘은 내 훈련을 도우라는 지시를 받았다며 내가 첫 번째 임무 수행 준비를 할 수 있도록 도울 거라고 속삭였다. 조용한 도서관에서 목소리를 낮춰 속삭이는 모습은 매우 자연스럽게 느껴졌다. 클로딘은 제아무리 건장한 율리시스라도 사이렌의 유혹에 넘어가도록 꾀어낼 수 있을 것만 같은 달콤한 목소리로 "자카르타로 가게 될 거예요."라고 속삭였다. 클로딘은 손을 뻗어 내가 읽고 있던 책을 덮어 버렸다.

"쿠웨이트는 더 이상 연구할 필요가 없어요."

내 손을 쥐고서 다정하게 복도로 이끌어 낸 클로딘은 또다시 명함을 한 장 건네주었다. 클로딘이 두 번째로 건네준 명함 뒷면에는 직접 손으로 쓴 글씨가 담겨 있었다.

"내 아파트 주소예요. 내일 정오에 이 주소로 오세요."

나는 말 그대로 너무 놀라고 말았다.

클로딘은 내 팔을 쓸어내리며 말을 이었다.

"내 행동이 이상하게 보일 거라는 걸 잘 알고 있어요. 마치 꿈같이 느껴지겠죠. 하지만 지금 당신은 현실 속에 있어요."

클로딘은 곧 자리를 뜰 것처럼 몸을 틀며 물었다.

"내일 정오에 오는 거죠?"

나는 겨우 고개를 끄덕였다.

"아, 한 가지 더 기억해 둬야 할 게 있어요. 이 일을 그 누구에게도 얘기하지 말아요. 아내한테 얘기하는 것도 안 된답니다."

다음 날 오후 첫 만남이 채 끝나기도 전에 우리는 사랑에 빠졌다. 그날 이후, 우리는 비컨 가에 있는 클로딘의 집에서 정기적으로 만남을 가졌다. 클로딘은 항상 우리 둘 사이에서 일어난 모든 일을 철저한 비밀에 부쳐야 한다는 걸 강조하며 메인에 대해 내가 이미 알고 있는 사실들을 다시 확인시켜 주었다. 클로딘은 내가 유부남이라는 사실도 여러 차례 상기시켜 주었다. 클로딘은 "당신 결혼을 망치는 일 같은 건 절대로 하지 않아요."라고 약속했다.

"하지만 아무리 친한 친구라 하더라도 절대 우리 일을 발설해선 안 돼요. 도서관에서 처음 만났을 때를 생각해 보면 비밀을 엄수하는 게 얼마나 중요한지 잘 알겠죠?"

그런 다음, 클로딘은 경제 저격수에 관한 여러 가지를 알려 주었다.

클로딘은 1950년대 초 중요한 사건이 발생한 이후 경제 저격수라는 직업이 생겨났다고 설명했다.

"당시 그 사실을 아는 사람은 없었을 거라 생각해요. 하지만 아이젠하워 대통령이 내린 결정이 국제 정치를 통째로, 그것도 영구적으로 바꾸어 놓았어요."

클로딘은 지도를 펼치고선 이란이 냉전에서 중요한 역할을 했다고 설명했다.

"이란은 석유로 가득한 나라죠. 하지만……."

클로딘은 지도를 가리키며 말을 이었다.

"좀 더 중요한 사실이 있죠. 이란을 둘러싼 이웃 국가들의 면면을 살펴보세요. 소련, 터키, 이라크, 사우디아라비아, 아프가니스탄, 그리고 파키스탄이 있지요. 게다가, 이란을 통치하는 사람은 페르시아 만을 통치할 수 있게 되죠. 아라비아어로 표현하자면 아라비아 만이 되지만요. 어디 그뿐인가요? 이란을 지배하는 자는 미사일을 이용해 손쉽게 이스라엘과 레바논, 요르단, 시리아를 공격할 수 있어요."

클로딘은 1951년 이란에서 열린 민주적인 선거에서 선출된 인물이 모하메드 모사데그(1951년 《타임》에서 선정한 '올해의 인물')였다며 설명을 이어 나갔다. 모사데그는 외국계 석유 기업들이 이란 국민들에게 더 많은 이윤을 나누어 주지 않을 경우 재산을 모두 몰수하겠다고 약속한 이란의 유명한 정치 인사였다.

"모사데그는 선거에서 자신이 했던 약속을 지키려 했어요."

클로딘은 다시 지도를 접었다.

"그놈이 이란의 석유 자산을 모두 국유화해 버렸던 거죠."

여기까지 얘기한 클로딘은 활짝 웃어 보였다.

"모사데그의 결정을 전해 들은 영국과 미국의 정보기관은 매우 분노했지요. 모사데그는 한마디로 큰 실수를 저질렀던 겁니다."

클로딘은 그날 오후 내내 중동에서 나타난 냉전의 양상을 설명해 주었다. 클로딘은 제2차 세계 대전 이후 영국과 미국은 강한 유대감을 갖고 있었으며 소련에 석유를 빼앗길지도 모른다는 위협을 느꼈다고 얘기했다. 모사데그가 석유를 국유화하자 CIA 국장 앨런 둘스는 행동을 촉구했다. 하지만 소련과 가깝다는 이란의 지리적인 특성 때문에 미국의 아이젠하워 대통령은 선제공격을 감행하는 방안은 제외했다. 선제공격을 할 경우 핵전쟁이 벌어질 위험이 있었기 때문이다. 대신 당시 CIA 요원으로 활동했던 루스벨트 대통령의 손자 커미트 루스벨트에게 수백만 달러의 자금을 쥐어 주고서 이란으로 파견했다. 루스벨트는 국정 운영을 방해할 폭력배들을 고용했다. 루스벨트가 고용한 폭력배들이 연이어 폭동과 시위를 저지르자 마치 모사데그가 인기가 없고 국가 운영 능력이 없는 사람인 것처럼 비춰졌다. 1953년 결국 모사데그 정권이 무너졌다. 모사데그는 한동안 감옥에 수감되었다가 가택 연금 상태에서 평생을 보내야만 했다. 모사데그의 몰락 이후 CIA는 외국계 석유 기업 및 미 정계에 우호적인 성향을 갖고 있는 모하마드 레자 팔라비를 샤한 샤('왕 중의 왕')의 자리에 앉혔다.

클로딘의 말이 끝나기를 기다렸다가 질문을 던졌다.

"그러니까, 미국의 CIA가 민주적으로 선출된 한 국가의 수장을 축출했다는 건가요?"

클로딘은 갈색 머리칼을 뒤로 넘기더니 웃어 댔다.

"물론이죠. 이런 얘기를 처음 들은 건 아니겠죠?"

모사데그를 비롯해 과테말라, 칠레, 아프리카에 있는 여러 나라의 리더들이 CIA의 소행으로 의심되는 쿠데타로 물러났다는 얘기를 들어 본 적이 있다고 대답했다.

"하지만 그런 얘기를 믿지는 않았어요. 혹은 진짜 그런 일이 일어났던 거라면, 그 사람들이 우리에게 정말 커다란 위협이 되었기 때문이라고 생각했어요."

나는 이렇게 항변했다.

"맞아요. 그 사람들은 미국에 정말 위협이 되었어요. 우린 항상 바짝 경계해야만 해요. 공산주의는 무슨 일이든 주저하지 않아요. 게다가 이란의 새 국왕은 우리와의 약속을 지켰어요. 두 팔을 벌려 미국의 석유 회사를 환영해 주었죠. 뿐만 아니라, 미국 기업들에게 수천 건의 짭짤한 계약을 넘겨주었죠."

클로딘과 나는 커미트 루스벨트가 사용한 방법으로 인해 중동의 역사가 바뀌었으며 제국 건설을 위해 오랫동안 사용되어 왔던 과거의 전략들이 더 이상 쓸모없게 되었다는 얘기를 나누었다. 미국 정계는 몇 백만 달러를 손에 쥐고 있는 한 사람만 있으면 과거 군대와 수십 억 달러가 필요했던 일을 충분히 해낼 수 있다는 사실을 깨달았다. 루스벨트는 러시아와의 전쟁이라는 커다란 위협을 무릅쓰지 않고서도 이란을 미국의 꼭두각시로 바꾸어 놓을 수 있었다. 뿐만 아니라, 미국 시민을 포함한 전 세계 대부분의 사람들은 미국이 이란에 민주주의를 정착시켰다는 사실을 미처 깨닫지 못했다.

클로딘은 계속해서 설명을 이어 나갔다.

"그렇지만, 두 가지 문제가 있었어요. 첫 번째로 커미트는 CIA의 정식 요원이었어요. 만일 커미트가 붙잡혔다면 미국 정부는 얼굴을 들 수 없을 만큼 커다란 창피를 당했을 겁니다. 그건 그나마 나은 시나리오죠. 둘째 커미트가 이용한 수많은 사람들은 훈련을 받지 않은 사람들이었어요. 커미트가 돈을 주고 고용한 폭력배들 말이죠. 훈련을 받지 않은 사람들을 이용한 탓에 결국 말이 밖으로 새어 나오고 말았어요. 그 결과, 많은 사람들이 분노의 감정을 느꼈어요."

클로딘은 묘한 미소를 지어 보이더니 그래서 경제 저격수가 생겨난 거라고 얘기했다.

미국 정부는 민영화 추세에 부합하는 근사한 해결 방안을 생각해 냈다. 그건 바로 정부를 위해 일하는 공무원 대신 메인과 같은 도급 업체를 고용하여 지저분한 일을 맡기는 것이었다. 클로딘은 말을 이어 나갔다.

"그리고 우리 미국은 폭동을 조장하는 방법이 아닌 다른 방법을 원했어요. 공무원들이 자원을 국유화시키겠다는 협박을 늘어놓기 전에 미리 뇌물을 주는 거지요."

우리는 교육을 시작하기 전 항상 사랑을 나누었다. 언젠가 클로딘은 내가 성욕이 충족되면 한층 더 훌륭한 학생이 된다는 사실을 은밀하게 알려 주었다. 하지만 어느 날 오후 클로딘은 그날의 교육은 다른 식으로 진행될 거라고 얘기했다. 그날, 클로딘은 평소에 즐겨 입던 노출이 심한 옷이 아니라 청바지와 풀오버 스웨터를 입고 있었다.

"오늘은 일만 할 겁니다. 오늘의 수업은 매우 중요해요."

클로딘은 내 손을 잡더니 두툼한 가죽 의자로 나를 이끌었다.

"하지만 훌륭한 학생이 되어 이 내용을 잘 받아들인다면……."

클로딘은 여운을 남긴 채 건너 편 소파에 앉았다.

"이제 당신에 대해 얘기해야 할 때가 되었어요."

클로딘은 내 목표가 커미트 루스벨트의 목표와 같다고 얘기했다. 즉, 미국이 석유, 운하, 저렴한 노동력 등 미국 기업들이 원하는 자원을 갖고 있는 나라들을 손아귀에 넣을 수 있도록 돕는 것이 내게 주어진 임무였던 것이다. 커미트 루스벨트는 정치 지도자가 이미 미국의 뜻에 저항하는 어려운 상황에 처했다. 이런 상황을 피하기 위해 나는 목표 국가가 엄청난 금액의 대출을 받아야만 하는 상황을 정당화시켜 설명할 수 있도록 먼저 경제학 공부를 해야 했다. 일단 목표 국가의 정부가 감언이설에 넘어가 거액의 대출을 받은 다음에는 벡텔, 할리버튼 등 미국 기업들이 관련 인프라 프로젝트를 수주할 터였다.

"목표 국가가 채무를 갚지 못하게 되면, 터무니없이 가혹한 요구를 하게 되죠."

"인도네시아에서 그런 일을 해야 하는 겁니까?"

"물론이지요. 그게 바로 메인이 당신에게 많은 급여를 주고, 1등석 비행기를 태워 주고, 최고급 호텔에 묵게 하는 이유지요. 인도네시아도 이란처럼 중요한 나라랍니다. 인도네시아의 주요 섬인 자바는 지구상에서 가장 인구 밀도가 높은 지역이죠. 인도네시아는 세계에서 무슬림 밀집도가 가장 높은 지역입니다. 그리고 인도네시아에는 엄청난 유전이 있지요. 베트남에 이어 인도네시아가 공산주의에 넘어가는 일은 결코 없어야 합니다. 우리는 반드시 인도네시아 사람들을 우리 편으로 끌어들여야 해요."

클로딘은 신문에서 오려 둔 만화 한 편을 보여 주었다. 만화에는 대소동을 일으키며 한 무리의 사슴을 향해 돌진하는 늑대의 모습이 그려져 있었다. 돌진하는 늑대 외에 다른 늑대 두 마리(한 마리는 다 자란 늑대, 나머지 한 마리는 새끼 늑대)는 한쪽에 가만히 앉아 있었다. 둘 중 나이가 많은 늑대가 새끼 늑대에게 설명했다.

"네 아빠 때문에 사슴들이 겁을 먹고 탈진하면 우리가 나설 거야. 그러면 우리는 가만히 앉아 있다가 저녁을 배불리 먹게 되겠지."

클로딘은 "이 만화는 우리가 하는 일을 잘 보여 주고 있어요."라고 설명했다. 클로딘은 『소비 함수론 *Theory of the Consumption Function*』, 『자본주의와 자유 *Capitalism and Freedom*』 등 두 권의 책을 내게 건네주었다.

"이번 주 내에 다 읽어야 해요. 제임스 본드처럼 재미있는 건 아니랍니다."

두 권의 책을 가만히 내려다보았다. 두 권 모두 밀턴 프리드먼의 저서였다.

클로딘은 덧붙여 말했다.

"하지만 이 두 권의 책을 이해하게 된다면, 당신은 제임스 본드처럼 살게 될 겁니다. 물론 미사일로 변신하는 볼펜 같은 건 없지만요."

이 두 권의 책을 통해 이후 십 년 동안 수많은 제3세계 국가에 적용한 여러 이론을 익힐 수 있었다. 클로딘과 밀턴 덕에 경제 저격수 일을 점점 능숙하게 해낼 수 있게 되었다. 내 인생은 점점 제임스 본드의 삶을 닮아 갔다. 적어도 내가 묵었던 호텔, 즐겨 마시던 술, 함께 어울렸던 여성들을 생각해 보면 그랬다. 경제 저격수로 활발하게 활동하던 중 수석 경제학자로 승진했다. 뿐만 아니라 매우 능력 있는 경제학자, 금융 분석가, 경영 컨설턴트, 개발 계획 전문가, 사회학자 등 수많은 직원을 거느리게 되었으며 메인 설립 이후 100년 역사상 가장 어린 나이에 파트너로 승진했다.

지금에 와서 돌아보면, 파나마의 오마르 토리호스 대통령이 얘기했던 것처럼 나는 속임수에 넘어갔던 게 분명했다. 엄청난 규모의 채무를 끌어다가 자본 집약적인 인프라 프로젝트에 투자하는 동시에 민영화를 추진하면 빈곤 문제를 완화시킬 수 있다는 속임수에 넘어갔던 것이다. 부채를 끌어들이고 인프라 프로젝트를 진행하면 경제 성장률이 높아지기 때문에 서류상으로는 제법 그럴듯해 보인다. 하지만 돈을 빌리면 건강 관리, 교육, 기타 사회 서비스에 지출해야 할 돈을 이자를 갚는 데 할애해야 한다는 사실은 알려지지 않는다. 실제로는 과도한 채무로 인해 점점 더 많은 사람들이 빈곤에 허덕이게 되고 빈부 격차는 한층 커진다. 그 어떤 연구도 제3세계의 빈곤층 대다수가 통계적으로 측정 가능한 경제권 밖에서 살아가고 있다는 사실에 주목하지 않는다. 이들은 전기 요금을 지불하거나 자동차를 구매할 능력이 없으며 항만이나 공항을 이용하지 않는다. 현대적인 산업공단에서 근무하는 극소수의 근로자들도 열악한 근로 환경, 낮은 급여, 높은 이직률 때문에 고통을 받는다. 내가 맡은 일은 세계를 속이는 것이었다.

제3세계에서 나라는 존재는 사슴 떼를 혼란에 빠뜨리는 늑대이자 사슴의 목숨을 빼앗기 위해 돌진하는 늑대와 같다는 사실을 깨닫게 되었다.

당시에는 미국이 제3세계 국가들과 공통점을 갖고 있다거나 미국에서는 나도 그저 한 마리의 사슴에 불과하다는 사실을 몰랐다. 대부분의 미국인들과 마찬가지로. 그리고 늑대의 희생양이 된 사슴들처럼 미국인들 또한 재앙에 한 걸음씩 가까워지고 있었다.

4장 | 이란과 소용돌이치는 구름

귀국 후 내가 인도네시아에서 활동하는 동안 클로딘이 보스턴을 떠나 버렸다는 사실을 깨닫고서 마음이 무너지는 듯 했다. 하지만 곧 파나마로 단기간 출장을 떠났다가 이란으로 장기 출장을 떠나야 했다.[1] 파나마와 이란, 두 나라는 개인적으로 내게 중요한 영향을 미쳤다. 하지만 처음에는 이란에서 특히 많은 감명을 받았다. 이란은 고등학교 시절 루미(13세기 페르시아에서 태어난 시인 — 옮긴이)에 관한 이야기를 읽은 후 항상 가 보고 싶었던 나라였다. 모사데그와 이란의 국왕을 둘러싼 음모에 관한 클로딘의 이야기 덕에 이란에 관한 관심은 한층 깊어졌다.

1970년대에는 해외 컨설턴트들로 구성된 팀의 일원으로 이란을 수도 없이 방문했다. 우리 팀의 임무는 국왕의 든든한 지원군이 되어 주는 동시에 미국 기업들이 설계, 관리, 공사하는 프로젝트에 석유를 팔아 얻은 수익을 투자하도록 국왕을 설득하는 것이었다. 석유를 팔아 벌어들인 돈으로 국고가 넘쳐 나는 나라의 통치자를 설득하는 일은, 인도네시아 같은 나라의 통치자들을 상대로 아직 충분히 개발되지 않은 석유 자원을 대출 담보로 활용할 것을 종용하는 것과는 달랐다. 하지만 그 결과에는 별다른 차이가 없었다. 함께 먹고 마시며 속임수를 사용해 상대를 낚는 것이다.

이란에서는 국왕의 측근들이 이란을 '미국화'하도록 설득하는 일을 맡았다. GE, 보잉, IBM, 시티 은행과 같은 대기업에서부터 버클리, 케임브리지 등에 기반을 두고 하이테크 분야에서 활동하는 혁신적인 중소기업에 이르기까지 수많은 미국 기업들과 계약을 체결할 것을 요구했다. 수많은 다른 사람들과 마찬가지로 메인의 컨설턴트들도 점점 커져만 가는 정치적인 불안한 움직임, 즉 국왕의 잔인한 독재 정치로 인해 한때 국왕을 지지했던 세력이 국왕과 미국에 등을 돌리고 있다는 징후를 무시했다.

약 십여 년 동안 분노가 폭발 직전에 이르렀다는 신호를 애써 외면했다. 그러던 중, 갑자기 모든 것이 변해 버렸다.

1978년 어느 저녁, 테헤란에 위치한 인터콘티넨털 호텔 내부의 고급 바에 앉아 술잔을 기울이고 있는데 대학 졸업 이후 한 번도 보지 못했던 이란인 친구가 가까이 다가왔다. 그 친구는 내가 이란을 떠나도록 설득할 임무를 맡고 있었다. 그 친구는 당장 이란을 떠나 달라고 요청했다. 그 친구와 나는 바로 다음 비행기를 타고 이란을 떠나 로마로 향했다.[2]

이틀 후, 이란에서 폭탄이 터지고 폭동이 일어났다는 소식을 전해 들었다. 아야톨라 호메이니와 이슬람 율법학자들이 세를 모아 공세를 벌였다. 이후 몇 달 내에, 국왕은 이란에서 도망쳐 나와 암 진단을 받았고 이집트와 파나마에서 망명 생활을 하다가 숨을 거두었다. 이란의 율법학자들은 커미트 루스벨트를 '사탄의 대리인'이라고 부르는 한편 '이란 국민과 인류에 대한 범죄'를 저지른다며 미국 정부를 비난하는 등 미국식 제국주의를 맹공격했다. 율법학자를 따르는 이란인들은 테헤란에 위치한 미 대사관을 습격하여 52명의 미국인을 인질로 잡은 후 444일 동안 구금했다. 대부분의 미국 기업들은 이후 삼십 년 동안 이란에 발을 들여놓지 못했다.

한때 CIA 요원으로 활동했던 밥 베어는 1979년에 발생한 이슬람 혁명의 근원이 1953년의 쿠데타라는 데에는 한 치의 의심도 없다고 얘기했다. 한때 인정받는 첩보원이었던 밥은 자신의 경험을 바탕으로 『악마는 없다*See No Evil*』, 『악마와의 동침*Sleeping with the Devil*』 등의 저서를 발표했고, 이 두 작품은 2005년 아카데미 수상작 「시리아나*Syriana*」로 영화화되었다. (밥은 과거 CIA에서 수여하는 우수 요원상을 수상할 만큼 훌륭한 요원이었다.) 밥은 「시리아나」에서 자신의 역할을 맡았던 미남 배우 조지 클루니와 전혀 닮지 않았다. 물론 밥도 얼굴이 잘생긴 편이었지만 클루니처럼 매혹적인 외모는 아니라는 뜻이다. 2007년 일요일 오후 밥과 함께 플로리다 남부에 있는 이국적인 바에서 맥주를 마신 적이 있었다. 당시 밥은 『우리가 알고 있는 악마: 이란이라는 새로운 초강대국을 상대하는 방법*The Devil We Know: Dealing with the New Iranian Superpower*』이라는 책을 집필하고 있었기 때문에 이란에 많은 관심을 갖고 있었다.

"커미트는 이슬람 전역, 그리고 전 세계에 영향을 미쳤어요. 커미트로 인해 국왕이 왕좌에 앉았고, 그 결과 이슬람 혁명, 그리고 알카에다가 탄생했다고 해도 과언이 아니지요."

우리는 그날 밤, 미국이 모사데그를 밀어내는 대신 지지를 보냈더라면 중동이 지금과는 어떤 다른 모습을 하고 있을지, 민주적으로 선출된 모사데그가 석유를 팔아 번 돈으로 극심한 빈곤으로 고통받아온 이란 국민들에게 한층 더 나은 삶의 질을 선사하는 등 미국이 지지한 이란 국왕이 내놓은 것보다 훨씬 더 나은 모델을 내놓을 수 있었더라면 상황이 얼마나 달라졌을지 얘기를 나누었다. 미국이 민주주의를 존중하고 중동 국가들이 자국 내에 묻혀 있는 상당한 양의 자원을 활용하여 자국의 가난과 고통을 줄여 나갈 수 있도록 내버려 두었더라면 수니파와 시아파 간의 분쟁, 그리고 아랍과 이스라엘 간의 분쟁이 오래전에 해결되었을 수도 있다.

밥은 '1953년에 벌어진 사건이 이란에서 다음 총리 선거에 나설 진보적인 후보들의 머릿속에서 떠나지 않을 것 같아 걱정'이라고 얘기했다.

오바마 행정부, 미 의회, 수많은 미국 기업 총수들은 2009년 6월에 실시된 이란 선거를 지켜보며 정권 교체에 관한 희망을 품었다. 하지만 밥이 두려워하던 상황이 나타나고 말았다. 전 세계는 이란이 갈가리 찢기는 모습을 지켜보았다. 이란에서 발생하는 폭동과 경찰의 잔인한 대응에 관한 기사를 읽을 때마다 커미트 루스벨트가 떠올랐다. 이슬람 율법학자들 사이에서 가장 인기가 높은 보수파 대통령 마무드 아마디네자드가 친미 성향을 지닌 미르 호세인 무사비를 누르고 선거에서 당선된 것이 적법하다고 옹호하는 이란 지도자들은 모사데그를 몰아내기 위한 CIA의 쿠데타가 미국의 압력에 굴복하거나 미 정부와 협력해서는 안 되는 이유라고 주장한다.

이란이 미국인들에게 일종의 경고를 주는 듯하다. 그리고 이런 문제는 사실 핵무기와는 아무런 상관이 없다. 이란은 미국인들에게 미국을 둘러싼 불만의 암류를 깨달으라고 일러 주고 있는 것뿐이다. 미국이 모사데그에게 저질렀던 실수, 그리고 국왕의 통치 기간 내내 저질렀던 실수를 반복해서 저지르고, 점점 커져 가는 불만의 신호를 읽어 내지 못하게 된다면 이란이 그동안 견뎌 온 것과 같은 격동기를 겪게 될 거라고 알려 주는 것이다. 물론 이슬람 율법학자들의 통치를 받게 되는 일 같은 건 없을 것이다. 하지만 우리 사회는 이미 미국을 강타한 경제 위기보다 한층 강력한 충격을 받게 될 것이다.

2009년 선거 이후 이란에서 발생한 일련의 사건들을 미루어볼 때 1978년 내가 테헤란에 머물렀던 마지막 밤 이후 이란이라는 나라가 급격한 변화를 겪어 온 것이 틀림없다. 당시는 냉전이 한창이었고 소련과 미국이라는 두 개의 초강대국이 존재했다. 하지만 상황이 빠르게 변화하고 있었다. 클로딘이 내게 건네준 두 권의 책이 지지하는 변형 자본주의로 인해 소련은 초강대국의 지위를 잃게 되었다.

한동안 미국이 세계를 쥐고 휘두르는 유일한 국가로 군림했다. 이제 미국의 호시절은 끝을 향해 치닫고 있다. 이 세계의 지정학이 변화한 것이다. 도시 국가들이 결탁해 거대한 국가를 형성하던 시기와 유사한 조정의 시기에 접어든 것이다. 지금 나타나고 있는 변화는 국지적이지 않고 세계적이라는 차이점이 있을 뿐이다. 국가의 의미가 점차 약화되고 있다. 새롭게 등장하는 지배 세력은 대통령이나 독재자, 정부 관료, 정치인이 아니다.

새로운 지배 세력은 기업 정치의 구성원인 CEO들이다. 지구 주위에서 소용돌이치는 거대한 구름처럼 CEO의 손아귀 아래 놓여 있는 대기업들은 모든 대륙, 나라, 마을에 이르는 지구상의 모든 지역에 영향력을 미치고 있다. 이들은 국경이나 법률의 제약을 받지 않는다. 물론 상당수가 미국에 본사를 두고 있으며 미국 군대에 자신들의 이익을 보호해 줄 것을 요청하지만 특정 국가에 충성심을 갖고 있는 것은 아니다. 이들은 중국 기업들과 손을 잡는 동시에 타이완 기업들과도 공조 체제를 구축한다. 이스라엘과 함께 일을 하면서 동시에 아랍 국가들과도 협력한다. 뿐만 아니라, 귀한 자원을 갖고 있는 사람이라면 브라질 사람, 호주 사람, 러시아 사람, 인도 사람, 콩고 사람 등 상대를 가리지 않고 누구의 손이든 잡는다. 할리버튼이 이미 그런 것처럼 세금을 적게 내기 위해 두바이 같은 곳으로 회사 자체를 옮겨 가는 걸 아무렇지도 않게 여긴다.

클로딘은 이런 세상을 만들어 내도록 날 훈련시켰다. 밀턴 프리드먼과 로널드 레이건, 이란의 국왕, 그리고 경제 저격수가 꿈꾸었던 바로 그 세상 말이다. 이런 세상은 미국과는 아무런 연관성이 없다. 그저 민영화와 규제 완화가 중시될 뿐이다. '작은 정부가 좋은 정부'라는 한마디가 모든 걸 설명해 준다. 다국적 기업들이 원하는 이상향은 일종의 '자유 무역' 세상이었다. 즉, 다국적 기업들이 환영할 만한 규제만이 존재하고 유정과 댐, 광산을 비롯한 기업 자산을 보호하기 위해 군사를 파견하는 정부만이 의미를 갖는 세상을 원했던 것이다. 변형 자본주의 바이러스로 인해 소련은 초강대국의 지위를 잃게 되었다. 하지만 곧이어 미국도 똑같은 일을 겪었다.

지배 엘리트층(기업 정치의 구성원)은 이란의 국왕을 비롯해 미국이 권력을 부여해 준 사람들과 놀라울 만큼 닮아 있다. 선거를 통해 선출된 대통령, 수상, 국무총리와는 달리 이들은 국민의 선택을 받지도 않을 뿐더러, 임기가 제한되어 있지도 않고, 그 누구에게도 답을 내놓지 않는다. (이들은 이사회에 보고를 한다고 주장하지만 서로 상대가 운영하는 다국적 기업의 이사회에서 활동하는 만큼 서로 도움을 주고받게 된다.) 이들은 지방 정부와 중앙 정부에서 엄청난 영향력을 행사한다. 기업의 CEO와 주주들을 통해서 흘러들어 오는 돈의 도움을 받지 않고 선거에 당선될 수 있는 정치인은 거의 없다. 이들은 직접 소유, 혹은 광고 예산 등을 통해 주류 매체들을 통제한다.

그렇다고 해서 내가 음모론을 지지하는 건 아니라는 점을 분명하게 밝혀 두고 싶다. 기업의 CEO들은 굳이 음모를 꾸밀 필요가 없다. 마찬가지로 불법적인 행동을 할 필요도 없다. 이들 중 상당수는 자신과 같은 부류의 지배 엘리트 계층을 만난 적조차 없다.

선거를 위해 조달되는 자금의 액수만 보더라도 이들이 어떤 방법을 사용하는 건지 손쉽게 파악할 수 있다. 2008년 미 하원 선거에 출마한 후보들은 선거 활동을 위해 총 9억 7800만 달러의 자금을 모았다. 상원 선거 활동에 투입된 자금은 4억 1000만 달러, 대통령 선거에 투입된 자금은 18억 달러였다.[3] 이 자금의 대부분은 기업 기부금, 정치 행동 위원회, 자사의 이윤 증진에 도움이 될 거라는 기대로 기부금을 쾌척하는 개인 주주들로부터 나온다. 이런 활동 자체는 음모와는 거리가 멀다. 하지만 결과적으로 기부금을 내는 기업들이 상당한 정치권력을 갖게 된다.

기업 정치에 활용되는 가장 효과적인 정치 무기인 로비스트를 활용하는 것도 마찬가지다. 로비스트들은 기업이 원하는 법안을 작성하도록 정치인들을 설득한다. 로비스트들은 그 법안이 선거 공약, 혹은 대중의 의견과 반대된다 하더라도 개의치 않는다.

미국의 수도 워싱턴에서 활동하는 로비스트의 수는 의회에서 중요시하는 의제가 무엇인지에 따라 달라진다. 대개 총 로비스트의 수가 1만 1000명에서 3만 명에 이르는 것으로 추정된다. 2006년 아메리칸 대학 의회 대통령 연구 센터는 2004년 한 해 동안 21억 3000만 달러가 로비 활동에 지출되었다는 내용을 담은 보고서를 발표했다. 동 센터에서 연구하는 박사 후보 중 한 명은 무려 15만 명이 공공 정책에 영향력을 행사하기 위해 활동을 하고 있다는 충격적인 사실과 함께 그중 상당수가 법적으로 로비스트로 분류되지 않는다는 사실을 폭로했다.[4]

2009년 초 전 세계인이 지구 전역을 강타한 금융 위기를 초래한 근본 원인이 무엇인지 찾아내려고 애를 썼다. 2009년 3월 4일, 필수 정보 재단과 소비자 교육 재단이 공동 발표한 231쪽짜리 보고서에 실린 내용을 요약하면 아래와 같다.

> 미 금융계는 정계에 영향력을 행사하기 위해 지난 십 년 동안 50억 달러가 넘는 돈을 투자했으며 무려 3000명에 달하는 로비스트들이 지금의 금융 붕괴 현상을 초래한 직접적인 원인인 규제 완화 및 기타 정책 결정을 위해 활동해 왔다. (중략) 1998년부터 2008년까지 월 가의 투자 업

체, 상업 은행, 헤지 펀드, 부동산 회사, 거대 보험 회사 등이 정치권에 기부한 금액은 총 17억 2500만 달러에 이른다. 뿐만 아니라, 이들이 연방 정부의 규제를 약화시킬 목적으로 금융 분야의 비대한 세력 집단 로비스트에게 쏟아부은 돈이 무려 34억 달러에 이른다. 2007년 한 해 동안 미 금융업계에서 활동한 공식으로 등록된 연방 로비스트의 수만 약 3000명에 달한다. 이 보고서에 수록되어 있는 십여 개의 개별적인 규제 완화 조치들이 모여 금융 시장 붕괴를 초래했다. 대표적인 조치로는 금융 파생 상품 규제 금지, 상업 은행과 투자 은행 간의 규제 장벽 폐지, 대형 투자 은행을 위한 자발적인 규제 방안, 많은 피해를 초래하는 서브 프라임 대출을 중단시킬 것을 요구하는 목소리를 묵살한 연방 정부의 태도 등을 들 수 있다.[5]

위 보고서에서는 금융계에서 고용한 로비스트들만을 언급했다는 사실을 반드시 짚고 넘어가야 한다. 에너지, 자동차, 군사 장비, 화학, 제약, 보험, 도매업, 소매업 등 다른 업계에서 고용한 로비스트들도 금융계 로비스트들과 긴밀하게 협력했다.

방송 매체도 로비스트들과 같은 편에 서서 움직인다. 프리드먼 방식의 자본주의가 인기를 얻으면서 주류 매체에 대한 기업 정치의 지배력도 꾸준히 증가했다. 1983년에는 오십 개 기업이 미국 내의 모든 뉴스 매체 대다수를 지배했다. 1992년에는 그 수가 삼십 개 이하로 줄어들었다. 2004년이 되자 타임워너, 디즈니(ABC의 소유주), 루퍼트 머독 소유의 뉴스 코퍼레이션, 독일의 베텔스만, 비아콤(CBS의 전신), GE(NBC 소유) 등 여섯 개의 대기업이 방송계 대부분을 장악하게 되었다.[6] 방송계 대기업들은 다국적 기업을 규제하려는 움직임에 반대하는 한편 합병, 통합, 대형화를 지지한다. 이들은 날이면 날마다 '자유 무역' 협정, 민영화, 지금의 위기를 초래한 정책을 홍보하는 뉴스와 사설을 발표한다.

기업 정치는 전 세계에 영향을 미치지만 경우에 따라 매우 개인적인 성질을 갖기도 한다. 미국의 대형 공익 기업에서 근무하는 한 프로젝트 매니저는 놀라운 이야기를 들려주었다. 이 프로젝트 매니저는 GE의 터빈이 늦게 도착하는 바람에 제 시간에 공장을 가동하지 못했던 일화를 한 신문사에 폭로했다. 이 프로젝트 매니저는 내게 이런 이야기도 들려주었다.

"GE의 CEO 잭 웰치가 우리 회사 회장에게 전화를 걸어서 날 해고시킬 것을 종용했지요. 그래서 저는 해고되었습니다."

이 일화는 업계 전체에 파다하게 퍼져 나갔다. 이 일화는 누구든 GE를 비난하는 사람은 끔찍한 결과를 맞이하게 된다는 강력한 메시지를 전달했다.

이 일화도 충격적이지만, 그보다 놀라운 사실은 이런 일이 비일비재하게 벌어진다는 것이다. 잭 웰치와 같이 권좌에 앉아 막강한 힘을 쥐고 있는 사람들은 이런 방법을 아무렇지도 않게 사용한다. GE가 NBC를 매수한 후 잭 웰치, GE, GE의 대형 고객 등에 관한 비판적인 기사를 쓰는 것은 사회생활을 포기하는 것과도 같다는 이야기가 나돌았다.[7] 안타깝게도 이런 일이 비단 GE에만 국한되어 있는 건 아니다.

기업의 위협이 한층 어두운 형태를 띨 수도 있다. 가령 신체적인 폭력 등의 방법으로 위협을 가할 수도 있는 것이다. 콜롬비아 코카콜라 공장, 인도네시아의 나이키 공장, 나이지리아의 셸 작업 현장에서 근무하는 사람들, 혹은 타이슨에 납품하기 위해 닭을 잡는 사람들, 미국에서 몬산토가 공급하는 유전자 조작 씨앗을 거부하는 농부, 켄터키에서 탄광 속으로 걸어 들어가는 사람들, 미얀마에서 석유 굴착 장치 위로 올라가는 사람들과 얘기를 나눠 보면 설득의 방법이 치명적일 수도 있다는 결론을 얻게 될 것이다. 방망이를 휘두르며 상대를 위협하는 훌리건의 시대가 아직도 끝이 나지 않은 것이다. 마음에 들지 않는 상대를 위협하는 활동 자체를 '경비' 회사에 용역을 주고, 경비 회사에서는 현지 업체와 계약을 체결하고, 현지 업체는 영어를 구사할 줄 모르는 폭력배를 고용하는 경우도 많다. 이런 관계가 형성되면 맨 처음 계약을 발주한 기업 본사에까지 책임을 추궁하기가 매우 힘들기 때문이다.

정의를 위한 교육이라는 비영리 단체의 공동 설립자이자 나와 개인적인 친분이 있는 짐 키디와 레슬리 크레츠는 나이키와 관련된 공포스러운 경험에 관한 이야기를 들려주었다. 자세한 이야기는 『미 제국의 은밀한 역사』에 기술해 두었으니 여기서는 관련 일화를 간략하게 살펴보자. 한때 짐과 레슬리는 미국 전역의 대학교와 고등학교에서 인도네시아 나이키 공장에서 일하는 가난한 근로자들과 생활했던 경험을 들려주곤 했었다. 그 무렵 기업 중역들은 학교 신문에 이 두 사람의 인격을 모욕하는 글을 싣곤 했다. 하지만 위협은 거기서 끝나지 않았다. 인도네시아에서 두 사람은 신체적인 폭력을 경험했다. 짐과 레슬리, 그리고 인도네시아인 운전사, 통역사, 카메라맨을 태운 차량이 어느 밤 자카르타 외곽의 어두운 골목길을 따라 달리고 있었다. 그러던 중, 오토바이를 타고 있는 한 무리의 깡패들에 쫓기는 신세가 되었다.

"그 사람들이 우리 차를 둘러싸더군요."

짐이 얘기했다.

"운전사에게 차를 세울 것을 강요했어요."

레슬리가 짐의 말을 이어받았다.

"우리는 차 밖으로 끌려 나왔어요. 그러고는 머리에 총을 들이대고서 마구 괴롭히더군요. 운전사는 정말 심하게 맞았어요."[8]

경영 대학원에서는 공개적으로 위협에 관한 교육을 실시하지 않는다. 하지만 어느 날 밤 하버드 광장에서 술잔을 기울이던 중 하버드 경영 대학원 학생이 이런 얘기를 했다.

"하지만 많은 기업에서 위협을 일종의 표준 운영 절차로 활용하고 있다는 사실을 잘 알고 있지요."

그 학생은 멋쩍은 웃음을 지어 보였다.

"생각만 해도 온몸이 짜릿해지지요. 그만한 힘을 가질 수 있다는 사실에 흥분을 느끼지 않을 사람이 어디 있을까요?"

기업 정치 구성원들은 음모의 일부가 아니다. 하지만 이들은 승리에 집착한다. 이들은 원하는 삶을 얻기 위해 많은 돈을 투자할 것이다. 뿐만 아니라, 이들은 얼마나 많은 환경 비용, 사회 비용이 소요되건 이윤을 극대화하겠다는 공통된 목표를 갖고 있다. 이 목표를 달성하는 과정에서 이들은 극도로 불안정하고, 불공평하며, 위험한 세상을 만들어 냈다.

어떻게 이런 사람들이 지금처럼 막강한 힘을 얻을 수 있게 되었을까? 어떻게 나머지 사람들은 악당들이 그토록 커다란 힘을 갖게 내버려 둘 수 있었을까? 왜 우리 사회는 이런 상황을 계속해서 용납하는가? 의당 제기해야 할 질문이 아닐 수 없다.

5장 | 용병으로 전락한 CEO

애슈턴 교수님은 보스턴 대학 경영학 원론 시간에 학생들에게 다음과 같은 얘기를 들려주곤 하셨다.

"좋은 경영자는 충성스러운 군인과도 같아요. 충실하게 대의를 따르고, 자신의 직업을 단순히 월급을 받기 위한 수단으로 여기지 않는 거지요. 남성 혹은 여성 경영자는 장기적인 기업의 성장을 추구해야 한다는 의무감에 따라 움직이지요." (교수님은 유일한 여학생의 얼굴을 바라보며 '여성'이라는 단어를 덧붙였다. 그때는 1966년이었으니 경영학을 배우는 여학생 수가 적은 게 당연했다.)

경영학 원론 수업을 들을 당시 수업 내용 하나하나를 꼼꼼하게 기록했었다. 당시 애슈턴 교수님은 사업가는 신탁의 책임을 갖고 있다고 강조하셨다. 교수님은 반복을 거듭하며 항상 강조하셨다.

"사업가에게는 주주뿐 아니라 고객을 섬길 의무가 있어요. 사실 회사가 가장 높은 기준에 따라 대중의 이익에 부합하는 방식으로 운영

된다는 확신을 모든 사람들에게 심어 줄 책임이 있는 겁니다.”

미국이라는 나라가 건국된 후 한 세기가 넘는 기간 동안 기업들은 애슈턴 교수가 옹호하는 기준을 지키도록 법률적인 규제를 받았다. 각 주는 공익에 도움이 된다는 것을 증명하지 못하는 기업에게는 허가증을 내주지 않았다. 뿐만 아니라, 신탁의 책임을 다하겠다는 약속을 지키지 못하는 기업은 폐쇄시키기도 했다. 다른 기업을 인수하거나 다른 방법을 동원해 독점적인 지위를 얻는 행위는 허용되지 않았다.

하지만 '악덕 자본가의 황금기'라고 알려진 기간 동안 모든 것이 변해 버렸다. 1886년 미국 대법원이 개인에게 요구되는 의무는 배제한 채 개인에게 주어지는 것과 동일한 권리를 기업에게 부여한다는 판결을 내린 후 기업의 태도와 관련 법률이 급격하게 변화했다. 대법원의 급진적인 판결 이후, 기업들은 다른 기업을 매수하고 매각할 수 있게 되었으며 잘못된 내용을 담고 있는 광고를 낼 수 있는 권리를 포함한 언론의 자유를 누릴 수 있게 되었다. 뿐만 아니라 더 이상 공익을 고려할 의무에 얽매일 필요가 없게 되었다.

그러다가 상황이 다시 뒤바뀌었다. 대공황, 뉴딜 정책, 제2차 세계대전으로 인해 정부 관료들과 기업 중역들은 국가에 대한 충성 및 봉사의 태도를 수용하고 관련 법안을 제정했다. 1933년부터 1980년까지 수많은 중역, 정부 관료, 애슈턴 교수를 포함한 교사들은 신탁의 책임이라는 원칙에 따라 윤리관을 정립했다.

하지만 로널드 레이건이 대통령에 당선되고 프리드먼 경제학이 인기를 얻으면서 모든 것이 갑자기 변해 버렸다. 이윤 극대화가 유일한 의무라는 신념을 바탕으로 기업 중역들은 단기 손익 개선에 도움이 되기만 한다면 거의 모든 행동이 정당화된다고 생각하게 되었다.

단기적인 성과를 중시하기 시작하면서 충격적 추세가 나타났다. CEO들이 슈퍼스타로서의 이미지를 받아들이기 시작한 것이다. CEO의 유일한 목적이 돈을 버는 거라면 전체 수익 중 더 커다란 몫을 원하는 스포츠 영웅이나 록 스타와 같은 대접을 받지 못할 이유가 없다는 생각을 하게 된 것이다. 수백만 달러의 연봉을 받는 미식축구 쿼터백 선수처럼 CEO들도 일선 근로자들의 수백 배에 달하는 연봉을 받으며 부를 축적했다.

아일랜드의 비즈니스 및 금융 포털 사이트인 핀팩츠 아일랜드는 미국 노동 총동맹 산별 회의와 《비즈니스 위크》, 공정 경제 연합에서 공개한 데이터를 활용하여 2005년 8월 7일 《핀팩츠 아일랜드 비즈니스 뉴스》에 '승자 독식 사회에서 경영진에게 지급되는 급여와 불평등'이라는 제목의 기사를 발표했다. 기사 내용 중 일부를 소개하면 다음과 같다.

> CEO와 일반 근로자 간의 연봉 격차에 있어서는 그 어떤 나라도 미국을 따라갈 수 없다. 2000년 미국의 365개 공개 기업 CEO들은 평균 1310만 달러를 벌어들였다. 이 금액은 일반적인 시급 근로자들이 버는 돈의 531배에 해당한다. 1980년에는 CEO의 평균 연봉이 일반 근로자 평균 연봉의 마흔두 배에 불과했지만 1990년에는 여든다섯 배로 격차가 커졌다. 한 정보 제공자의 말을 인용하면 다음과 같다.
>
> "2000년에는 CEO가 단 하루의 근무일(총 근무일 260일) 동안 벌어들인 금액이 평균 근로자가 52주 동안 버는 금액보다 많았다. 1965년에는

CEO가 일선 근로자의 연봉만큼을 벌려면 이 주 동안 일을 해야 했다."
공정 경제 연합에서는 1990년부터 2003년까지 미국 CEO의 연봉이 무려 313퍼센트 증가했다고 설명한다. 같은 기간 동안 S&P 500 지수는 242퍼센트 증가했으며 기업 수익은 128퍼센트 증가했다.[1]

기업가들은 더 이상 회사의 장기적인 성장이나 소비자 조사를 통해 밝혀진 평판을 바탕으로 자신을 평가하지 않게 되었다. 대신 시장이나 합병, 인수, 기타 단기적인 거래를 통해 얻어낼 수 있는 급여와 보너스를 자신의 가치를 측정하는 기준으로 여겼다. 한마디로 한때 훌륭한 군인이었던 사업가들이 최고가를 제시하는 사람에게 몸을 파는 용병으로 변해 버린 것이다.

경영 대학원 시절 은사님들은 존 제이컵 애스터(부동산, 모피), 앤드류 카네기(철도, 철강), 헨리 플래글러(철도, 석유), 제이 굴드(금융, 철도), 콜리스 P. 헌팅턴(철도), J. P. 모건(금융), 릴런드 스탠포드(철도), 존 D. 록펠러(석유), 코넬리우스 반더빌트(철도)와 같은 이름 높은 부호들이 산업 성장에 기여하긴 했지만 이들은 존경받아 마땅한 영웅이 아니라 비난의 대상이라고 단호하게 얘기했었다. 하지만 2009년이 되자 이들의 혼령이 되살아난 듯 보였다.

하지만 이들 현대판 부호들을 괴롭히는 심각한 문제가 있었다. 막대한 연봉, 보너스, 스톡옵션, 과도한 지출(전용 비행기 포함) 등을 얻어내는 것은 요술 램프 속의 지니가 마법을 부리는 것처럼 간단한 일이 아니었다. 무언가로부터 원하는 것을 짜내야만 했다. 그 무언가는 바로 성장이었다. 하지만 진짜 성장을 이루어 낸 것이 아니라 성장을 한다는 환상에 사로잡힌 것에 불과한 경우가 많았다.

기업 경영진들은 회사를 빠른 속도로 키워 나갔다. 이들은 자신들이 받는 연봉 및 보너스와 더불어 주가 상승에 도움이 되는 단기 거래를 우선시하는 반면 장기적인 목표는 외면했다. 2000년대에 들어서자 성장, 혹은 성장이라는 환영을 만들어 낼 수 있는 기회가 사라져 버렸다. 시장 자체가 축소된 것이다. 그것도 아주 빠른 속도로.

공급(s) 곡선과 수요(d) 곡선으로 이루어진 경제 모형을 보면 생산이 수요를 초과하면 수요가 증가하여 공급과 수요가 균형을 이룰 때까지 가격이 하락한다는 사실을 확인할 수 있다. 다국적 기업을 운영하는 경영진은 수정 모형을 생각해 냈다. 생산 증가(s)라는 딜레마에 대응하기 위해 전통적인 방법인 가격 인하 전략을 활용했을 뿐 아니라 시장 확대, 신규 시장 진입(d) 전략을 동시에 사용한 것이다. 이들은 인도와 남미 등지에 물건과 서비스를 팔았다. 수요가 급증하자 생산을 늘렸고, 또다시 아프리카, 중국 등 더 많은 시장에 진출해야만 했다.

이들이 팔아 치운 상품과 서비스는 순전히 물질적인 욕구를 충족시키기 위한 것들이었다. 다시 말해서 헐벗은 사람들에게 먹을 것과 입을 것을 제공하거나, 오염된 환경을 정화하고, 석유가 아닌 대체 에너지를 개발하는 등 사람들의 실질적인 요구를 충족시키는 것과는 하등 관계가 없는 것들이었다.

애슈턴 교수님은 이런 현상을 두고 '싸구려 자본주의'라 칭했다. 교수님은 미국 경제가 상당 부분 그 누구도 실제로 필요로 하지 않는 물건을 파는 쪽의 편향된 경제로 변질되고 있다며, 궁극적으로 이런 경제가 실패로 끝날지도 모른다고 우려했다. 그때가 1960년대 말이었다. 그 이후, 수십 년의 세월이 흐르는 동안 상황은 점차 악화되었다. 결국 세계 모든 시장이 포화 상태에 이르고 말았다.

스스로를 슈퍼스타로 여기는 경영자들은 프리드먼의 원칙에 따라 대응했다. 소비자의 진정한 욕구를 반영한 신제품을 개발하기 위해 노력하기보다 더 많은 수익을 창출하는 데 도움이 되는 가장 빠른 방법을 선택했다. 이들은 창의적인 해결 방안을 생각해 냈다. 즉, 통화 공급을 늘려 소비자들의 구매력을 증진시키는 방법을 떠올린 것이다. 이들은 수요 곡선을 늘리기 위한 방법으로 새로운 형태의 신용을 창조해 냈다.

개개인과 기업들은 예전 같았으면 결코 승인되지 못할 만큼 큰 금액을 손쉽게 빌릴 수 있게 되었다. 지나치게 높은 금리를 규제하는 법안은 사라졌으며 소비자들은 신용 카드를 이용해 대출을 받고서 무려 35퍼센트에 이르는 이자를 지불하게 되었다. 머지않아 수천 명의 소비자들이 채무를 변제할 수 없게 되었고, 그 수는 곧 수백만으로 늘어났다. 동시에 기업들도 차례대로 파산을 신청하기에 이르렀다.

경영자들은 새로운 형태의 신용을 창조해 내는 데서 멈추지 않고 대중을 속이기 위한 혁신적인 방법을 개발하고 규제 기관을 무력화시켰다. 이런 노력 중 가장 널리 알려진 것 중 하나가 바로 엔론이 만들어 낸 '특수 목적 회사'다.

에너지 기업의 CEO로 재직했던 1980년대와 스톤 앤드 웹스터 엔지니어링 코퍼레이션의 컨설턴트로 일했던 1990년대에 다른 에너지 기업의 경영진을 종종 만나곤 했었다. 당시 다른 에너지 기업의 경영진을 만나면 먼저 회의실에 앉아 느긋하게 커피를 홀짝이며 업계 소식을 주고받았다. 대화의 마무리는 언제나 엔론이었다.

"얼마 전 엔론이 인도에서 체결한 계약이 믿어지세요?"

누군가 이런 질문을 던진 것 같기도 하다. 어쩌면 "브라질 프로젝트는 어떤가요?"라는 질문을 했는지도 모르겠다.

우리 모두는 '너무 좋아서 의심스러울 정도'인 초대형 계약을 성사시키는 엔론의 능력에 놀라움을 감추지 못했다. 엔론 외부인 중 그 누구도 엔론이 어떻게 운영되고 있는지 가늠하지 못했다. 엔론의 중역들과 컨설턴트들은 거들먹거리는 표정으로 미소를 지어 보이곤 했다. 외압 때문에 얘기를 할 수밖에 없는 상황이 되었다면 엔론 내부인 중 누군가가 '창의적인 금융 기법', '혁신적인 경영', '부시 가문과의 특별한 관계', '다른 실세들과의 특수 관계' 등을 들먹이며 거들먹거렸을 수도 있다.

엔론의 투자자 업무 담당 이사 폴라 라이커는 한 컨퍼런스에서 다음과 같이 얘기했다.

"우리는 독특한 기업입니다. 우리는 가장 우수하고 가장 똑똑한 사람들을 찾은 다음, 가장 뛰어나고 독창적인 프로젝트를 개발해 낼 수 있도록 동기를 부여합니다."

폴라 라이커 이사의 말 중 가장 중요한 것은 '독창적'이라는 단어다. 엔론이 몰락한 후, 그동안 엔론이 환상을 만들어 냈다는 사실이 만천하에 드러났다. 엔론의 특수 목적 회사들이 많은 이윤을 벌어들이는 것처럼 보였던 이유는 이들이 해외 사업부로 등록되어 있었던 덕에 세금을 피할 수 있었으며 합법적인 시장에서 용인되는 것보다 훨씬 높은 가격에 서로에게 자산을 매각했기 때문이다. 뿐만 아니라, 엔론의 특수 목적 회사들은 익명성을 바탕으로 마음대로 돈을 주무르는 방식으로 엔론의 엄청난 부채가 장부에 드러나지 않도록 숨길 수 있었다. 실제로 회사가 출혈을 감당하지 못해 허덕이고 있는 상황임에도 불구하고 엔론의 경영진은 수십 억 달러의 이윤을 벌어들이고 있다는 인상을 주기 위해 사기성이 농후한 금융 기법을 사용했다.

2001년 12월 2일 엔론은 마침내 파산을 신청했다. 엔론의 CEO 케네스 레이는 2006년 5월 25일 금융 사기를 비롯한 열 건의 혐의에 대해 유죄를 선고받았다. 폴라 라이커는 연방 법원에서 불법 내부자 거래 혐의를 인정했다.

엔론 파산 무렵, 당시 세계에서 가장 규모가 크고 존경받는 5대 회계 업체 중 하나였던 아더 앤더슨도 엔론의 사기 행각에 가담했다는 사실이 드러났다. 아더 앤더슨은 엔론의 사기 행각을 신성시하고 홍보까지 했다. 2002년, 앤더슨은 결국 미국 공인 회계사 사무소 운영 허가증을 반납해야 했다.

엔론과 앤더슨을 둘러싼 스캔들은 전 세계 금융계에 커다란 파장을 불러일으켰다. 수십만 명이 일자리를 잃었다. 하지만 이런 상황 앞에서도 기업을 운영하는 경영진들은 자신들이 주주의 이익을 대변하기 위해 최선의 노력을 기울이고 있다는 주장을 멈추지 않았다. 부시 행정부와 의원 상당수는 계속해서 딴청을 피웠을 뿐 아니라 한때 미국 국민들을 사기에서 보호해 주었던 바로 그 규제들을 없애는 데 일조한 '자유 시장'의 개념을 홍보하는 데 지속적인 노력을 기울였다.

우리 모두는 속아 넘어간 것이다. 속임수를 쓰는 사람들은 엄청난 권력을 손에 쥐게 되었고, 우리는 그 사람들이 원하는 것을 갖도록 내버려 두었다. 그 이유는 우리 모두가 속아 넘어갔기 때문이다. 우리는 심지어 도움을 주기도 했다. 우리 모두는 그들이 주장하는 선전에 속아 넘어갔다. '싸구려 자본주의'를 있는 그대로 받아들였을 뿐 아니라 규제를 받을 필요가 없다는 헛된 주장에 넘어갔다. 아무런 속박 없이 자유롭게 기업을 운영할 수 있는 권한을 쥐어 주면 결국 우리 모두에게 도움이 된다는 거짓된 말로 우리를 설득하도록 내버려 두었다. 심지어 그들의 주장이 모두 옳지 않다는 걸 알게 된 후에도 우리는 그들을 막지 못했다. 우리 모두가 이미 그들에게 속아 넘어갔기 때문이다.

기업을 운영하는 경영진들은 인도네시아, 콜롬비아, 나이지리아 국민들을 속여 넘긴 것처럼 우리 미국인들도 그럴듯하게 속여 왔다.

부채라는 우리 속에 미국인들을 가두어 버린 것이다. 우리는 감히 그들에게 맞설 생각을 하지 못했다.

시인이자 사상가인 랠프 월도 에머슨은 「부*Wealth*」라는 제목의 수필에서 "부채를 안고 있는 사람은 노예"라는 말로 이런 현상을 아주 간결하게 설명했다.[2]

6장 | 빚의 노예

에콰도르의 대통령은 2008년 크리스마스 직전 전 세계를 충격에 빠뜨렸다. 2006년에 민주적으로 선출된 라파엘 코레아 대통령은 일리노이 대학에서 경제학 박사 학위를 받은 인물로 프리드먼 이론에 대해 잘 알고 있는 경제학자였다. 2008년 12월 말, 라파엘 코레아 에콰도르 대통령은 에콰도르는 국가 부채를 상환할 책임이 없다고 공개 선언했다. 코레아 대통령은 에콰도르의 국가 부채라는 것이 결국 비민주적인 방법으로 통치권을 장악한 군사 독재자들이 세계은행, 국제 통화기금, CIA, 경제 저격수 등의 강압을 견디지 못해 받아들인 채무인 만큼 에콰도르는 그 채무를 인정하지 않는다고 발표했다.

2008년 12월 13일, 영국의 BBC는 다음과 같은 보도를 내놓았다.

> 에콰도르는 '불법'으로 간주되는 수십 억 달러의 외채에 대해 공식적인 채무 불이행을 선언했다.

라파엘 코레아 에콰도르 대통령은 해외 채권자들을 '괴물'이라고 묘사하는 한편, 다음 주 월요일에 만기가 돌아오는 부채에 대한 이자 지급을 승인하지 말라는 명령을 내렸다고 전했다.

코레아 대통령은 에콰도르의 국가 채무 100억 달러 중 일부는 과거 행정부에 의해 불법적으로 체결된 것이라고 얘기했다.

코레아 대통령은 에콰도르 과야킬에서 다음과 같이 전했다.

"에콰도르의 대통령으로서 나는 명백히 비도덕적이고 불법적인 부채를 계속 갚아 나가도록 내버려 둘 수가 없다."[1]

다음은 《워싱턴 포스트》에 실린 기사 중 일부를 발췌한 내용이다.

에콰도르는 부채 상환을 중단했다. 풍부한 석유 자원을 보유하고 있는 에콰도르가 부채 상환을 중단한 것은 갚을 능력이 없기 때문이 아니라 부채를 상환하지 않겠다는 정치적인 결단을 내렸기 때문이다.

코레아 대통령은 대선 주자로 나선 2006년부터 채무 불이행을 선언하겠다고 협박하는 동시에 해외 투자자들을 악마로 묘사해 왔다. 최근 코레아 대통령은 불법적인 위법 행위라는 근거를 명시한 대통령 위원회의 보고서를 언급했다.[2]

코레아 대통령 당선 직후 에콰도르의 알베르토 아코스타 에너지 장관을 만난 적이 있었다. 당시, 아코스타 장관은 내게 이렇게 이야기했다.

"소수에 불과한 부유층의 이익에는 부합하지만 다수의 빈곤층에게는 오히려 상처를 줄 뿐인 프로젝트에 자금을 지원하는 거라는 사실을 잘 알면서도 독재자에게 대출을 해 주는 은행들은 현재 에콰도르를 비롯한 세계 곳곳에서 발생하고 있는 많은 문제들에 대한 비난을 감수해야 한다. 진정한 민주 선거가 이루어지고 나면 선거를 통해 선출된 관료들이 다수의 국민을 위해 목소리를 높여야 한다."

대통령궁을 벗어나 시골에서 살아가는 평범한 에콰도르 국민들 사이에서 거니는 걸 좋아하는 코레아 대통령도 『경제 저격수의 고백』을 읽었다고 했다. 코레아 대통령이라고 해서 경제 저격수들의 회유와 협박을 경험하지 않았던 건 아니었다. 코레아 대통령도 한 국가의 수장이 경험하는 압박감에 대해 잘 알고 있다. 대통령은 내가 집필한 저서 『미 제국의 은밀한 역사』가 '공생을 향한 혁신적인 접근 방법을 찾기 위한 새롭고 보편적인 방법에 상당히 커다란 기여'를 한다고 묘사하며 직접 추천서도 써 주었다. 코레아 대통령이 얘기한 접근 방법에는 채무를 이용해 상대를 노예로 만드는 족쇄를 부셔 버리는 것도 포함되어 있다.

오후 늦게 대통령궁을 떠나 독립 광장을 거니는 동안 안데스 산맥 해발 9000피트에 자리 잡은 도시 키토 위로 해가 저물었다. 내려앉는 노을을 감상하며 16세기에 지어진 오래된 성당으로 발길을 돌렸다. 성당 앞에 다다르니 옛일이 떠올랐다. 벤치에 앉아 기시감과 고산병을 극복하기 위해 노력했다. 그곳에 앉아 있노라니 1968년 에콰도르에서 평화 봉사단으로 활동했던 시간들이 떠올랐다.

에콰도르 국경 내에 위치한 아마존 유역에서 엄청난 양의 석유가 발견되었다. 세계적인 석유 기업 텍사코는 정부 관료, 특히 군과 관계된 인사들과 협력하여 석유는 에콰도르가 암흑의 시대에서 벗어나 부국의 반열에 올라서는 데 도움이 될 거라고 사람들을 설득했다. '국민을 위한 석유', '석유에서 얻은 수익, 굶주리는 사람들을 먹여 살릴 수단', '양키 제국주의자들이 우리를 감옥에 가두도록 내버려 두어서는 안 된다'는 내용이 적힌 현수막을 흔들며 독립 광장을 행진하던 학생들이 떠올랐다. 지금 생각해 보면, 당시 에콰도르의 어린 학생들은 곧 자신의 조국에 어떤 재앙이 닥칠지 예견했었던 것 같다. 학생들의 얼굴이 뇌리에서 사라지고 그때로부터 일 년쯤 흐른 어느 날이 다시 떠올랐다.

당시 에콰도르에서 새롭게 선출되었던 벨라스코 이바라 대통령은 쿠엥카 시청 발코니에 서서 다음과 같이 선언했다.

"우리 모두의 석유입니다. 신이 에콰도르 사람에게 주신 선물이지요. 에콰도르 사람들이 이익을 볼 수 있는 방향으로 이 선물을 이용해야 합니다."

이바라 대통령의 선언은 에콰도르 학생들의 주장과 같았다. 하지만 대통령의 말은 CIA의 지원을 받는 에콰도르의 군대를 기쁘게 하지 못했다. 1972년 2월 이바라 대통령은 군사 쿠데타로 대통령 자리에서 물러났다. 이바라 대통령이 물러난 자리는 군사 정권의 차지가 되었다. 이후 엄청난 금액의 부채가 키토로 쏟아져 들어왔다. 에콰도르 정부는 외국 기업을 고용하여 발전소, 송전선, 고속 도로, 항만, 공항, 산업 공단 등을 건설했다. 결국 석유로 가득한 아마존을 담보로 잡혔던 것이다. 에콰도르 사람들은 정글 아래에 묻혀 있는 '석유의 바다'는 모든 부채를 상쇄하고도 남을 만큼 거대하다는 얘기를 듣고 또 들었다.

맨 처음 학생들은 거세게 반발했다. 부채가 곧 저주가 되어 돌아온다는 것을 알고 있었기 때문이다. 학생들은 거리로 몰려나와 시위를 벌였다. 어느 날 오후, 쿠엥카 어느 건물 옥상에 서서 저 아래 공원에서 돌을 던지는 학생들과 전투복 차림의 경찰 사이에서 벌어진 총력전을 지켜본 적이 있었다. 당시 화염병이 한 학생의 얼굴 앞에서 터지는 모습을 지켜보면서 공포를 느꼈다. 다음 날 신문에서 그 학생이 사망했다는 뉴스를 접했다. 하지만 결국 학생들의 저항은 끝이 나고 말았다.

경제 저격수들은 에콰도르에서 승리를 자축했다. 에콰도르의 새로운 독재자 기예르모 로드리구에즈 라라 육군 참모 총장은 에콰도르의 이름을 걸고 삼십 년이 흐른 지금까지 코레아 대통령을 괴롭히고 있는 부채를 끌어 쓰기 시작했다. 라라는 경제 저격수에게 꿈과 같은 존재였다. 라라는 파나마 운하 지역에 위치한 우파 독재자와 실무자를 양성하는 훈련소로 악명이 높은 미주 학교에서 학업을 마쳤으며 CIA와 미국 석유 기업들에게 이익을 안겨 주기 위해 노력을 기울였다. 라라의 별명은 '작은 폭탄'이라는 뜻을 갖고 있는 '봄비타'였다. 라라와 라라의 뒤를 이은 알프레도 에르네스토 포베다 부르바노 제독의 통치는 1979년이 될 때까지 약 십 년간 지속되었다. 두 독재자의 정책은 토리호스가 적절하게 묘사한 '약탈 자본주의'의 완벽한 실례라고 볼 수 있다.

유가가 떨어지자 에콰도르의 경제도 곤두박질쳤다. 예상대로 기업 정치는 에콰도르를 위기로 몰아갔다. 이후 수십 년 동안, 에콰도르는 자국에서 생산되는 석유를 외국 기업에 헐값에 넘기고, 에콰도르 농부들의 삶을 한층 더 고달프게 만드는 바나나 무역 협정, 새우 무역 협정을 맺고, UN에서 미국의 반反쿠바 정책을 지지하고, 자국의 청정 해안에 남미 최대의 미군 군사 기지를 설립하겠다는 미국의 뜻을 따를 수밖에 없었다.

이 모든 상황들이 힘들긴 했지만 에콰도르를 한층 더 어렵게 만드는 또 다른 일이 벌어졌다. 2000년, 국제 통화 기금이 에콰도르의 공식 화폐를 수크레에서 미국 달러로 바꿀 것을 강요했던 것이다. 공식 화폐가 갑자기 바뀌자 얼마 되지 않는 저축을 수크레로 묶어 두었던 에콰도르 국민들은 측정할 수 없을 만큼 엄청난 피해를 입었다. 1998년 달러당 6500수크레에 거래되었던 수크레화의 가치는 에콰도르의 모든 국민이 의무적으로 환전을 해야만 했던 2000년이 되자 달러당 2만 5000수크레로 폭락했다. 빈곤층과 중산층에 속하는 수백만의 에콰도르 국민들은 당장 굶주림에 허덕이는 신세로 전락했다. 자신에게 일 달러만큼의 가치가 있는 수크레화가 있다고 생각했는데 어느 날 문득 정신을 차리고 보니 수중에 있는 돈이 26센트에 불과한 상황이 연출된 것이다. 반대로, 외국 은행에 달러 계좌를 만들어 두었던 사업가와 외국 기업들의 자산은 하룻밤 새 약 400퍼센트나 증가했다. 에콰도르 인구의 약 3분의 1에 달하는 300만 명의 인구가 에콰도르에서 달아났고, 그 결과 미국과 유럽으로 건너가는 불법 이민 노동자가 급증했다.

장기적인 관점에서 봤을 때 화폐 전환보다 에콰도르에 한층 더 치명적인 영향을 끼친 문제가 있었다. 섬세하고 광활한 열대 우림 지역이 죄다 파괴되었을 뿐 아니라 열대 우림이 파괴되는 과정에서 수천 년 동안 이어져 내려온 토착 문화가 손상된 것이다. 구원자의 후광을 내뿜으며 에콰도르를 찾아온 석유 기업 텍사코는 본색을 드러냈다. 아마존 북부 전역을 피폐하게 만든 것이다.

결국 소송이 진행되었다. 이 책을 집필하던 당시 텍사코(현재 셰브론 소유)는 270억 달러 규모의 집단 소송에 휘말렸다. 에콰도르 국민들은 텍사코가 엑손 발데즈보다 무려 열여덟 배 이상 많은 양의 쓰레기를 열대 우림 내에 있는 강에 내다 버렸으며, 그 결과 섬세한 아마존 환경이 파괴되었고 유독성 쓰레기에 오염된 물을 마신 수백 명의 에콰도르인이 사망했다고 주장했다. 현재 에콰도르 법원에서 텍사코와 관련된 소송 건을 다루고 있다. 3만 명의 에콰도르 국민을 대신해 진행되고 있는 이번 소송은 인류 역사상 가장 규모가 큰 환경 소송이다.[3]

에콰도르는 전형적인 사례다. 하지만 동시에 수많은 사례 중 하나에 불과하다. 이란 국왕, 인도네시아의 수하르토, 칠레의 아우구스토 피노체트, 니카라과의 아나스타시오 소모사, 이집트의 안와르 사다트, 앙골라의 조나스 사빔비, 자이르(콩고)의 모부투 세세 세코, 사우디아라비아의 사우드 왕가 등 수많은 독재자들이 다국적 기업, 국제은행, CIA의 은밀한 공작에 힘입어 선거와 무관하게 권력을 얻었다. 각국 국민들은 권력을 쥔 자들이 조국을 부채 더미 속으로 몰아넣는 협정에 서명을 하거나 동의하는 데 아무런 영향도 끼치지 않았다.

한 나라를 망쳐 놓은 사태에 대한 책임이 있는 사람들이 이미 재산을 챙겨 들고 마이애미, 프렌치 리비에라, 모로코 등 안전한 피난처로 달아나 호화로운 삶을 즐기기 시작한 후에야 국민들은 자신들에게 어떤 일이 생겼는지 깨닫는다. 문제를 일으킨 사람들이 재산을 들고 해외로 도피를 떠나고 나면 국제 통화 기금을 비롯한 각종 단체에서 국민들에게 부채를 갚을 책임이 있다고 통보해 온다.

미국의 해외 정책 연구소 '포린 폴리시 인 포커스'는 최근 관련 내용을 담은 기사를 발표했다.

> 서브 프라임 모기지 사태의 희생양이 된 수많은 미국인들처럼 에콰도르 국민들도 약탈을 목표로 한 대출의 희생양이 되었다. 1970년대 부도덕한 국제 대출 기관들이 에콰도르의 독재자들에게 30억 달러가량을 대출해 주었다. 에콰도르의 독재자들은 이 돈의 대부분을 군에 쏟아부었다. 에콰도르가 민주주의 국가로 바뀐 후, 에콰도르 국민들은 모든 책임을 뒤집어 쓰게 되었다.
>
> 에콰도르는 수년 동안 대출 원금, 이자, 위약금을 상회하고도 남는 금액의 빚을 갚아 왔다. 하지만 몇 차례의 상환 기한 조정, 전환, 추가 대출이 진행된 결과 에콰도르의 채무는 100억 달러를 넘어서게 되었다.
>
> 인적 비용도 믿기 어려울 정도로 엄청나다. 국제 채권 기관에 일 달러를 보내면 빈곤 퇴치에 투입할 수 있는 돈이 그만큼 줄어든다. 2007년 에콰도르 정부는 무려 17억 5000만 달러의 부채를 상환했다. 이 금액은 에콰도르가 건강 관리, 사회 복지, 환경, 주택, 도시 개발에 투자한 모든 금액을 상회한다.4

대학 영화제에서 부채의 끔찍한 결말에 관한 오래된 무성 영화를 본 적이 있었다. 영화의 내용은 다음과 같았다.

영화에 등장하는 농부는 낡아 빠진 현관에 놓여 있는 테이블에 앉아 있고 농부의 아내와 어여쁜 딸도 농부의 곁에 앉아 있다. 농부는 한 손에 펜을 쥐고서 무언가를 쓰려고 한다. 은행가가 음탕한 눈길로 농부의 딸을 바라보며 가족의 주위를 맴돈다. 농부는 미심쩍은 표정으로 아내를 바라본다. 아내는 남편에게 완전히 포기한 듯한 눈길을 보낸다. 검은 스크린 위로 "우리에게는 선택권이 없어."라는 자막이 올라간다. 농부는 테이블 위에 놓인 종이 위로 허리를 숙여 서명을 한다.
은행가는 종이를 낚아챈 후 농부의 아내 뒤로 몸을 숨기고 있는 딸에게 인사한다. 은행가는 농가를 떠나며 카메라를 향해 조소를 보낸다. 화면 위에 다시 자막이 올라온다.
"이제, 저 아이는 내 것이 될 테지. 이 부부는 돈을 절대 갚지 못할 테니까 말이야."
스크린이 까맣게 바뀌자 다시 자막이 올라간다. '3개월 후.' 은행가는 다시 농장을 찾아간다. 농부의 가족은 문밖에 서서 두려움에 몸을 떨고 있다. 농부는 앞으로 한 걸음 걸어가 팔을 넓게 벌린다. 카메라는 누렇게 시들어 생명력을 잃어버린 들판을 비춘다. 농부는 털썩 주저앉아 자신의 팔목을 비튼다. 은행가는 딸의 손을 낚아챈 다음 끌고 가 버린다. 다시 화면이 검게 변한다.

약 100여 년 전에 제작된 이 영화는 우리에게 경고를 주었다. 하지만 전 세계 많은 사람들이 여전히 더 많은 대출을 얻으라는 협박, 혹은 유혹에 굴복하고 있다. 한 가지 슬픈 현실은 지금까지도 말 그대로 돈 때문에 딸을 팔아넘기는 사람들이 있다는 것이다. 2008년 8월 8일, 영국의 《헤럴드》는 인신매매 실태를 보도했다.

"매년 60만 명가량이 불법적인 거래를 통해 EU로 넘어온다. 그중 상당수는 성매매를 강요받는다."[5]

다음은 《뉴욕 타임스》에 실린 관련 기사 중 일부를 발췌한 것이다.

> CIA에서 발표한 보고서에 의하면 매년 아시아, 남미, 동유럽 등지에서 사기를 당해 미국으로 팔려와 창녀, 학대받는 근로자, 노예로 일하는 여성 및 어린이의 수가 무려 5만 명에 달한다. 이 수치는 포괄적인 인신매매 문제에 대한 미국 정부 최초의 평가를 담고 있다.[6]

이런 식으로 미국에 끌려오는 여성과 어린이 상당수는 기업 정치 구성원들이 꾸며 낸 정책으로 경제가 엉망이 된 조국에서 살다가 부채에 허덕이는 부모로부터 버림을 받고 팔려 온 사람들이다.

기업 정치에 가담하는 세력들이 이미 잘 알고 있듯이, 부채는 강력한 무기이다. 우리는 어릴 때부터 '파산'이라는 주홍 글씨를 달고 사는 굴욕을 견뎌야 할지도 모른다는 두려움, 집, 자동차, 퇴직 연금 등 모든 것을 빼앗길지도 모른다는 두려움에 사로잡힌 채 살아간다. '빚진 돈을 갚지 못하는 사람은 결국 패배자'라는 이야기를 숱하게 들어왔다. 부채를 갚지 못하는 사람은 따돌림을 당한다. 세계 각국은 부채를 갚지 못하는 사람들에게 제재를 가한다. 어느 쪽이든, 일단 부채를 갚는데 한 번 실패하면 향후에 돈을 빌리기가 한층 더 어려워진다. (혹은 무척 값비싼 대가를 치러야 한다.)

2009년 봄 뉴욕에 있는 한 호텔에서 근무하는 조 스티븐슨과 얘기를 나누면서 부채의 막강한 위력을 실감할 수 있었다. 스티븐슨이 들려준 이야기는 다음과 같았다.

"노동조합 동료들이 트럭을 몰고서 시위를 하러 갔어요. 나도 재킷을 집어 들고 동참하려고 했지요. 그런데 한 남자가 다가와 길을 막더군요. 분명히 아는 얼굴이었는데 누군지 도통 기억이 나질 않았어요. 그 사람이 나를 막는 이유를 알 순 없었지만 그 사람에게서 벗어나기 위해 노력하기 시작했어요. 그 사람이 묻더군요. '지금 살고 있는 집을 담보로 큰돈을 빌리셨죠? 그 집을 날린 후에도 당신 마누라가 당신 옆에 남아 있을 것 같소?' 그 말을 듣고 나서 몸을 돌려 다시 재킷을 접었어요. 그런 다음, 다시 일을 하러 갔어요. 나는 영웅이 아닙니다. 영웅이 될 기회를 잡을 수가 없었어요."

사업가들은 부채에 허덕이는 근로자들이 일을 관두거나 시위에 참여하기 전 두 번 생각한다는 사실을 오래전부터 잘 알고 있었다. 대출을 부추기는 정책은 결국 노조를 파괴한다.

레이건 대통령은 이 같은 사실을 잘 알고 있었다. 레이건 대통령은 백악관 입성 직후부터 자신의 대통령 선거 운동에 자금을 지원해준 반反노조 성향의 재계 리더들을 적극 지지했다. 1981년 여름 레이건 대통령은 1만 2000명이 넘는 조종사를 해고했다. 한마디로 조종사 노조 자체를 없애 버린 것이다. 그런 다음, 레이건 대통령은 노조에 반대하는 사람들을 근로자의 권익을 보호할 목적으로 설립한 여러 연방 기구의 최고 책임자 자리에 앉혔다.

워싱턴에서 활동하는 홍보 전문 업체 프린시포 커뮤니케이션즈의 사장이자 십 년 동안 노조 조직원으로 활동해 온 존 조단은 레이건의 행동을 다음과 같이 표현했다. (2004년 인터뷰 내용.)

"레이건의 조치는 미국 기업들이 근로자들을 궁지에 몰아넣기 위해 봇물 같은 노력을 쏟아 내는 계기가 되었어요. 사실 근로자들은 그 이후로 아직 충분히 권리를 회복하지 못하고 있어요."7

하지만 근로자를 대상으로 하는 전쟁을 위해 레이건 행정부가 택한 가장 효과적인 무기는 바로 빚이었다. 레이건 대통령이 지지를 보낸 법률들로 인해 대출자들은 저리로 돈을 빌린다고 믿게 되었다. 하지만 실상은 그 반대였다. 소비자들을 혼란스럽게 만들기 위해 만기 일시 상환, 변동 금리 담보 대출, 기타 복잡한 대출 기법이 탄생했다. 전반적인 금리가 올라가면 올라갈수록 신용 카드를 사용하는 사람이나 집을 담보로 대출을 얻은 사람들이 부채를 갚기가 한층 더 어려워졌다. 소득 수준과 관계없이 이런 현상이 나타난다.

플로리다 주 팜 비치 카운티에서 활동하는 유명한 정신과 의사는 이런 얘기를 해 왔다.

"제가 유리한 위치에 있다고 생각했어요. 대출을 받아서 150만 달러를 주고 집을 샀지요. 몇 년이 흐른 뒤, 집값이 230만 달러로 올랐어요. 집의 가치가 올라갔으니 또 돈을 빌렸습니다. 그 돈으로는 보트를 하나 샀어요. 일 년 후 주택 시장이 무너지더군요. 그러더니, 이 집의 가치가 그동안 내가 지불한 돈의 50퍼센트밖에 안 된다고 하더군요. 요즘은 손님도 줄어들고 있어요. 이런 식으로 가다간 곧 파산을 신청할 지경이랍니다. 아마 모든 것을 잃게 되지 않을까요?"

대공황 이후 일정 수준 이상 금리를 높이지 못하도록 금지하는 방안이 도입되었으며 위에서 언급한 흑백 영화에 나왔던 '사악한 은행가'로부터 국민들을 보호하는 법안이 통과되었다. 하지만 1978년 연방 대법원이 내린 결정으로 인해 모든 것이 변해 버렸다. (마르케트 국립 은행 대 퍼스트 오브 오마하 서비스 코퍼레이션의 재판) 그로부터 몇 년이 흐른 후, 레이건 행정부는 이 판례를 근거로 이자율 규제 법안을 뒤집었다. 1981년 시티 은행이 가장 먼저 금리를 인상한 후 신용 카드 금리가 차례로 올라가기 시작했다. 이후 이십칠 년 동안 이런 추세가 이어졌다. 민주당원들도, 공화당원들도 금리가 지나치게 높이 올라가는 것을 막기 위해 그 어떤 노력도 기울이지 않았다. 2008년 무렵, 은행들은 신용 카드 대출에 무려 35퍼센트의 연리를 부과했다. 다른 기관들은 합법적으로 훨씬 높은 금리를 부과했다. 다음은 AP의 2009년 4월 2일 보도 내용이다.

> 급여일 대출은 소액을 초고리에 빌려 주는 대출로 사실상 대출자의 다음 급여를 미리 당겨 받는 형식이다. 돈을 빌리려는 사람이 수표 교환소, 혹은 같은 기능을 하는 온라인 사이트를 방문하여 수수료를 내고 대출자의 다음 급여일이 되기 전까지 회사 측에서 수표를 현금으로 바꾸어 주지 않기로 약속한 사후 입금 수표를 작성하면 급여일 대출을 받을 수 있다. 급여일 대출의 연리는 대개 세 자리 숫자로 약 400퍼센트 수준에 이른다. 경우에 따라, 그보다 두 배가량 금리가 높아지기도 한다.[8]

고리로 돈을 빌려 주는 금융 기법은 미국 경제의 근본적인 구조에 영향을 미쳤다. 자금이 제조업에서 빠져 나와 금융계로 흘러 들어간 것이다. 대출을 해 주고 벌어들이는 수익은 치솟는 반면 주식 수익률이 하락세를 면치 못하다 보니 생산 중심의 경제가 서류 경제로 바뀌었다. 자동차, 철강 등 실물 산업은 하락세를 면치 못한 반면 합병, 인수, 파생 상품, 헤지 펀드 사업은 나날이 커져만 갔다.

우리는 정계와 재계 지도자들이 본질적으로 선량하다고 믿었다. 우리는 높은 자리에 앉아 계신 분들의 조언을 받아들여 가능한 모든 것을 담보로 돈을 빌리고, 퇴직 연금을 비롯한 온갖 저축을 뮤추얼 펀드에 쏟아 넣은 후, 우리 경제와 저축이 사라지는 모습을 고스란히 지켜봐야 했다. 지금에 와서 뒤돌아보면 정작 우리는 파산을 향해 치닫고 있으면서 몇 안 되는 CEO와 금융계에서 활동하는 고위급 파트너들이 우리에게서 가져간 엄청난 금액의 돈을 베팅하여 거짓된 수익을 바탕으로 수천만 달러의 보너스를 챙기도록 내버려 두었다는 사실이 믿어지지 않는다.

에콰도르의 라파엘 코레아 대통령은 자본주의 경제학자로서의 경험을 갖고 있었기 때문에 모든 상황을 그 나름대로의 시각으로 바라볼 수 있었다. UN 총회가 글로벌 경제 위기 대응을 위한 새로운 규칙에 관해 논의를 하고 있던 2009년 6월 25일 코레아 대통령은 간절한 목소리로 변화를 간청했다. 코레아 대통령이 빈국을 위한 원조 증대, 금융 상품에 관한 규제 강화, 국제 통화 기금을 비롯한 다국적 기구 개혁 등의 내용을 담은 제안을 내놓자 이런저런 논의가 오고 갔다. 코레아 대통령은 국제 통화 기금을 없앨 것을 요구했다. 코레아 대통령의 발언 중 일부를 살펴보자.

> 이 세계의 시민인 우리들은 항상 가장 가난한 사람들을 짓밟고 노예로 만들고 마는 제도들을 이해할 수 없다. 세계 시민을 만들기 위해 노력하는 것이 아니라 소비자를 양산하는 데에만 목적을 두고 있는 소위 세계화의 움직임을 우리가 어떻게 이해할 수 있겠는가? 세계화의 목적은 세계가 하나 된 사회를 만드는 것이 아니라 전 세계를 하나의 시장으로 만드는 것일 뿐이다.[9]

에콰도르의 코레아 대통령이 언급한 제도들은 바로 현대판 악덕 자본가들이 발명해 낸 것들이다. 이런 제도들로 인해 옛날의 강력한 통치자들, 이란의 국왕, 사우디아라비아의 국왕은 오히려 극빈자처럼 보인다. 이들을 둘러싼 이야기는 그야말로 놀라울 따름이다.

7장 | 현대판 악덕 자본가

뉴햄프셔 주 햄튼 비치에 위치한 레스토랑 론스는 고등학교 졸업 후 여름 내내 사환으로 일했던 애슈워스 호텔 부근에 위치해 있다.

론스에 있는 테이블에 자리를 잡고 앉으려는데 찰스가 말문을 열었다.

"이 곳에서 벌어진 일이 전 세계로 알려졌지요."

『경제 저격수의 고백』 출판 직후 햄튼 비치 인근 뉴햄프셔 대학에서 강연을 한 적이 있었다. 강연 후, 햄튼 비치 토박이이면서 뉴햄프셔 대학에 재학 중이던 찰스를 만났다.

"이 동네 출신의 경제 저격수 데니스 코즐로브스키가 자신의 정부 카렌 리 마요를 만나 어울리던 장소지요. 마요는 이 레스토랑의 웨이트리스였어요. 마요는 바닷가재 잡이 업자 리치 로크와 결혼했죠. 그 여자를 모르는 사람은 없었어요."

찰스는 감탄의 뜻을 담아 휘파람을 불었다. 찰스의 휘파람 소리는 너무도 감미로워 옆 테이블에 앉아 있는 사람들조차도 눈을 찌푸리지 않았다.

"정말 매력 있는 사람이죠. 킴 베이싱어의 대역을 해도 손색이 없을 사람이었어요."

젊은 시절에는 내 고향인 뉴햄프셔가 유명해지기를 바랐다. 만일 그때 악명 높은 재벌이 뉴햄프셔에 거대한 공장과 사무실을 세우고, 생기라고는 찾아볼 수 없는 이 지역에서 타블로이드 신문을 넘어 《월스트리트 저널》, 《포천》 등에 실릴 법한 로맨스를 벌이게 될 거라고 얘기했더라면 많은 사람들이 코웃음을 쳤을 것이다.

찰스는 《비즈니스 위크》 2002년 12월호에 실린 기사 사본을 한 부 내밀었다. 다음은 기사 내용 중 찰스가 별도로 표시해 둔 부분이다.

> 타이코 인터내셔널의 레오 데니스 코즐로브스키는 앞으로 오랫동안 불량 CEO로 기억될 것 같다. 6000달러짜리 샤워 커튼, 보드카가 뿜어져 나오는 실물 크기의 미켈란젤로 다비드 상像 등은 한동안 잊히지 않을 것으로 보인다. 코즐로브스키의 탐욕스러운 비즈니스 스타일은 가히 전설적이다. 코즐로브스키는 역사상 가장 많은 기업을 인수한 CEO이다. 가장 심했을 때에는 연간 200개의 기업을 인수했을 정도다. 매 영업일마다 하나의 기업을 사들인 셈이다.[1]

찰스는 말을 이었다.

"이 기사를 쓴 사람은 보드카가 마치 소변처럼 다비드 상의 성기에서 뿜어져 나왔다는 얘기는 언급하지 않았어요. 그 다비드 상이 사르디니아 섬에서 열린 카렌 리의 생일 파티에 전시되었었고, 그 무렵에는 카렌 리가 코즐로브스키의 아내였다는 사실도요."

찰스는 의자에 깊숙이 기대어 앉아 대서양이 내려다보이는 창을 응시하며 슬픈 듯 고개를 저었다.

"제가 질문을 던져 볼게요. 세상에 어떤 남자가 아내 생일 파티에 보드카를 오줌으로 뿜어 대는 동상, 그것도 전 세계적으로 중요한 상징적인 예술 작품 하나를 그대로 모방한 동상을 만들어 세워 준답니까? 그것도 터무니없이 커다란 남근을 달아서요."

찰스는 나를 바라보았다.

"코즐로브스키 이야기를 듣고 있노라면 19세기 도금 시대의 악덕 자본가들이 오히려 순수하게 느껴져요. 그렇지 않나요? 그리고, 코즐로브스키 같은 사람이 셀 수 없이 많지요. 코즐로브스키만큼 나쁜 사람들, 혹은 그보다 심한 사람들이 참 많지요."

코즐로브스키는 두 개의 혐의로 기소되어 유죄를 인정받은 후 징역형을 선고받았다. 하지만 코즐로브스키와 같은 수많은 탐욕스러운 CEO들은 계속해서 감옥에서 풀려나 수백만 달러짜리 맨션에 편안하게 숨어서는 직원들과 고객, 그리고 여러분과 나를 포함한 우리 모두의 돈을 뜯어낸다. 찰스의 얘기는 옳았다. 현대 재벌들의 지나친 탐욕과 권력 남용으로 인해 19세기에 등장한 악덕 자본가들이 상대적으로 순수해 보일 지경이다.

코즐로브스키의 방탕한 삶은 지금 이 시대가 제이 쿡, 다니엘 드루, 제임스 피스크, 헨리 클레이 프릭, J. P. 모건 등 산업과 금융계의 유명 인사들이 권력을 장악했던 도금 시대와 많은 유사점을 갖고 있다는 사실을 상징적으로 보여 준다. 이들과 마찬가지로 오늘날의 CEO들도 지방 정부와 중앙 정부에 막강한 영향력을 행사하며 사치스러운 삶을 살아간다. 심지어 오늘날의 CEO들은 자신들이 운영하는 회사 돈을 마치 자기 돈처럼 써 대기도 한다. 타이코는 코즐로브스키를 위해 3000만 달러짜리 뉴욕 아파트, 6000달러짜리 샤워 커튼 비용을 부담했을 뿐 아니라 코즐로브스키의 아내 카렌 리를 위한 호화로운 생일 파티 비용 200만 달러 중 절반을 지원했다. 우리 모두가 이 시대를 살아가는 악덕 자본가들, 그리고 이런 일이 발생하지 않도록 막을 책임이 있는 바로 그 정부 기관들에게 얼마나 철저하게 속아 왔는지를 생각해 보면 정말이지 충격을 받지 않을 수가 없다. 미국인들의 입장에서는 그동안 현실을 직시하지 못한 것이 미국의 경제와 정치 시스템을 향한 터무니없는 공격을 암묵적으로 부추기는 역할을 했다는 사실을 인정하기가 쉽지 않다. 그동안 우리는 사나운 CEO들을 권좌에 올려놓고서 이들의 과한 부富와, 여러 채의 고급 맨션, 거대한 요트, 사치스러운 전용 비행기 등을 찬미해 왔다. 우리는 자본주의를 창의적인 잠재력에서 멀어지게 만든 CEO들의 병적인 행동을 비난하기는커녕, 마치 영웅을 대하듯 이들을 찬양했다. 미국인들은 지난 수십 년 동안 이들이(거의 대부분 남성) 가증스러울 만큼 소모적이고, 너무도 무모하며, 결국 자기 파괴적인 시스템을 만들어 내도록 권력을 부여했다. (결국 자기 파괴적인 결과가 초래된다는 사실은 이제야 깨닫게 되었다.)

오늘날 재계를 주름잡고 있는 거물들은 그동안 우리 국민들이 잘못된 정보를 바탕으로 의심 없이 수용해 온 자본주의의 돌연변이체

(소수가 다수를 착취하는 자본주의)가 갖고 있는 본질이 어떤 것인지 여실히 보여 준다. 우리는 근로자와 소비자, 즉 우리 같은 평범한 사람들을 이용해 먹고 공공연하게 의회를 조종하고, 뻔뻔스럽게 그런 사실을 자랑하는 기업 중역들을 칭찬한다. 이처럼 불균형한 경제 관점을 자연스럽게 받아들인 우리는 《포천》에서 선정한 500대 기업의 CEO들이 증권 거래 위원회에서 엄격하게 감시하는 것으로 알려진 상장 기업의 운영을 맡고 있다는 이유만으로 이들이 도금 시대의 거물들만큼 많은 부를 획득하는 것이 당연하다고 여긴다. 투자 은행에서 벌어들인 이윤 중 약 절반이 직원이나 주주가 아닌 고위 파트너들에게 돌아갔다는 사실을 알게 되었을 때에도 항의의 뜻을 표시하지 못했다. 뿐만 아니라 버나드 메이도프, R. 알렌 스탠포드, 월 가와 엔론 같은 회사에서 일하는 수백 명의 경영진 중 상당수가 완전한 사기꾼에 돌팔이인 데다 시스템 전체가 조작되어 있으며 썩어 있다는 사실을 깨닫고 나서도 여전히 '억만장자'를 존경한다.

자선 활동에 기여하고 예술을 지원한다는 이유로 현대판 악덕 자본가들의 부도덕한 행동을 정당화시키는 경우도 있다. 하지만 이미 한 세기 전부터 똑같은 패턴이 유지되어 오고 있다. 제이 쿡은 전체 수입의 10퍼센트를 꼬박꼬박 십일조로 내고 영국 성공회 교회 설립을 지원한다고 주장했지만, 실제 쿡은 1873년 존 A. 맥도널드 캐나다 총리의 몰락을 가져온 금융 스캔들에 깊숙이 관여했다. 다니엘 드루는 주가 조작을 통해 많은 돈을 벌어들였으며 '혼수 주식watered stock'이라는 표현을 만들어 낸 사람이기도 하다. 하지만 드루는 교회를 적극적으로 후원하고 드루 신학교(현재 드루 대학교의 일부)를 설립한 독실한 감리교 신자였다. 비도덕적인 생활 방식 및 무자비한 사업 거래로 비난을 받은 헨리 클레이 프릭은 《포트폴리오》라는 잡지(지금은 폐간되었다.)에서 '역사상 최악의 미국 CEO' 중 한 명으로 묘사되었다. 하지만 프릭은 미국 내에서 가장 훌륭한 예술관 중 하나로 꼽히는 프릭 유럽 미술 콜렉션 기념관을 설립했다는 이유로 지금까지도 존경을 받고 있다. J. P. 모건은 기업 금융 및 산업 합병을 주도했다. 모건이 합병을 주선한 기업들은 1892년 GE라는 기업으로 재탄생했을 뿐 아니라 모건이 주도한 합병을 통해 1901년에는 독점적인 지위를 누리던 초대형 철강업체 US 스틸이 탄생했다. 하지만 모건은 1895년 불황 당시 어려움을 겪고 있던 미 재무부에 자금을 지원하였으며 1907년 미국이 금융 공황을 겪을 무렵 또다시 구원의 손길을 내밀었다. 모건의 지원 활동 중 가장 대표적인 것으로는 뉴욕에 위치한 메트로폴리탄 미술관(모건은 이 미술관의 관장을 지내기도 했었다.), 코네티컷 하트포드에 위치한 워즈워스 아데네움 등이 있다. 하지만 이런 공로가 있다고 해서 뉴욕 뉴헤이븐 하트포드 철도 회사에 금융 재앙을 가져오고 미국 경제 전체가 제조에서 눈길을 돌려 위험천만하게 금융을 강조하도록 만든 잘못이 정당화될 수 있을까?

J. P. 모건은 합병, 인수, 통합과 관련된 새로운 길을 개척했다. J. P. 모건이 개척한 이 길은 직접 거래를 추진하는 사람들에게는 막대한 부를 안겨 주지만 그 외의 경쟁자, 근로자, 지역 경제에는 엄청난 파괴를 초래한다. 오늘날 어마어마한 부를 누리고 있는 억만장자 상당수가 J. P. 모건의 뒤를 따르고 있다. 이런 거래는 자원과 시장에 대한 통제권을 쥐고 있는 소수의 개인에게 엄청난 권한을 안겨 준다. 대

기업 최고위직에 앉아 있는 CEO는 정부 관료, 언론, 구매 추세에 필요 이상으로 과도한 영향력을 행사한다. 이런 거래는 중역 회의실, 법률 사무소, 투자 은행 등에서 서류상으로 진행되기 때문에 유형의 재화나 서비스 생산으로 이어지는 경우는 거의 없다. 우리 모두가 알고 있는 것처럼 지난 수십 년 동안 서류상 거래가 미국 경제 내에서 차지하는 비중이 점차 증가했다. 서류상 거래는 우리 경제를 무너뜨린 약탈 자본주의의 중요한 부분을 차지한다.

스티븐 알렌 슈워츠먼은 여러 측면에서 모건의 유산을 이어받은 후예라고 볼 수 있다. 뿐만 아니라 슈워츠먼은 악덕 자본가의 새로운 등장을 대표하는 사람이기도 하다. 제2차 세계 대전 직후에 태어난 슈워츠먼은 조지 W. 부시 전 미국 대통령보다 한 해 늦게 예일 대학교를 졸업했다. (두 사람 모두 예일 대 정치 지망생들의 결사 조직 해골회 회원이었다.) 예일 대 졸업 후 슈워츠먼은 하버드 경영 대학원을 거쳐 서른한 살의 나이에 리먼 브라더스의 경영 책임자가 되었다. 이후 슈워츠먼은 M&A에 주력하는 사모 펀드 업체 블랙스톤 그룹을 공동 설립한 후 회장으로 재직했다.

슈워츠먼은 2008년 한 해 동안 4억 달러의 연소득을 벌어들였으며 슈워츠먼 소유의 순자산은 70억 달러가 넘는 것으로 추정된다. 슈워츠먼은 호화로운 생활 방식을 숨기기 위한 노력 따위는 전혀 하지 않았다. 2007년 2월 13일 슈워츠먼은 뉴욕에 위치한 파크 애비뉴 아모리에서 특유의 당당한 태도로 60세 생일을 자축했다. 콜린 파월 전 국무 장관, 마이클 블룸버그 뉴욕 시장, 에드워드 M. 에건 추기경, 소니의 회장이자 CEO인 하워드 스트링거, 《뉴요커》의 전 편집자 티나 브라운, 조지 E. 파타키 전 뉴욕 주지사, NYSE 그룹(뉴욕 증권 거래소 운영) CEO 존 테인, 도널드 트럼프 부부, ABC 앵커 바바라 월터스 등이 슈워츠먼의 생일을 축하하기 위해 파티를 찾았다. 로드 스튜어트와 패티 라벨의 실황 공연으로 슈워츠먼의 60세 생일 파티는 절정에 이르렀다. 《뉴욕 타임스》는 슈워츠먼의 생일 파티에 대해 다음과 같은 논평을 실었다.

> 이 축제 행사는 막대한 재산을 갖고 있으며 공화당을 위해 활발한 기부 활동을 하며 금융, 정계, 예술계 깊숙이 막강한 영향력을 행사하는 워싱턴 소재 케네디 센터의 회장 슈워츠먼을 위한 일종의 대관식이었다.[2]

슈워츠먼은 케네디 센터의 회장직을 맡고 있는 동시에 예일 경영대학원에서 외래 교수를 역임하고 있다. 2008년 3월 11일, 슈워츠먼은 자신이 신탁 관리를 맡고 있는 뉴욕 공립 도서관 확장을 위해 1억 달러를 기부하겠다는 뜻을 밝혔다.[3]

자선 활동은 매우 흥미로운 기능을 한다. 여러 비영리 단체의 창립자 겸 이사로 활동하면서 자신이 기부금을 내려는 조직의 철학과 반대되는 활동을 통해 부를 축적한 사람들로부터 기부를 받는 행위의 정당성을 둘러싼 질문들을 이해할 수 있게 되었다. 물론 자선가의 진정한 동기가 무엇인지 이해하는 것은 불가능하다. 죄책감을 누그러뜨리기 위해 기부를 할 수도 있고, 진정한 연민의 정을 갖고 있는 것처럼 대중을 속이는 것이 목표일 수도 있고, 진심으로 선행을 하고 싶어 하는 것일 수도 있다. 하지만 경제적인 관점에서 볼 때 자선 활동은 비효율적이다. 수십 억 달러를 축적하고, 그 과정에서 많은 사람들의 일자리를 빼앗거나 중소기업을 막다른 골목으로 몰아가고, 환경을 파괴한 다음 관련 문제 해결, 혹은 예술 증진을 위해 재산 중 아주 일부를 기부하는 사람들이 진심으로 더 나은 세상을 만들고 싶다면 자신의 주머니로 들어오는 이익은 줄이되 고용 증진과 중소기업 지원을 위해 애쓰는 동시에 경영진에게 훌륭한 환경 지킴이가 될 것을 요구해야 한다.

빌 게이츠의 경우를 생각해 보자. 마이크로소프트의 공동 설립자(폴 알렌과 공동 설립)이자 CEO인 게이츠는 인간 사회에 혁신을 몰고 온 진정으로 훌륭한 제품을 만들어 낸 사람이라는 평가를 받고 있다. 하지만 게이츠는 셀 수 없이 많은 경쟁 업체와 신생 업체들을 망하게 하였으며 데스크톱 소프트웨어 부문을 사실상 독점해 오고 있다. 그 과정에서 게이츠는 엄청난 부를 축적했다. 게이츠는 1995년부터 십 년이 넘는 기간 동안 《포브스》에서 선정한 '세계 최고의 부자' 목록에서 1위를 차지했다. 1999년 게이츠의 순자산이 1000억 달러를 넘어서자 언론에서는 게이츠를 '천억만장자centibillionaire'라고 묘사했다. 마이크로소프트가 시장에서 난공불락의 위치를 차지한 후 게이츠 내외는 투명하게 운영되는 세계 최대 규모의 자선 재단 빌 앤드 멜린다 게이츠 재단을 설립했다. 이 자선 단체는 각국 정부와 비정부기구가 외면하는 세계 문제를 해결하는 등 중요한 기능을 하는 것처럼 보인다.

자선 활동가로서의 빌 게이츠는 마치 전혀 흠잡을 데가 없는 완벽한 사람처럼 보인다. 게이츠의 가족은 2008년까지 약 300억 달러를 자선 활동에 쏟아부었다. 《타임》은 게이츠를 20세기에 가장 커다란 영향을 미친 100인 중 한 명으로 꼽았으며, 빌 게이츠와 그의 아내 멜린다 게이츠, 록 밴드 U2를 함께 2005년 '올해의 인물'로 선정했다. 뿐만 아니라 빌 게이츠는 2006년 《치프 이그제커티브 오피서》에서 선정한 올해의 CEO로 뽑혔으며 '이 시대의 영웅' 목록에서 8위를 차지했다.

빌 앤드 멜린다 게이츠 재단은 제3세계의 빈곤 완화를 목표로 하는 자선 단체이다. 하지만 정작 빌 앤드 멜린다 게이츠 재단은 제3세계 국가의 빈곤 악화에 일조하고 있는 기업에 돈을 투자한다는 이유로 혹독한 비난을 받고 있다. 가령 이 재단은 적정한 가격에 치료약을 판매하라는 개발 도상국의 요구를 묵살하는 제약업체, 대기 오염의 주범으로 지목되는 여러 기업에 투자를 하고 있다. 이런 투자 활동에 대한 대중의 비난이 이어지자 빌 앤드 멜린다 게이츠 재단은 2007년 정책에 관한 검토 내용을 공개한 다음 침착하게 기업 활동 평가가 아니라 수익 극대화를 바탕으로 투자 포트폴리오가 결정된다는 내용을 담은 성명서를 내놓았다.

젊은 설립자이자 CEO인 게이츠는 사정없이 경쟁 업체를 후려치는 걸로 유명했다. 게이츠와 마이크로소프트는 아무리 좋게 생각하더라도 도덕적으로 미심쩍고, 최악의 경우 불법이랄 수도 있는 비즈니스 관행으로 인해 많은 나라에서 비난을 받아 왔다. 브라질을 비롯한 일부 국가의 정부는 마이크로소프트의 무자비한 전술을 근거로 마이크로소프트 제품을 보이콧하겠다며 협박했다. 설립 이후 지금까지 마이크로소프트는 수백 건의 집단 소송 및 각종 소송에 휘말렸다.

미국과 EU에서는 마이크로소프트의 독점, 경쟁 차단, 셔먼 독점 금지법 위반(미국에서만 해당) 등을 근거로 마이크로소프트에 대한 반독점 소송이 제기되었다. 소송 결과 EU에서는 EU 규제 역사상 최고 금액인 6억 1300만 달러를 벌금으로 부과했다.

미국 전역을 돌아다니면서 빌 게이츠를 자본주의의 대표 모델로 꼽는 학생들을 종종 찾아볼 수 있었다. 학생들은 이렇게 얘기하곤 했다.

"저는 부자가 될 겁니다. 그런 다음, 그중 일부를 좋은 목적을 위해 기부하면 되지요."

이런 학생들을 만나면 나는 이런 얘기를 해 준다.

"그러지 말고 사회와 환경을 개선하는 데 도움이 되는 활동을 하는 기업을 운영하는 게 좋지 않을까? 그게 훨씬 효율적이지. 그리고 만족감도 훨씬 클 테고."

철도와 철강, 전자 제품 개발에 앞장섰던 악덕 자본가들과 마찬가지로 빌 게이츠도 기술 발달에 놀라울 만큼 커다란 공헌을 했다. 하지만 그와 동시에 빌 게이츠는 과거의 악덕 자본가들과 마찬가지로 빈부 격차를 한층 더 악화시켰다. 한 세기 전보다 훨씬 강력하게 통합되어 있는 요즘 세상에서는 게이츠와 같은 사람들의 행동이 그 어느 때보다 커다란 영향을 미친다. (마이크로소프트가 만든 제품도 세계 통합에 일조했다.)

로렌스 엘리슨도 기술 발달에 커다란 기여를 한 인물이다. 엘리슨이 설립한 오라클은 세계에서 가장 규모가 큰 기업용 소프트웨어 업체다. 항해를 즐기는 엘리슨은 부를 과시하는 경향이 있다. 엘리슨의 최신형 경주용 보트는 아메리카 컵 요트 대회를 비롯해 주요 요트 경기에 항상 모습을 드러낸다. 엘리슨은 음악계 및 영화계의 거물인 데이빗 게펜과 함께 세계에서 가장 규모가 크고 고급스러운 민간 선박들을 공동 소유하고 있다. 엘리슨은 희귀한 자동차, 비행기, 부동산 등을 수집하는 취미를 갖고 있다. 엘리슨이 자선 단체에 1억 달러를 기부하자 언론은 엘리슨에 대한 긍정적인 기사를 쏟아 냈다. 하지만 얼마 지나지 않아 엘리슨이 기부한 재단의 소유주가 엘리슨 본인이며 엘리슨이 기부금을 낸 것도 오라클 주식 거래를 둘러싼 내부자 거래 소송을 무마시키기 위한 거래 조건이었다는 것이 밝혀졌다. 엘리슨은 하버드 대학에 1억 1500만 달러를 기부하기로 약속했다가 약속을 지키지 않아 또다시 맹렬한 비난을 받았다.[4]

엘리슨의 사업 방식은 처음부터 많은 비난을 받았다. 엘리슨은 오라클의 매출과 소득을 과도하게 부풀리는 마케팅 및 회계 전략을 개발했다는 사실을 인정했다. 오라클은 파산을 면하기 위해 전체 직원 중 약 10퍼센트를 해고하였으며 불만에 휩싸인 주주들이 제기한 집단 소송을 법정 밖에서 해결했다.

게이츠와 엘리슨은 누구나 아는 유명인이 되었다. 하지만 기업 경영진과 MBA 학생들 사이에서 가장 유명한 사람은 누가 뭐라해도 잭 웰치일 것으로 생각된다. 웰치는 GE의 회장 및 CEO를 역임한 인물이며 가장 뛰어난 사업가로 언급되는 인물이기도 하다. 웰치는 2001년 은퇴를 했음에도 불구하고 컨퍼런스를 진행할 때마다 그 누구의 이름보다 자주 이름을 듣게 된다. 이 같은 사실을 떠올리면 등골이 오싹해진다. 내게 있어 잭 웰치는 CEO들 중 약탈 자본가로 불릴 만한 가장 대표적인 인물이기 때문이다.

1970년대 중반, GE의 부사장으로 재임 중이던 웰치는 GE 공장에서 허드슨 강에 내다 버린 맹독성 PCB 오염 물질을 제거할 것을 요구하던 뉴욕 주와 환경 단체를 상대로 맹렬한 싸움을 벌였다. 결국 웰치는 PCB 오염에 관한 GE의 책임을 300만 달러로 제한하는 협약을 맺었다. 이 성과 덕에 웰치는 한층 더 높은 자리로 올라갈 수 있었다. 웰치는 1979년 GE의 부사장으로 승진하였으며 1981년에는 GE의 최연소 CEO로 등극했다. 환경을 보호하기 위한 법안에 기업들이 강력하게 반발하던 시절 냉철한 협상가라는 명성을 얻은 덕에 웰치는 전국적인 유명 인사가 되었다. 하지만 GE에서 내다 버린 독성 물질이 GE 직원들과 그 가족들이 거주하는 마을로 흘러 들어갔고, 그 결과 이들이 가장 심각한 피해자 중 일부가 되었다는 사실은 잘 알려져 있지 않다.[5]

1980년대에 GE의 직원들은 회사에 아무런 피해도 입히지 않으면서 직원들을 무자비하게 해고하는 웰치에게 '중성자탄 잭(중성자탄에서 따온 별명)'이라는 별명을 지어 주었다. 웰치는 자서전 『잭 웰치: 끝없는 도전과 용기*Jack: Straight from the Gut*』에서 1980년 말 GE의 총 직원 수가 약 41만 명에 이르렀으나 1985년 말경 자신의 과감한 정책 덕에 전체 직원 수를 29만 9000명으로 줄일 수 있었다고 자랑을 늘어놓았다. 웰치는 GE를 '탄탄하고 야무진' 조직으로 변모시켰다는 평가를 받아 왔다. 하지만 실상은 그렇지 않다. 웰치는 GE의 직원 중 4분의 1 이상을 실업 상태로 몰아넣은 것이다. 하지만 같은 기간 동안 웰치의 보너스와 순자산은 급증했다.

1990년대에 들어서 웰치는 GE를 제조 중심 기업에서 금융 서비스

중심 기업으로 변모시키는 방법으로 GE를 '현대화'시켰다. 생산 중심에서 서류가 중심이 된 건전하지 않은 방향으로 경제를 변모시킨 핵심 원동력이 웰치가 추구한 바로 그 전략이었다. 나는 기업 컨퍼런스나 MBA 컨퍼런스 참가자들에게 이런 이야기를 하곤 한다.

"잭 웰치의 공로를 인정하고 싶으신가요? 그렇다면 지금 우리가 직면한 환경 위기와 경제 위기를 야기한 주범이라는 영예를 안겨 주기 바랍니다."

(운명의 장난인지 1970년대 중반 웰치에게 승리를 안겨 주었던 PCB 사건은 뒤늦게 웰치의 발목을 붙들었다. 2000년, 십육 년간의 연구를 끝낸 미 환경 보호국은 허드슨 강 환경 정화 계획을 발표했고 GE에게 4억 6000만 달러의 비용을 부담할 것을 요구했다.[6] 웰치는 이듬해 GE의 경영 일선에서 물러났다.)

미국의 현대 기업 역사에서 가장 유명한 또 다른 인물은 월마트의 설립자 샘 월턴이다. 월턴은 소매 사업을 혁신했다며 존경받고 있다. 오늘날 월마트만큼 많은 소비자들에게 물건을 파는 기업은 없다고 해도 과언이 아니다. 뿐만 아니라 월마트만큼 지구 곳곳에 포진해 있는 기업도 없으며 월마트만큼 미국 내에서 많은 직원을 고용하고 있는 기업도 없다. 게다가 월마트만큼 소비자 단체, 환경 관련 비정부 기구, 여성 인권 단체, 노동조합으로부터 많은 비난을 받는 기업도 없다. 월마트가 많은 비난을 받는 원인 중 일부를 소개하면 부실한 직원 건강 보험 정책, 해외 노동 시장 아웃 소싱, 노조의 저항, 성차별, 선거철이 되면 특정한 정당에 표를 던지도록 직원들을 압박하는 경영진, 기업 소유주가 월마트를 인근에서 몰아내기 위한 활동에 참여할 경우 해당 사업체를 폐쇄시키기 위해 노력하는 전략, 월마트의 경쟁자로 여겨지는 지역 업체를 폐쇄시키는 전략 등을 들 수 있다.

샘 월턴은 1985년부터 1988년까지 미국 최고 부자로 꼽혔다. 1992년 사망할 무렵까지 월턴은 존 D. 록펠러와 유럽, 아시아 등지의 왕족이 건립한 왕조를 상기시키는 월턴 왕조를 일구어 냈다. 월턴의 딸 앨리스, 아들 짐과 S. 롭슨, 며느리 크리스티(월턴의 아들 존의 미망인)는 각각 세계에서 가장 부유한 20인 목록에 꾸준히 이름을 올리고 있다. 이들의 재산을 모두 더하면 세계 최대의 부자로 등극하고도 남을 것이 거의 확실하다.

지금 현재 기업 정치를 상징하는 가장 대표적인 인물로는 마이클 블룸버그를 들 수 있을 것 같다. 블룸버그는 하버드 경영 대학원에서 MBA 학위를 딴 다음 트레이더로 살로몬 브라더스에 입사했다. 이후 블룸버그는 이 회사의 파트너 자리에까지 올라갔다. 블룸버그는 살로몬 브라더스를 떠나면서 받은 1000만 달러의 퇴직금을 이용해 금융 정보 회사 블룸버그 LP를 설립했다. 블룸버그 LP는 뉴스, 잡지, 케이블 네트워크, 라디오 방송국 등으로 사업 범위를 확대해 나갔다. 2001년에 뉴욕 시장으로 선출된 블룸버그는 2005년 재선에 성공했다. 150억 달러가 넘는 순자산을 보유한 것으로 추정되는 블룸버그는 미국에서 가장 부유한 열 명 중 한 명으로 꼽히고 있으며 자선 단체, 예술계 등에 약 8억 달러를 기부해 온 것으로 알려져 있다. 블룸버그는 시장에게 주어지는 월급을 받지 않고 있으며 뉴욕 시장에게 제공되는 관사인 그레이시 맨션 대신 어퍼 이스트 사이드에 위치한 자택에서 거주한다. 블룸버그는 영국, 조세 피난지로 유명한 버뮤다 등지에도 집을 갖고 있다. 블룸버그는 미 정계에서 유력한 대선 후보로 언급되곤 하는 인물이다.

하지만 제법 그럴듯해 보이는 마이클 블룸버그의 행적에도 의문점이 있기는 마찬가지다. 여성 성희롱을 이유로 평등 고용 기회 위원회가 블룸버그 LP를 상대로 제기한 집단 소송, 노조를 강제 해산시켰다는 노동계의 비난, 선거에서 경쟁자들을 물리치기 위해 사재 1억 5000만 달러를 쏟아 부은 전력 등이 대표적이다. 블룸버그는 '회전문' 경영진의 전형이다. 여기서 '회전문' 경영진이란 전 재무 장관 로버트 루빈, 행크 폴슨과 같이 재계, 정계, 금융계를 오가며 그 과정에서 경제 전반에 어떤 영향을 미치든 자신의 이익을 실현하기 위해 최선의 노력을 기울이는 영향력 있는 인물들을 뜻한다.

약탈 자본가의 이름을 하나하나 언급하려면 끝이 없을 정도이다. 기업 정치를 통해 엄청난 재산을 축적한 유명 인사들 가운데 일부를 소개하면 시스코 시스템 회장이자 CEO인 존 T. 체임버스, 선 마이크로 시스템즈 회장 스콧 맥닐리, 중요한 석유 가스 시설을 보유하고 있으며 미국 내에서 매출 규모가 가장 큰 비상장 기업 코크 인더스트리즈의 회장 겸 CEO 찰스 코크, 찰스의 동생이자 공동 소유주인 데이비드 코크, 델의 설립자 겸 CEO 마이클 델, 위기에 몰린 기업을 매수하여 엄청난 이윤을 내고 매각하는 로널드 퍼렐먼(퍼렐먼의 악명 높은 거래 중 한 가지를 예로 들자면 과거 마이클 밀켄의 소유였으며, 지금은 역사의 뒤안길로 사라진 드렉셀 번햄 램버트의 정크 본드 7억 달러어치를 이용해 레브론을 매수한 사례를 들 수 있다.) 등을 들 수 있다.

2008년 현재 미국 내 억만장자의 수는 총 355명이었다. (이는 전 세계 억만장자의 45퍼센트에 해당하는 수치다.) 이들이 보유한 자산의 총합은 1조 달러를 상회했다.[7] 미국의 억만장자 대부분이 갖고 있는 한 가지 분명한 공통점은 바로 자신이 부자가 될 수 있도록 도움을 준 근로자와 소비자들을 돕기 위한 책임감 있는 시민이 되겠다는 계획을 목표에 포함시키지 않는다는 것이다. 기업 정치를 구성하는 갑부들은 공개적으로 자선 활동을 지원하는 것처럼 생색을 내지만 노조와 소비자, 환경을 보호하기 위한 규제, 갑부들에게 정당한 세금을 낼 것을 강요하는 법안에 반대하는 변호사 및 로비스트들에게 은밀하게 많은 돈을 지원한다.

돈과 권력을 지닌 사람들은 시스템을 교묘하게 피해 가기 위해 많은 노력을 기울인다. 미국 회계 감사국의 발표에 의하면 이들이 소유하고 경영하는 기업 가운데 거의 3분의 2가량은 약 2조 5000억 달러의 총 매출을 올리며 엄청난 수익성을 자랑하면서도 소득세를 전혀 내지 않고 있다.[8] 기업 정치에 개입하는 세력의 로비 노력은 구성원 개개인의 입장에서 볼 때 매우 성공적이었다. 하지만 경제 전체로 봤을 때에는 처참한 결과를 가져왔다. 전체 연방세에서 기업이 차지하는 비중이 1943년 40퍼센트에서 2003년 7퍼센트로 급감했다.[9]

미국 내에는 이들과 정반대되는 극빈층이 존재한다. 미국의 공식 인구 조사에 의하면 미국 내에서 빈곤선 이하의 삶을 살고 있는 인구의 수가 약 4000만에 달한다.[10] 2007년 미국 내에서 의료 보험 혜택을 받지 못한 인구가 약 4600만에 달했으며 2008년과 2009년에는 불황으로 인해 그 수가 한층 더 늘어났다.[11]

미국인 중 지나치게 재산이 많은 사람들과 극빈자들 간의 대조적인 삶에 대해 이야기하고 싶어 하는 사람은 극히 드물다. 하지만 이 같은 빈부 격차로 인해 지금의 경제 재앙이 초래되었다. 미국인들은 숱한 문학 작품과 영화를 통해 해외 원조를 받아 간신히 명맥을 유지하는 '바나나 공화국'을 조롱하곤 한다. 하지만 슬프게도 어쩌면 미국이 바나나를 생산하지 않는 세계 최초의 바나나 공화국인지도 모른다. 사람들이 필요로 하는 실질적인 제품을 생산해 내는 기업이 부족한 현상, 엄청난 빈부 격차, 어마어마한 국가 부채, 극소수가 다수를 착취하는 현상 등 미국 경제가 처한 상황의 면면을 살펴보면 제3세계의 그것과 다르지 않다. 물론 전반적인 기준은 미국이 더 높을 수도 있다. 하지만 상대적인 관점에서 볼 때 미국과 제3세계는 놀라울 만큼 닮아 있다. 뿐만 아니라 해가 거듭될수록 상황이 점차 악화되고 있다.

미국 내 부의 분배 현황을 살펴보면 상위 10퍼센트가 주식, 채권, 신탁 자금, 기업 주식의 약 90퍼센트, 주택 이외의 부동산 75퍼센트 이상을 소유하고 있는 실정이다. UC 산타크루즈의 G. 윌리엄 돔호프 사회학 교수는 이런 현상에 대해 다음과 같이 얘기했다.

"금융 재산은 수입을 창출하는 자산에 대한 통제권으로 여겨지는 만큼 상위 10퍼센트가 미국 전체를 소유하고 있다고 표현할 수 있다."[12]

소수의 사람들이 다수의 사람들에게 과도하게 영향력을 행사할 수 있다는 결론은 결코 반가운 것이 아니다. 이 같은 결론은 그동안 우리 스스로에 대해서, 혹은 우리의 삶을 지탱하는 시스템에 대해 우리가 배워 왔던 방식과는 사뭇 다르다. 위에서 간략하게 살펴본 것처럼, 실제 세상에서는 소수의 사람들이 기술, 필수적인 에너지 자원, 언론 매체, 은행, 정부 등을 지배한다. 세상을 지배하는 소수의 사람들이 그동안 시스템을 잘못 관리한 탓에 우리 모두가 지금과 같은 심각한 경제 불황에 직면했다는 사실 또한 놀랍기 그지없다. 세상을 지배하는 자들이 지금보다 적은 수의 변호사를 고용하는 대신 고용 증진, 세금이 투입되는 정부 프로그램 등을 통해 그 돈을 빈곤층에게 나누어 주었더라면 그들 또한 지금보다 더 나은 삶을 살 수 있었을 것이다. 결국 이들이 나눠 주는 도움을 받은 사람들은 시장에서 돈을 지출하는 소비자가 되기 때문이다. 하지만 약탈 자본가들은 이와 같은 가장 기본적인 경제 원칙을 이해하지 못했다.

사실 우리 모두가 아무런 저항도 하지 않고 소수의 약탈 자본가들의 뜻을 따른 것이나 다름없다. 우리는 이들이 갖고 있는 요트와 맨션을 숭배했으며 이들의 자선 행위, 경건한 체 내뱉는 이들의 말을 존경했다. 우리는 우리가 갖고 있는 자원을 약탈 자본가들에게 넘겨주고, 약탈 자본가들과 그들에게 조언을 하는 고문들을 정부 고위직에 앉혔다.

영국 귀족을 상대로 혁명을 일으켰던 나라가 어떻게 이처럼 추락할 수 있는지 궁금하지 않을 수가 없다.

사실 내가 경제 저격수를 관두고 에너지 업계에 진출하기로 마음을 먹었던 무렵, 에너지 부문의 규제가 완화되면서 악덕 자본가들이 다시 기승을 부리는 현대판 도금 시대가 시작되었다.

8장 | 규제 완화의 물결

1984년 석탄 발전 부문의 전문가인 한 기술자가 내게 이런 얘기를 했다.

"저걸 태워 버리기 위해서는 화산을 만들어 내야 할 걸세."

당시 우리는 펜실베이니아 스크랜턴 외곽에 위치한 오래된 탄광 자리에 서서 몇 해 전 석탄 채취 마지막 단계에서 불연성 폐기물로 분류되어 버려진 찌꺼기들이 모여 산을 이룬 모습을 바라보고 있었다.

"그럼, 화산을 만들어 주게."

당시 나는 인디펜던트 파워 시스템즈의 CEO를 맡고 있었다. 인디펜던트 파워 시스템즈는 에너지 부문의 규제 완화 바람을 타고 내가 한 명의 기술자, 종잣돈으로 100만 달러를 투자한 한 명의 부동산 개발 전문가와 함께 공동 설립한 회사였다.

역설적이게도 규제 완화의 첫 단계는 새로운 규제였다. 공익사업 규제 정책법이라는 이름에도 불구하고 이 법안의 목적은 규제를 완화하는 것이었다. 에너지 위기로 인해 여러 산업이 어려움을 겪게 되자 미 의회는 1978년 공익사업 규제 정책법을 통과시켰다. 이 법안의 목적은 석유 수입 의존도를 낮추고, 산업을 다각화하고, 효율성을 높이고, 대체 에너지 및 신재생 에너지 개발을 장려할 수 있는 방향으로 전력 업체들의 변화를 장려하는 것이었다.

공익사업 규제 정책법이 제정되면서 전력 업체들은 독립 업체들로부터 '회피 원가(석유, 석탄 등 일반적으로 널리 사용되는 자원을 통해 에너지를 생산할 경우 발생하는 가격)'에 전기를 구입할 수밖에 없는 입장이 되었다. 이와 같은 규정으로 인해 비전력 사업자를 위한 시장이 형성되었다. 여러 전력 업체들이 공익사업 규제 정책법에 반발했지만 대법원은 이 법안을 유지하기로 결정을 내렸다. 이 같은 결정으로 인해 인디펜던트 파워 시스템즈와 같은 기업들이 전력 시장에 참여할 기회를 얻게 되었다.

인디펜던트 파워 시스템즈의 목표는 투자자들에게 적정한 수익을 안겨 줄 수 있으면서 환경 친화적인 발전 장치를 개발하는 것이었다. 인디펜던트 파워 시스템즈를 설립한 때는 1980년 선거 직후였지만 우리는 1982년 대법원이 비전력 사업자들에게 우호적인 판결을 내린 후에 사무실을 열었다.

동업자였던 기술자는 곤혹스러운 듯 "농담하는 거지?"라고 물어왔다.

"전혀 아닐세."

나는 시커먼 가루 무연탄을 한 움큼 쥐어 들었다. 법적으로는 '폐기물'로 분류되어 있지만 이렇게 무더기로 버려진 가루 무연탄에서 나오는 위험한 독소가 토양과 수질을 오염시키고 있었다. 나는 동업자를 향해 몸을 틀었다.

"산성비를 초래하지 않는 화산을 만들어 주게."

내 말을 들은 기술자는 정신이 나갔다고 생각하면서도 천천히 머리를 끄덕였다. 그럼에도 불구하고, 그 기술자와 휘하 기술자들이 모여 정확하게 내가 원하는 것을 만들어 내었다. 소의 배설물을 연소시키기 위해 아일랜드에서 사용하는 유동층 기술을 활용하여 무연탄 가루를 전기로 변환시키는 보일러를 설계해 내었던 것이다. 그 당시 인디펜던트 파워 시스템즈의 기술자들이 설계한 보일러는 단순히 이론적으로 활용 가능한 기기에 불과했다.

CEO이자 전직 경제 저격수였던 나는 자금 조달을 담당했다. 당시 우리가 개발한 기술은 전혀 검증이 되지 않은 것이었기 때문에 자금을 조달하기가 매우 어려웠다. 그래서 몇 주 동안 밤을 지새우며 우리 회사에 자금을 지원해 달라고 대형 기관 투자자들을 설득하기 위해 갖은 노력을 기울이며 월 가를 전전해야 했다.

공익사업 규제 정책법 시행 이후 인디펜던트 파워 시스템즈가 진출한 미국 내 여러 주에서 활동하는 독립 전력 업체의 수는 총 84개였다. 그중 일곱 곳을 제외하고는 모두 문을 닫았다. 하지만 1980년대 말경 우리는 세계 최초로 석탄(좀 더 정확히 말하자면 석탄 폐기물)을 연료로 사용하지만 산성비를 야기하지 않는 발전소를 짓고 운영하는 업체 중 하나가 될 수 있었다. 뿐만 아니라 인디펜던트 파워 시스템즈는 잉여 열을 냉각 연못이나 냉각 타워로 흘려보내지 않고, 일 년 내내 꽃을 재배하는 펜실베이니아 소재 수경 재배 온실에 공급했다. 게

다가 우리는 토지가 다시 제 기능을 할 수 있도록 가루 무연탄을 연소시키고 남은 재로 오래된 탄광 갱도를 메운 다음 나무를 심었다.

인디펜던트 파워 시스템즈 외에 살아남은 여섯 개의 독립 업체들은 모두 공학 기술 전문 대기업에 매각되었다. 인디펜던트 파워 시스템즈만이 유일하게 독자적으로 생존했다. 끝없는 노력과 뛰어난 경영 능력이 있었기에 그런 차이를 만들어 낼 수 있다고 생각하고 싶다. 하지만 실제로는 전직 경제 저격수에게 신세를 진 사람들이 정부 고위직에 앉아 있었기에 인디펜던트 파워 시스템즈가 성공할 수 있었다.[1]

당시에는 산성비가 석탄을 연소시키지 말아야 할 가장 큰 환경 요인으로 여겨졌으며 이산화탄소 누적의 위험성은 거의 논의조차 되지 않았다. 돌이켜 생각해 보면, 이 같이 중요한 사실을 간과했다는 것이 놀랍기만 하다. 지금 생각해 보면 당시 석유 회사들이 온실가스에 대한 정보가 퍼져 나가지 않도록 막기 위해 안간힘을 썼던 것 같다. 환경 운동가들은 산성비 완화에 성공한 인디펜던트 파워 시스템즈의 성과를 중요한 돌파구로 묘사했다. 한마디로 인디펜던트 파워 시스템즈는 에너지 업계에 적용할 새로운 기준을 세운 것이었다. 미 하원은 미국의 독창성과 기업가 정신을 상징하는 대표적인 기업으로 인디펜던트 파워 시스템즈의 이름을 언급하였으며 이 같은 사실이 의회 의사록에 기록되어 있다.[2]

이 경험을 통해 규제 완화에 대해 많은 것을 배울 수 있었다. 보스턴 대학의 교수님들은 프랭클린 D. 루스벨트 대통령의 규제 정책을 높이 평가했지만 경제 저격수로 일하는 동안 만났던 주변인들은 한결같이 규제는 적을수록 좋다고 얘기했었다. 인디펜던트 파워 시스템즈가 사업 초기에 성공을 거두자 교수님들이 잘못 알고 있었던 거라는 확신이 들었다. 규제를 완화하면 혁신의 기회가 생길 뿐 아니라 중소기업에게도 넓은 경쟁의 장에서 활동할 수 있는 기회가 주어지는 것 같았다.

하지만 나는 머지않아 충격에 빠지고 말았다.

애슐랜드 오일 컴퍼니의 자회사가 인디펜던트 파워 시스템즈와 일괄 수주 계약을 체결하고 가루 무연탄을 연료로 사용하는 발전소 건설을 시작했다. 일괄 수주 계약이란 엄격한 성능 기준에 따라 정해진 기간 내에 정해진 가격에 맞춰 발전소를 완공하는 계약 방식을 뜻한다. 예상했던 것보다 이 일을 진행하기가 훨씬 어려운 것으로 드러났다. 사실 애슐랜드의 자회사는 계약 이행에 실패했고 경영진은 계약을 파기하려 애썼다. 다행히도 우리 측 변호사는 처음 계약서를 작성할 당시 한 치의 실수도 하지 않았다. 애슐랜드의 자회사는 결국 기껏 만들어 놓은 보일러를 뜯어내고 독일 기업에게 외주를 주어 새로운 보일러를 만들어 냈다. 애슐랜드의 자회사는 인디펜던트 파워 시스템즈가 요구하는 보일러를 만들어 내기 위해 예산을 약 30퍼센트나 초과했고 애슐랜드의 CEO는 격노했다.

결국 발전소는 가동에 들어갔다. 인디펜던트 파워 시스템즈가 발전소를 가동하기 시작한 직후, 애슐랜드는 인디펜던트 파워 시스템즈를 인수하고 싶다는 뜻을 밝혀 왔다. 애슐랜드로서는 인디펜던트 파워 시스템즈 인수가 손실을 만회할 수 있는 유일한 방법이었다. 명함조차 건네주지 않는 두 명의 건장한 사내를 동반한 애슐랜드의 변호사와 회의실에서 마주 앉았다. 애슐랜드의 변호사는 인디펜던트 파워 시스템즈가 애슐랜드의 제안을 거절하면 상황이 복잡해질 거라고 얘기했다. 변호사는 구체적인 얘기는 꺼내지도 않은 채 법적인 절차를 밟을 경우 문제가 얼마나 더디게 진행되는지 이야기를 늘어놓았다. 문득 「대부The Godfather」에서 본 한 장면이 떠올랐다. 돈 콜리오네와 손을 잡지 않겠다고 선언한 할리우드의 거물이 잠에서 깨어나 침대 옆자리에 자신이 아끼던 경주마의 머리가 잘린 채 놓여 있는 모습을 바라보던 장면이 생각났다.

우리 회사 변호사들은 법정 다툼을 벌이더라도 결국 우리가 승리하게 될 거라고 얘기했다. 하지만 법정에서 판결이 내려지기 전까지 발전소를 가동할 수 없을 테고, 발전소를 가동하지 못하면 빚을 갚기 위해 필요한 수익을 창출해 내지도 못할 터였다. 소송이 몇 달 동안 이어질 수도 있었다. 내가 처참하게 잘린 말의 머리를 생각하는 동안 애슐랜드의 변호사가 얘기한 것이 바로 이것이었다. 전기를 팔아서 돈을 벌지 못하면 결국 파산을 면치 못하게 되고 결국 모든 것을 잃게 될 터였다.

내 식대로 표현하자면 우리는 빚에 발목이 잡힌 것이었다.

그날 저녁, 오랫동안 바닷가를 거닐었다. 성정이 다정한 일곱 살 난 딸아이 제시카의 얼굴이 떠올랐다. 다음 날 아침, 동업자들을 만나 인디펜던트 파워 시스템즈를 매각하기로 결정했다. 결정을 내린 후 채드번 앤드 파크 법률 사무소에 소속된 인디펜던트 파워 시스템즈 변호사에게 전화를 걸었다.

변호사도 우리 의견에 순순히 동의했다.

"매각 외에는 방법이 없겠군요. 애슐랜드가 꽤 강경하게 나오네요."

며칠 뒤 인디펜던트 파워 시스템즈에 몇 백만 달러의 초기 자금을 투자한 동업자 조 코겐, 조의 개인 변호사와 함께 사무실에 모여 앉아 애슐랜드 CEO의 전화를 기다렸다. 조는 플로리다 남부 출신으로 호전적인 성격을 갖고 있는 인물이었다. 키가 5피트 4인치가량 되는 조는 현지 공사 현장 인부들 사이에서 일이 계획대로 진척되지 않을 때마다 야구 방망이를 들고 나타나는 인물로 유명했다. 공사 감독관 앞에서 방망이를 휘두르며 "제시간 내에 일을 끝내지 못하면 가죽을 몽땅 벗겨 버릴 거야!"라고 소리를 질러 댔던 것이다. 조는 이따금씩 전화를 바라보다가 으르렁거렸다가 다시 씩씩댔다가 적대적인 시선으로 나를 바라보며 방 안을 서성거렸다. 조는 싸울 준비가 되어 있는 것처럼 보였다.

10분쯤 흐른 후 전화가 걸려왔다. 조의 변호사가 스피커폰 버튼을 눌렀다. 애슐랜드의 CEO가 "안녕하시오."라고 말을 꺼냈다. "잘 지내고 있소?"라는 정도의 상투적인 인사말도 생략한 채 무조건 원하는 가격을 얘기했다. 터무니없이 낮은 가격이었다.

조는 전화기를 향해 달려가 "그건 모욕이오!"라고 소리쳤다.

"그 빌어먹을 프로젝트 전부를 빼앗아 가서 화장실에 처박겠단 소리군요!"

전화가 끊겼다. 애슐랜드의 CEO가 전화를 끊어 버렸던 것이다. 조는 회의실 밖으로 걸어 나가 쾅 하고 문을 닫아 버렸다.

나는 두려움을 느꼈다. 당시 나는 마흔네 살이었고 애슐랜드와의 계약을 성공시키지 못한다면 다시는 다른 일을 할 수 없을 터였다. 기껏해야 조가 짓는 콘도미니엄 건설 현장에서 현장 인부 자리나 하나 얻을 수 있을 것처럼 느껴졌다. 하지만 가만히 앉아 기다리는 것 외에 내가 할 수 있는 일이 없었다.

그로부터 한 시간 내에 조의 변호사는 애슐랜드 측 변호사로부터 한 통의 전화를 받았다. 강경한 조의 태도가 먹혀들었다. 애슐랜드가 협상을 시작하려는 태도를 보였다. 결국 인디펜던트 파워 시스템즈를 공동 설립한 우리 동업자 세 명은 꽤 많은 돈을 벌었다. 그럼에도 불구하고, 나는 실망을 금할 수 없었다. 사실 나는 그 프로젝트를 통해 경력을 쌓아 보려고 한 것이었다. 하지만 나는 결국 에너지 업계에서 밀려나고 말았다.

인디펜던트 파워 시스템즈는 공익사업 규제 정책법에서 명시한 목표를 달성했다. 하지만 인디펜던트 파워 시스템즈는 결국 대형 석유 업체의 노리개에 불과했다. 대형 석유 업체는 신기술을 개발하기 위해 인디펜던트 파워 시스템즈를 이용한 다음 인디펜던트 파워 시스템즈를 밀어냈다. 예산이 초과되었다는 건 그저 핑계일 뿐 처음부터 인디펜던트 파워 시스템즈에게서 발전소를 빼앗으려는 계획을 세웠을 거라는 생각이 들었다. 법적으로 따져 보자면 애슐랜드는 인디펜던트 파워 시스템즈에게서 발전소를 강탈한 것이나 다름없다. 다른 개발 업체들도 비슷한 일을 겪었다.

애슐랜드에 인디펜던트 파워 시스템즈를 매각하고 나서 몇 달 후 조 코겐과 함께 점심 식사를 했다. 코겐은 어릴 때 보았던 카우보이 영화에 대해 얘기했다. 조는 로널드 레이건이 여러 편의 카우보이 영화에 등장했던 사실을 언급했다.

"그러니까, 카우보이 영화 중 상당수가 무법천지인 마을에서 살아가는 사람들의 끔찍한 운명에 관한 이야기군. 혹은 보안관이 목장 주인의 손아귀에서 놀아나는 부패한 꼭두각시라는 이야기일 수도 있고. 카우보이가 백마를 타고 달리며 마을에 질서를 찾아 주는 거지."

조는 포크를 내려놓고서 나를 바라보았다.

"규제 완화라는 게 결국은 무법 상태를 옹호하기 위한 핑계 같아. 결국 레이건은 백마 위에 올라타 있는 영웅이 아니라 부패한 보안관인 거지."

무법천지에서는 강하고 무자비한 사람이 세상을 지배한다. 법 체제를 만드는 가장 중요한 이유 중 하나가 바로 약자와 방어력이 없는 사람을 보호하는 것이다. 황량한 서부의 마을에서건, 현대 아프가니스탄의 어느 도시에서건, 법률(혹은 법을 집행할 사람)이 없어지면 권력을 가진 자가 즉각 득세하게 된다. 나는 고통스러운 경험을 통해 규제 완화가 혁신의 기회로 이어지지 않는다는 사실을 깨달았다. 규제를 완화한다고 해서 중소기업들이 좀 더 큰 시장에서 경쟁할 수 있는 기회를 얻게 되는 것도 아니다. 규제 완화는 사람들이 그런 착각을 갖게 만든 다음 사람들의 오해를 적극 활용해 강한 기업이 입지를 한층 더 키워 나갈 수 있도록 도와줄 뿐이다.

결국 가장 큰 손해를 보는 사람은 소비자다. 규제 완화로 인해 중소기업에 엄청난 피해를 주는 정전 사태가 발생했고 일반 소비자들도 전기 공급 부족 사태를 겪게 되었다. 그럼에도 불구하고 전기를 사용하는 소비자들은 훨씬 높은 가격을 지불하게 되었다. 몇몇 지역사회에서는 교육, 건강 관리, 기타 사회 프로그램에 투입할 세금을 파산의 위기에 처한 전력 공급 업체를 구제하는 데 사용하기도 했다.

자칼이 잠시 휴식을 취하기 위해 고향으로 돌아온 것이다.

엔론이 저지른 사기를 모르는 사람은 없다. 캘리포니아 주도 마찬가지다. 2001년 2월 12일 미국의 시사 잡지《더 네이션》은 캘리포니아 주에서 발생한 민주당 출신 주지사 그레이 데이비스와 전력 회사를 둘러싼 스캔들 조사를 끝낸 후 다음과 같은 기사를 발표했다.

> 지난 봄 이후 정전, 등화관제, 치솟는 전기 요금이 캘리포니아 정치에 상당한 영향을 미치고 있다. 이런 요소들로 인해 어디서나 '전력 업계 규제 완화'라는 문구를 접할 수 있게 되었다. (중략) 뿐만 아니라 정전과 등화관제, 치솟는 전기 요금으로 인해 발생한 위기가 야기한 경제적, 생태학적 충격의 여파가 다음 세기에까지 영향을 미칠 것으로 보인다.[3]

2000년 6월부터 2001년 6월까지 전기 사용량은 전례 없이 14퍼센트나 감소했다. 주지사 데이비스는 다음 선거에서 공화당 출신의 아널드 슈워제네거에게 자리를 내주고 말았다.[4] 이후로도 캘리포니아의 경제는 결코 회복되지 못했다. 규제가 느슨하거나 규제 시행이 지연되는 현상, 무력한 집행 기관이 캘리포니아의 경제 회복을 방해하는 장애물이었다.

결국 공익사업 규제 정책법은 대형 전력 업체에게 큰 도움이 되었다. 과거 활동 영역이 일부 지역에 국한되어 있었으며 규제의 대상이었던 독점 기업들이 사업을 점점 확장하여 규제를 받지 않는 거대한 지주 회사로 거듭나게 되었다. 예를 들어 플로리다 파워 앤드 라이트는 FLP 그룹이라는 지주 회사를 설립했다. 플로리다 파워 앤드 라이트는 기존의 사업 영역 내에서 활동을 하는 동시에 지주 회사를 통해 메인에서 수력 발전소를 운영하면서 캘리포니아와 애리조나에서 태양열 시설을 운영하고 있으며 미국 내 스물한 개 주와 캐나다에서 풍력 발전 사업을 하고 있다. 듀크 파워는 구조 조정을 통해 듀크 에너지로 거듭났다. 현재 듀크 에너지는 기존의 사업 영역이던 노스캐롤라이나뿐 아니라 캐나다, 남미 등지에서도 에너지 시설을 운영하고 있다. 볼티모어 가스 앤드 일렉트릭은 컨스털레이션 파워를 설립했다. 컨스털레이션 파워는 현재 기존의 사업 영역인 메릴랜드에서 사업을 하고 있을 뿐 아니라 홈페이지에서 자사를 '미국 전역에 다각화된 발전소를 전략적으로 배치, 운영하는 대형 전력 생산업체'라고 소개하고 있다(2009년 4월 기준).

인디펜던트 파워 시스템즈를 통해 규제 완화가 어떤 영향을 미치는지 직접 경험할 수 있었다. 여러 측면에서 생각해 볼 때 공익사업 규제 정책법은 일종의 시범 사례였다. 공익사업 규제 정책법 시행 이후 대공황 때 만들어진 규칙과 규제를 무효화하는 수많은 법안이 탄생하였다. 뿐만 아니라 공익사업 규제 정책법은 자본주의의 돌연변이체에 지나치게 많은 힘을 실어 주었다.

9장 | 규제라는 이름 아래 자행되는 사기

보스턴 대학 경영 대학원 수업 시간에 애슈턴 교수님은 학생들에게 "일부 업계는 강력하게 규제할 필요가 있어요. 그렇지 않으면, 자멸하게 되거든요."라고 얘기하곤 하셨다. 교수님은 학생들이 진실한 마음을 가진 경영자로 성장하기를 바라는 한편 끝없는 경쟁이 항상 건전한 것이 아니라는 인상을 남기고 싶어 했다. 교수님은 언제나 이렇게 말씀하셨다.

"많은 자본이 관련되어 있는 경우, 경쟁이 과열되면 처참한 결과가 나타날 수 있지요."

애슈턴 교수님은 정부의 간섭을 막기 위한 업계 거물들의 악착같은 노력으로 인해 혼란에 빠지게 된 대표적인 업계로 주로 철도업을 예로 들었다. 교수님은 경멸의 감정을 담아 머리를 흔들며 철도 업체들을 비난했다.

"철도 업체들은 서로 사기를 치고 경쟁 업체를 상대로 도둑질을 했어요. 물론 일반 대중들을 상대로 사기를 치고 도둑질을 하기도 했지요. 그 결과 철도 업계는 심각한 문제에 직면했지요. 혹은 철도 업계 자체가 망했다고 볼 수도 있어요."

교수님은 항공 업계가 철도 업계와 같은 길을 걷고 있다며 우려를 표시했다.

"정부가 미국 항공사들을 강력하게 규제하거나, 다른 여러 국가에서 이미 시행하고 있는 것처럼 항공사를 국유 기업으로 만들 필요가 있어요. 항공사들이 똑같은 항로를 두고 무분별한 경쟁을 벌이도록 내버려 두면 항공 요금이 곤두박질칠 테고 결국 끔찍한 결과가 초래될 겁니다."

애슈턴 교수님은 마치 밀턴 프리드먼의 이론이 등장할 것을 미리 예상하고 프리드먼의 이론이 대중에게 알려지기 이전부터 그 이론에 반박하기 위해 노력하신 듯하다. 애슈턴 교수님은 프리드먼의 이론에 상당한 영향을 미친 두 명의 경제학자 루드비히 폰 미제스, 프리드리히 폰 하이에크와도 매우 가깝게 지내셨다.

20세기 중반에 등장한 가장 중요한 경제학자이자 사회 철학자인 미제스는 자유방임 시장을 열렬하게 옹호했다. 하이에크도 자유 시장 자본주의를 적극적으로 옹호했다. 하이에크는 1974년 군나르 뮈르달과 함께 노벨 경제학상을 공동 수상하였으며 프리드먼과 마찬가지로 영국의 마거릿 대처 총리, 로널드 레이건 대통령의 경제 정책에 중요한 영향을 미쳤다. 어떤 경제 이론이 가장 큰 영향을 미쳤냐는 질문을 받은 대처는 서류 가방에 손을 뻗어 하이에크의 『자유 헌정론 *The Constitution of Liberty*』을 꺼내어 머리 위로 치켜들고 "이 책이 바로 성서."라고 선언했다.

뉴딜 정책 이후 가장 먼저 규제를 완화할 분야로 전력 산업과 운송 산업을 택하는 미국 정부의 모습을 지켜보면서 애슈턴 교수는 마음이 몹시 혼란스러웠을 것 같다. 리처드 닉슨 대통령은 1971년 말 의회에 철도 및 트럭 운송 업계가 좀 더 관대한 업무 방식을 도입할 수 있도록 허용하자는 제안을 했다.

제럴드 포드 대통령은 1976년 철도 재건 및 규제 개혁법을 통해 규제 완화를 지지했다. 지미 카터 대통령은 항공 운송 산업 규제 완화법(1978년)과 스태거 철도법(1980년), 자동차 운송 사업법(1980년)을 통과시키기 위해 직접 의회를 상대로 로비를 벌였다. 규제 완화가 이루어지면서 1980년대 말부터 시작된 추세가 역전되었다. 규제가 사라지자 경쟁 업체들은 서로 상대보다 가격을 더 낮추기 위해 노력했고, 결국 많은 업체들이 파산을 면치 못하게 되었다.

진보 성향의 민주당 의원들이 규제 완화의 열풍에서 어떤 역할을 했는지 살펴보면 미제스, 하이에크, 프리드먼이 어떤 영향력을 행사했는지 유감없이 확인할 수 있다. 지미 카터 대통령은 항공 규제 부문의 전문가이자 민주당원이며 자유 경제학자인 알프레드 칸의 영향으로 규제 완화를 지지하게 되었다. 칸은 결국 '항공 산업 규제 완화의 아버지'라는 별명을 얻게 되었다. 민간 항공 위원회 회장을 역임한 칸은 피플 익스프레스에서부터 사우스이스트 항공에 이르는 저가 항공사가 탄생할 수 있는 기반을 닦았으며 자신이 수장으로 있었던 민간 항공 위원회가 몰락하는 모습을 모두 지켜보았다.

규제 완화로 인해 피플 익스프레스, 사우스이스트, TWA 등 수십 개의 항공사가 무너지고 말았다. 항공사들이 문을 닫자 비행기 조종사, 승무원, 정비공, 수화물 담당자 등의 실업 사태에 영향을 받은 여러 업계를 비롯해 식음료 제공 업체, 여행사, 부품 공급 업체, 몰락한 항공사들이 보유하고 있던 항공기를 점검하던 업체 등도 연이어 몰락의 길을 걷게 되었다. 델타, 노스웨스트 항공, 유나이티드 항공, US 항공, 컨티넨털 항공 등 항공 업계가 규제의 영향을 받았던 시절 호황을 누렸던 수많은 대형 항공 업체들이 파산을 신청했다.

다니엘 엥버는 2005년 시사 잡지《슬레이트》에 '항공사가 도산하는 이유'라는 제목의 글을 기고했다.

> 연방 위원회가 항공권 가격, 운항 노선 등 항공 업계의 모든 면을 통제하던 과거에는 파산의 길을 걷는 항공사가 극히 드물었다. 항공사가 도산할 위기에 처하면 연방 위원회가 문제에 개입했다. 1978년 항공 운송 산업 규제 완화법이 도입되면서 정부의 감독 권한이 사라지자 겁 없는 경쟁 업체들이 무분별하게 시장에 뛰어들게 되었다.
>
> 항공사들은 다른 분야에 속해 있는 기업들에 비해 파산의 빈도가 높은 것처럼 보인다. 하지만 통신과 같이 규제가 심각하지 않은 업계에서 활동하는 기업들도 최근 몇 년 동안 항공사들과 비슷한 패턴을 보이고 있다. (중략) 규제가 사라진 항공 업계에서 항공권은 마치 하나의 상품과도 같다. 여러 항공사들이 같은 항로를 운항하기 때문에 소비자들은 가장 항공권이 싼 항공사를 선택하게 된다.[1]

규제 완화가 엄청난 피해를 초래한다는 증거가 늘어나는데도 각

산업을 통제하는 규칙을 없애 버리기 위한 움직임에 찬성하는 사람이 많았다.

1978년 메인의 사장 폴 프리디는 직원들과 점심 식사를 하며 '규제 완화는 미래의 물결'이라고 얘기했다. 프리디는 메인의 전 사장 제이크 도버의 신념을 받아들여 정부의 역할을 제한해야 한다는 믿음을 갖게 되었다.

"제약을 받지 않는 기업이 공산주의에 대한 우리의 대답입니다. 이제 여러분 모두가 (이 대목에서 프리디는 팔을 들어 올려 그 자리에 앉아 있는 모든 사람을 가리키듯 휘저었다.) 이런 흐름에 동참해야 합니다. 규제 완화, 규제 완화, 규제 완화!"

메인과 같은 컨설팅 회사들은 브루킹스 연구소, 미국 기업 연구소, 기타 워싱턴 소재 연구소들과 마찬가지로 1970~80년대에 적극적으로 규제 완화를 지지했다. 당시 애슈턴 교수와 같은 분들이 갖고 있던 신념을 고집스럽게 지지하는 사람들은 애국심이 없는 것으로 여겨졌다.

하지만 나는 기업이 법적인 규제를 필요로 한다고 생각했다. 프리디 사장이 규제 완화가 미래의 물결이라고 선언할 무렵은 내가 경제 저격수로 활동한 지 칠 년째 되던 해였다. 당시 나는 부패가 만연해 있다는 사실을 잘 알고 있었다. 적어도 제3세계에서 활동하는 미국 기업들은 부패에 찌들어 있었다. 철학적인 관점에서 볼 때 민주주의 국가에서는 다수를 보호하기 위해 규칙이 필요하다는 생각이 들었다. 선거가 정말 민주적인 방식으로 치러진다면 기업의 횡포와 경제적인 혼란으로부터 우리 같은 일반인들을 보호해 줄 법안을 지지하는 사람이 당선되어야 마땅했다. 규제를 완화하기 위한 기업의 로비 활동이나 정치인을 매수하여 힘없는 대중을 위험에 빠뜨리려는 기업의 시도는 다수의 이해관계에 부합하지도 않을 뿐더러 민주적이지도 않았다. 메인의 파트너들에게 이런 생각을 얘기한 적이 있었다. 파트너들의 표정을 보니 경제 저격수 일을 계속하고 싶다면 그런 생각 따위는 그 누구에게도 발설하지 않고 혼자 간직하는 편이 나을 것 같았다. 결국 나의 감정이 이성, 그리고 애슈턴 교수님의 포부에 무릎을 꿇고 말았다. 그런 생각은 내가 경제 저격수 일을 관두는 시발점이 되었으며 몇 년 후 메인을 떠나게 된 결정적인 요인 중 하나가 되었다.

의회는 규제를 하나씩 철폐해 나갔다. 1982년 버스 규제 개혁법이 도입된 후 각 주를 연결하는 버스 운송업 규제가 철폐되었다. 1986년에는 육상 화물 운송 규제 철폐법이 도입되어 화물 운송업의 규제가 철폐되었으며, 1984년에 도입된 원양 해운법, 1998년에 도입된 원양 해운 개혁법으로 인해 해상 운송 업계의 규제가 철폐되었다.

이따금씩 경제 저격수가 된 직후 클로딘에게 들었던 이야기가 떠올랐다.

“항상 당신이 활동하는 국가의 지도자들이 기업을 규제하는 법을 완화시키도록 설득해야 한다는 사실을 잊지 말아야 해요.”

당시 우리는 만남의 장소였던 클로딘의 아파트를 모처럼 벗어나 사람들과 뒤섞여 코먼웰스 애비뉴 중심가에 있는 산책로를 거닐고 있었다. 클로딘은 길을 걷다 우연히 메인 직원과 마주칠 경우 버몬트에서 온 촌스러운 친척처럼 보이기 위해 얼굴을 거의 다 가리는 스카프를 머리에 둘러쓰고 기다란 외투를 입고 있었다.

"환경을 보호하거나 미국 기업에 세금을 부과하고, 임금을 인상하기 위한 규칙을 줄여 나갈 때마다 자신들의 몫이 커진다는 사실을 알려 주어야 해요."

우리는 벤치에 앉아 《보스턴 글로브》를 읽고 있는 남자를 지나쳐서 길을 걸었다. 클로딘은 남자가 읽고 있는 신문을 가리키며 얘기했다.

"당신이 해야 할 일이 있어요. 인도네시아, 이란 등지에서 신문과 방송 겸영 금지 규칙이 퍼져 나가지 않도록 해 보세요."

클로딘은 1960년대에 시작된 언론 매체의 소유 다각화 현상을 강화하기 위해 최근 시행된 법안에 대해 언급했다. 텔레비전의 영향력이 점차 증가하고, 상원 의원 조지프 매카시의 '적색 공포Red Scare' 반공 청문회가 언론 매체에 부정적인 영향을 미치자 그에 대한 대응으로 이런 법안이 생겨났다. 다양성을 옹호하는 사람들은 미디어를 소유하는 조직의 수가 늘어날수록 미국인들이 한쪽으로 치우치지 않은 정보를 얻게 될 가능성이 더욱 높아진다고 주장했다. 1964년, 지역 텔레비전 다중 소유권 규칙이 통과되었다. 이 규칙은 특정 시장 내에서 활동하는 방송국의 수가 여덟 개가 넘지 않을 경우 하나의 조직이 해당 시장에서 여러 개의 텔레비전 방송국을 소유하는 것을 금지했다. 1970년에는 라디오와 텔레비전 겸영 규칙이 도입되어 동일한 시장 내에서 텔레비전 방송국과 라디오 방송국을 동시에 운영하는 것이 금지되었다. 마찬가지로 1975년에는 텔레비전 방송국과 신문사를 동시에 소유하는 것이 금지되었다.

여러 언론 매체를 동시에 소유하는 것을 반대하는 사람들은 이런 법안이 언론 자유의 초석이 된다고 생각했다. 반면 반대 세력들은 기업이 공개 시장에서 언론 매체를 자유롭게 거래하지 못하도록 제한하는 것은 헌법에 위배된다고 주장했다. 정치인들이 헌법 운운하며 이런 법안에 반대하는 목소리를 높일 때마다 클로딘이 생각났다. 클로딘은 자신의 생각을 듣기 좋은 원칙으로 포장할 만큼 위선적인 사람이 아니었다. 클로딘이 기업의 언론 통제가 가능해지기를 바란 이유는 아주 단순했다. 언론을 통제하면 기업이 권력을 가질 수 있기 때문이었다.

결국 클로딘과 같은 생각을 갖고 있는 사람들이 이겼다. 레이건 시절 규제가 완화되면서 언론 기업들은 독점적인 권한을 가질 수 있게 되었다. 조지 H. W. 부시 대통령 시절 미 정부는 기회 공평의 원칙을 없애기 위해 노력했다. 기회 공평의 원칙이란 방송 허가를 보유한 기업들에게 대중에게 중요한 의미가 있으며 논란의 여지가 있는 문제들을 '정직하고, 공정하며, 균형 잡힌' 방식으로 보도할 것을 요구하는 연방 통신 위원회 정책을 뜻한다. 1987년, 법원은 메러디스 대 연방 통신 위원회 사건에서 연방 통신 위원회에게는 기회 공평의 원칙을 강제할 권한이 없다는 결론을 내렸다. 결국, 그해에 기회 공평의 원칙이 폐지되었다. 1996년 클린턴 대통령 시절 통과된 통신법으로 인해 M&A가 잇따랐고, 경쟁이 줄어들었으며, 상업 라디오 방송국의 수가 현저하게 줄어들었을 뿐 아니라, 케이블 회사가 시청자에게 부과하는 평균 요금이 상당히 증가했다.

미디어 업계 전역에서 나타난 규제 완화 바람으로 미디어 업체의 수가 급격하게 줄어들었다. 앞서 3장에서 언급한 것처럼 1983년에는 총 오십 개 업체가 미국 내 모든 뉴스 매체의 대부분을 통제하였지만 2004년에는 그 수가 여섯 개로 줄어들었다. 2004년 현재 미국의 방송 업계를 장악하고 있는 업체로는 타임워너, 디즈니(현재 ABC의 소유주), 머독의 뉴스 코퍼레이션, 독일의 베텔스만, 비아콤(CBS의 전신), GE(NBC 소유) 등이 있다.

가장 커다란 논란을 불러온 것은 통신 업계의 규제 완화가 아닐까 한다. 통신 업계의 규제 완화가 커다란 반향을 불러일으킨 이유는 방송계가 직접적인 영향을 받기 때문이다. 하지만 현재 우리가 직면한 경제 위기의 관점에서 본다면 은행, 금융, 보험 업계의 변화가 가장 치명적인 영향을 미쳤다.

미국이 대공황에서 벗어나는 데 커다란 공헌을 한 정부 관료들은 돈을 관리하는 사람과 기관을 규제하는 법안을 대대적으로 개혁할 필요가 있다는 사실을 잘 알고 있었다. 이들은 은행 업계의 잘못된 관행이 얼마나 끔찍한 결과를 초래하는지 고스란히 지켜보았고, 같은 일이 반복되지 않도록 여러 가지 규제 방안을 도입했다. 그중에서 가장 중요한 법안은 하나의 기업이 투자 은행, 상업 은행, 보험 서비스를 동시에 제공하는 것을 금지하기 위해 1993년에 도입한 글래스 스티걸 법이었다. 경제의 안정성 유지를 목표로 하는 수많은 다른 규제 방안이 도입되어 글래스 스티걸 법을 보완했다.

제2차 세계 대전 이후에도 개혁이 계속되었다. 은행 업계에서 경쟁 약화를 초래하는 통합을 추진하는 움직임이 나타나자 아이젠하워 대통령은 1956년 은행 지주 회사법을 통과시켰다. 은행 지주 회사법에는 연방 준비 제도 이사회가 은행 지주 회사 설립을 허가해야 한다고 명시되어 있다. 뿐만 아니라, 은행 지주 회사법은 은행 지주 회사가 자사가 본사를 두고 있는 주 이외의 다른 주에서 은행을 매수하는 것을 금지하는 한편 은행이 대부분의 비은행 활동에 참여하는 것을 금했다.

하지만 '자유 시장' 열풍이 불어 닥치면서 모든 것이 뒤바뀌었다. 1994년 리글 닐 금융법이 도입되면서 여러 주에서 동시에 영업하는 행위를 금지하던 은행 지주 회사법이 폐지되었다. 또한 1999년에는 그램 리치 블라일리 법이 도입되어 그때까지 적용되고 있던 글래스 스티걸 법이 사라졌다. 클린턴을 보좌하던 경제 자문팀은 레이건 대통령과 부시 대통령이 앞세웠던 정책을 그대로 따랐다. 톰 하트만은 자신의 신작 『한계점*Threshold*』에서 다음과 같이 기술했다.

> 빌 클린턴이 미국의 대통령으로 취임하기 몇 주 전, 골드먼 삭스의 CEO 로버트 루빈(한 해 전, 골드먼 삭스로부터 4000만 달러의 연봉을 받았으며 곧 '뉴 커브넌트('새로운 서약'이라는 뜻을 담고 있는 클린턴의 정책 캐치프레이즈 — 옮긴이)'를 수행할 클린턴의 경제팀을 이끌게 될 인물)과 알랜 그린스펀이 클린턴을 방문했다.
>
> 루빈과 그린스펀은 전쟁과 범죄 이외에 다른 부분에서는 정부가 해결책이 될 수 없다고 생각했다. (중략)
>
> 루빈과 그린스펀은 클린턴에게 정부의 통제권 밖에서 활동하는 기업들로 구성된 경제가 정부를 대체하게 될 거라고 얘기했다. 루빈과 그린스펀은 새로운 세계 시장을 구성하는 어느 지역에서건 이윤 창출 가능성 극대화를 위해 사람(노동력)의 이동은 앞으로도 엄격한 제약을 받게 되겠지만

돈(자본)은 세계 어느 곳으로든 자유롭게 흘러가게 될 거라고 얘기했다. 이들은 국가가 자국 국민을 책임지며 주권을 갖고 있는 독립체라는 생각이 이미 한물간 구시대적인 발상이라고 여겼다. 이들은 국민(그리고 국가)이 존재하는 이유는 경제적인 힘을 갖고 있는 사람, 혹은 조직에 기여하는 것이라고 믿었다.2

(괄호 속에 들어 있는 말은 모두 원문에 수록되어 있는 내용이다.)

각종 규제가 사라지자 미국의 대형 은행들이 다른 은행을 매수하기 시작했다. 인수의 바람이 불어닥치자 곧이어 합병의 움직임이 나타났고 하나둘씩 대형 은행들이 통합되었다. 그중에서도 가장 악명 높은 통합 사례는 보험 회사 트래벌러스 그룹과 시티 은행 간의 합병, 뱅카메리카와 네이션즈 뱅크 간의 통합을 들 수 있다. 뱅카메리카와 네이션즈 뱅크는 통합 후 뱅크 오브 아메리카로 이름을 바꾼 다음 미국에서 일곱 번째로 규모가 큰 은행 플릿보스턴 파이낸셜과 대형 신용 카드 업체 MBNA를 매수했다. 글래스 스티걸 법이 있었더라면 이와 같은 통합은 불가능했을 것이다. 하지만 규제는 사라졌고 이와 같은 은행 업계의 지각 변동으로 인해 조지 W. 부시 행정부와 버락 오바마 행정부가 골머리를 앓게 되었다.

인디펜던트 파워 시스템즈를 애슐랜드에 매각한 후 함께 식사를 하던 자리에서 조 코겐은 이렇게 얘기했다.

"로널드 레이건은 말에서 내려와 부패한 보안관의 별 배지를 달았어. 그러고선 감옥 문을 활짝 열어젖혀 온갖 사기꾼들과 걸인들을 다 풀어 주었어. 레이건이 풀어 준 사람들은 애슐랜드의 CEO처럼 말쑥

하게 외투를 차려 입고 넥타이를 매고 있는 상류층 사람들이었다네. 하지만 겉모습에 속아 넘어가서는 안 된다네. 그 사람들은 그저 그 어떤 법의 제재도 받지 않는 도둑놈들에 불과해."

2009년 한 해 동안 신문의 주요 기사들과 텔레비전 뉴스 방송을 지켜보면서 애슈턴 교수님의 얼굴이 떠올랐다. 교수님께서 아직 살아 계셨더라면 우리 같은 평범한 사람들을 보호하기 위해 만들어진 규제 방안들이 사라진 탓에 우리 모두가 부당한 대우를 견뎌 내는 모습을 지켜보면서도 소스라치게 놀라시지는 않으셨을 것 같다. 이런 규제 법안을 버린 탓에 결국 지금 우리가 겪고 있는 경제 위기가 닥쳐왔다. 교수님은 항상 다음과 같은 말로 규제의 중요성을 강조하셨다.

"일부 업계는 강력하게 규제할 필요가 있어요. 그렇지 않으면, 자멸하게 되거든요"

안타깝게도, 규제를 철폐하려는 움직임과 함께 사기성이 농후한 회계 방식을 합법화하려는 움직임이 나타났다. 대기업 경영진들은 단기 수익을 부풀리기 위해 실제로 발생한 매우 중요한 비용을 포함시키지 않는 시스템을 고안해 냈다.

한 음악계 유명 인사의 아내는 지구상에서 자연의 순수한 모습을 가장 잘 간직하고 있는 지역에서 가짜 회계 뒤에 감추어진 진실에 직면하게 되었다.

10장 | 가짜 회계

앞서 3만 명의 에콰도르인들이 텍사코를 상대로 소송을 제기했다는 얘기를 언급했었다. (이후 텍사코는 셰브론에 매각되었다.) 텍사코는 광활한 열대 우림을 파괴하였다. 소송을 제기한 사람들은 텍사코의 시설에서 흘러나온 독성 폐기물이 수많은 사람들의 목숨을 앗아 갔으며 그 외에도 수천 명의 주민들에게 만성 질환을 안겨 주었다고 주장한다.[1]

저녁 식사 자리에서 트루디 스타일러는 "끔찍했다."고 얘기했다. 트루디는 현장 방문을 마치고 막 돌아온 차였다. 트루디와 트루디의 남편 스팅은 텍사코에 반대하는 토착 주민들을 열렬하게 지지했다.

"이렇게 처참한 모습은 처음 봤어요. 삼십 년이 넘게 거대한 석유 웅덩이가 고여 있더군요. 새의 깃털은 온통 기름 범벅이었고요. 물이 오염된 탓에 아이들의 피부는 엉망이었고 곪은 상처투성이더군요. 어린이들 말이에요! 아이들은 너무도 순수하지요. 그런데 그들의 삶이 모두 망가져 버렸어요."

트루디는 끔찍한 듯 몸서리를 쳤다.

"매주 사람들이 죽어 나가요. 에콰도르에서 가장 가치가 큰 땅 위에 살아가고 있는 사람들이 이 나라에서 가장 가난하고 비참한 삶을 살아가다니 얼마나 역설적인가요?"

스티븐 돈지거가 덧붙여 말했다.

"그리고 미국 소비자들은 대부분 이런 사실에 대해 전혀 모르고 있지요."

뉴욕 주 변호사인 돈지거는 십 년이 넘는 기간 동안 이 사건에 전념하고 있다.

돈지거의 말은 현재 이 세상에서 벌어지고 있는 일에 관한 슬픈 진실과 진짜 비용을 제품에 떠넘겨 버리는 회계 절차의 부적절성을 잘 보여 준다. 자원이 묻혀 있는 땅 위에서 살아가는 사람들은 제대로 보상을 받지 못하는 반면 소비자들은 실제 비용을 충당하기에 턱없이 모자란 가격으로 불편함 없이 자원을 소비하는 실상을 잘 보여 주는 대표적인 제품이 바로 석유다.

오염된 환경을 정화하기 위한 비용만 수십 억 달러에 이른다. 이외에도 주민들이 받는 고통, 목숨을 잃은 주민들, 가족 파괴, 사라져 버린 부동산 개발 기회, 영원히 사라져 버린 동식물 등 석유가 묻힌 땅 위에서 벌어지는 비극을 해결하기 위해서는 엄청난 돈이 필요하다. (암, 다발성 경화증 등 각종 질환을 치료하기 위한 치료약을 공급하는 경우도 있을 것이다.)

위스콘신 대학 학생들과 저녁 식사를 하며 에콰도르에서 벌어지고 있는 처참한 현실에 대해 얘기한 적이 있었다.

회계를 전공하는 사라라는 여학생이 먼저 입을 열었다.

"요즘 우리가 배우고 있는 거짓된 회계 방법이 아니라 진짜 회계 방식을 사용할 수밖에 없는 입장이었다면 텍사코가 어떻게 했을지 궁금하네요."

다른 학생이 끼어들었다.

"외부 효과지."

사라는 눈살을 찌푸리며 테이블에 앉아 있는 사람들을 바라보았다.

"맞아. 바로 그거야. 그 계약은 에콰도르 정부와 텍사코 사이에서 맺어진 거야. 토착 주민들은 협상 테이블에 앉지도 못했어."

우리가 소비하는 재화와 서비스의 가격을 결정할 때 고려되지 않는 비용이 너무도 많다. 이런 비용들은 '외부 효과'로 여겨진다. 자원 파괴로 인한 사회, 환경 비용, 대기 오염, 부상을 당하거나 병에 걸리고서도 건강 관리 서비스를 거의, 혹은 전혀 받지 못하는 근로자 집단이 짊어지는 짐, 유해한 제품을 판매하고, 폐기물을 강이나 바다에 버리고, 직원들에게 최저 생계비 이하의 급여를 지불하고, 열악한 근로 환경을 개선하지 않고, 시가보다 싼 가격에 공유지에서 천연자원을 채취하고, 정부 보조금, 세금 면제 등의 혜택을 누릴 수 있도록 허가 받은 기업들의 간접적인 자금 조달, 엄청난 규모의 광고 캠페인 및 로비 활동, 납세자들이 내는 세금이 투입되는 복잡한 교통 시스템 및 통신 시스템, 경영진에게 제공되는 과도한 연봉, 보너스, 특전, 세금 공제의 대상이 되는 엄청난 금액의 퇴직금 등이 모두 이런 비용에 포함된다. 이런 비용들은 계약을 체결하는 당사자들 간의 합의에 직접적인 영향을 미치지 않기 때문에 대수롭지 않게 무시되곤 한다. 하지만 이런 비용 중 상당수는 얼핏 관련이 없어 보이거나 무력해 보이는 제3자에게 지나치리만큼 커다란 영향을 미친다.

이런 비용들 또한 지금 우리가 겪고 있는 글로벌 경제 위기의 원인이 되었다. 실제 가치보다 헐값에 판매되는 탓에 아무렇지도 않게 버려지고 불필요하게 파헤쳐지는 자원이 너무도 많다. 자원을 재활용하거나, 좀 더 효율적으로 사용하기 위해 노력하기보다 한 번 사용한 자원을 아무렇지도 않게 내다 버리고선 끊임없이 땅을 파헤쳐 자원을 채굴, 생산하는 것이다. 아이슬란드에서 만난 사람들이 가장 분노한 부분 중 하나가 바로 아이슬란드 정부가 알루미늄 용광로에 헐값의 전기를 공급한 덕에 알코아 같은 알루미늄 업체들이 재활용 프로그램에 투자를 하지 않았다는 점이었다.

에콰도르와 아이슬란드 사례를 통해서 그동안 우리가 받아들인 돌연변이 자본주의가 우리 경제에 얼마나 심각한 해악을 끼쳤는지 다시 한 번 확인할 수 있다. 단기적인 이윤 창출이 기업의 유일한 책임이라는 잘못된 믿음으로 인해 비현실적이고 잘못된 회계 원칙이 탄생했다.

우리의 후손들은 과거를 돌아보며 지금 우리 세대에게 석유를 찾느라 숲을 파괴하고, 자원을 고갈시키고, 수백여 개의 관련 요소를 '외부 효과'로 치부함으로써 많은 비용을 유발시킨 책임이 있다고 생각할 것 같다. 결국 그 비용을 부담해야 할 사람들은 우리의 자녀와 손자, 손녀들이다.

이런 종류의 사기성 짙은 회계 방식에 찬성하는 사람들은 '대안이 없다.'거나 '이런 요인들을 측정할 수 없다.'는 말만 되풀이한다. 하지만 그런 주장은 사실이 아니다.

사라도 이런 문제점을 인정했다.

"이런 비용 중 일부가 갖고 있는 가치를 측정해 봐야 하겠죠. 하지만 회계사들이 항상 그런 일을 하잖아요. 우리가 사용하는 감가상각 시스템은 기대 수명 추정치를 기반으로 해요. 영업권, 특허 및 상표의 가치 등과 같은 무형 자산을 '양도'하는 것도 마찬가지죠. 얼마든지 외부 효과를 수량화하기 위한 합리적인 접근 방법을 활용할 수 있어요. 모든 참가자들에게 공정한 경쟁의 장을 제공하는 접근 방법 말이에요. 이런 효과를 깡그리 무시하는 것보다는 추정치를 계산할 때 실수를 좀 하는 편이 낫지 않을까요?"

사라는 여러 명의 교수, 공인 회계사들과 함께 '전부 원가 계산full cost accounting'을 지지하는 운동에 참여하고 있다. 전부 원가 계산 방식은 '진정 원가 계산true cost accounting'이라고 불리기도 한다. 이런 접근 방식을 취하기 위해서는 특정 제품의 생산 및 판매와 관련된 결정을 내리기 전에 활용 가능한 대체 방안, 각 재화 및 서비스와 관련된 비용 및 효능에 관한 정보를 수집해야 한다. 이런 접근 방식을 취할 때 포함시켜야 할 비용 중 일부를 소개하면 다음과 같다.

1. 모든 가시적 비용(단순히 즉각적으로 발생하는 현금 지출을 뜻하는 것이 아님)
2. 숨겨진 비용(예: 에콰도르에 위치한 아마존 지역에서 발생하는 비용)
3. 간접비(R&D 비용, 홍보 비용, 경영진에게 지급하는 연봉 및 보너스)

4. 과거 비용 및 미래 비용(예: 세상 사람들에게 휴대 전화, 컴퓨터 등에 사용되는 원료인 콜탄을 저렴한 가격에 공급하기 위해 콩고 탄광에서 일하다 질식하여 사망한 인부들에게 딸린 유가족을 먹여 살리기 위한 비용, 근로 환경이 열악한 인도네시아 공장에서 일한 탓에 건강이 악화된 사람들에게 의료 서비스를 제공하기 위한 비용 등)
5. 수명 주기 비용(어떤 제품이나 서비스를 생산하고 처리하는 과정에서 발생하는 환경, 사회적 여파 평가)

역설적이게도, 이런 비용이 모두 기업 회계에 포함된다면 이 지구는 훨씬 살기 좋은 곳으로 거듭날 수 있다. 전부 원가 계산 방법을 사용하면 사회적, 환경적으로 가장 책임감 있는 방식으로 제공되는 재화 및 서비스가 가장 저렴해진다. 진정한 '자유 시장' 경제가 구현되면 소비자들은 경제와 사회에 무리를 가하는 제품을 구매할 때 좀 더 많은 대가를 치르게 될 것이다. 해당 제품을 생산하고 판매하는 과정에서 발생한 피해를 되돌리기 위한 비용이 가격에 포함되기 때문이다. 결국 본질적으로 '청정한' 재화 및 서비스가 가장 저렴하게 판매된다.

많은 기업들이 말로만 환경, 사회, 경제를 모두 고려한 지속 가능 경영을 추구한다고 얘기한다. 하지만 일부 기업들은 실제로 전부 원가 계산 방법을 도입하고 있다. 후자의 기업들은 이런 비용도 측정될 수 있다는 주장에 힘을 실어 준다. 전부 원가 계산 방법을 채택하기 위해 노력하는 여러 조직 중 위스콘신 대학 학생들과 저녁 식사를 나누는 동안 거론되었던 몇몇 조직을 소개해 보겠다.

- 플로리다 주는 폐기물 관리 프로그램에 전부 원가 계산 방법을 도입하고 있다고 주장한다.
- 건축 및 지역 개발에 관한 도시 생태학 및 산업 생태학적 접근 방법에서는 조성된 환경을 하나의 생태계로 취급하고 폐기물을 최소화하기 위한 노력의 중요성을 강조한다.
- 비영리 기관인 내츄럴 스텝은 수명 주기 비용을 포함하는 회계 처리 절차를 수립할 수 있도록 수백 개의 기업을 지원해 왔다.
- 인터페이스 카펫 컴퍼니는 대기업에서 일어날 수 있는 변화를 보여 주는 가장 유명한 사례인 것으로 판단된다.

인터페이스는 1973년 설립된 바닥재 생산 업체이다. 1990년대 중반, 인터페이스의 회장 겸 CEO인 레이 앤더슨에게 깨달음의 순간이 찾아왔다. 이후 앤더슨은 '사업 목표를 희생하지 않으면서도 지속 가능성에 집중'할 수 있는 방향으로 회사의 전략을 수정했다. 앤더슨은 저서 『전 세계 환경 경영의 첫 번째 이름, 인터페이스*Mid-Course Correction*』에서 환경 문제의 중요성을 깨닫게 된 순간을 언급하며 '낭비적인 관리 방식'을 대체할 만한 모델을 제시했다. 앤더슨의 저서는 새로운 접근 방법에 관심을 갖고 있는 학생과 경영진이 반드시 읽어야 할 필독서로 자리를 잡았다. 다음은 인터페이스의 홈페이지에서 발췌한 내용이다.

기업과 산업주의는 지금 우리가 살고 있는 곳과는 다른 세상에서 발전했다. 처음 기업과 산업주의가 탄생한 세상은 지금보다 훨씬 인구가 적고,

물질적인 행복이 지금처럼 커다란 영향을 미치지 않고, 천연자원이 풍부한 곳이었다. 그 결과 자원을 채취하여 사용하고 내다 버리는 매우 생산적인 시스템이 탄생했다. 이 시스템은 자원이 무한하다는 가정을 바탕으로 했기 때문에 무분별한 자원 사용이 초래할 결과에 대한 고민은 거의, 혹은 전혀 없었다. 이 시스템은 더 이상 우리의 삶을 풍요롭게 만들어 주지 못한다. 대신 이 시스템은 우리를 위험에 빠뜨리고 있다. 인터페이스가 자사도 이 시스템과 이 시스템에서 비롯된 집합적인 문제의 일부라는 사실을 깨달은 후, 인터페이스는 지금까지와는 다른 방향, 즉 지속 가능성을 향해 나아가는 여행을 시작했다.

우리의 여행은 인터페이스의 사업에도 놀라울 만큼 큰 도움이 되고 있다. 인터페이스의 창립자이자 회장이며 지속 가능성을 향한 인터페이스의 여행을 인도하는 레이 앤더슨의 얘기를 들어보자.

"비용은 올라가지 않고, 오히려 내려갔습니다. 그 결과, 잘못된 믿음은 사라졌고 경제와 환경 사이에서 그동안 잘못된 선택을 해 왔다는 사실이 밝혀졌습니다. 뿐만 아니라 지속 가능한 디자인이 예기치 못한 혁신의 원천 역할을 하면서 그 어느 때보다 훌륭한 제품이 탄생하고 있습니다. 사람들은 좀 더 높은 이상적인 목적을 공유하며 힘을 더하고 있습니다. 더 훌륭한 인재들이 지원서를 내고 있으며, 최고의 인재들이 인터페이스에 남아 고결한 목적을 갖고 일을 합니다. 지속 가능성에 집중한 덕에 엄청난 금액을 광고나 마케팅에 쏟아부었을 때와 비교할 수 없을 만큼 호의적인 반응이 시장에서 형성되었습니다. 우리 인터페이스는 정당한 방식으로 좀 더 많은 수익을 올리는 더 나은 방법을 찾아냈다고 생각합니다. 즉, 더 나은 비즈니스 모델을 찾아낸 것이지요."[2]

우리 소비자들은 기업에게 무조건 싼값에 제품을 공급할 것을 요구하는 데 익숙해졌다.

"우리에게 가능한 가장 싼값에 테니스 화를 공급해 주시오! 처참한 삶을 살아가며, 굶주림에 시달리는 어린 자녀들을 남겨 둔 채 젊은 나이에 목숨을 잃는 공장 근로자들은 얼마든지 모르는 체하겠소. 자동차 연료로 사용할 저렴한 석유를 공급해 주시오! 오염된 강, 파괴된 숲과 사막의 풍광을 담은 사진 같은 건 모르는 척하겠소."

지금의 경제 위기는 우리 소비자들이 '제값을 지불'할 뜻이 없다는 사실을 반증한다. 소비자들은 지금까지도 그래 왔고 앞으로도 계속 거대한 할인 매장에서 물건을 구매할 것처럼 군다. 우리 소비자들은 모든 제품을 반값에 구매한다. 그리고 안타깝게도 우리의 자녀들과 손자 손녀들은 제품을 구매하기 위해 제값을 모두 치러야 할 뿐 아니라 지금껏 우리가 피해 왔던 부분에 대한 대가를 치르고 그에 대한 이자까지 지불하게 될 것이다.

CIA는 우리 자손들이 직면한 딜레마를 너무도 잘 이해한 한 인물을 두고 '테러리스트'라 불렀다. 그분은 중미에서 총을 겨누는 군인들과 어깨를 마주할 만큼 선견지명이 있고 혁명적인 인물이다. 그분은 가톨릭교회 사제이기도 하다. 지금 그분은 세상에서 가장 영향력 있는 자리 중 하나를 차지하고 계신다.

11장 | 이중 잣대

미구엘 데스코토 브로크만 신부는 니카라과 수도 마나과 외곽에 위치한 집을 구경시켜 주었다. 신부님의 집에 걸려 있는 그림을 그린 니카라과의 화가들에 대해 얘기를 나누다 보니 그토록 겸손하고 동정심 많은 분이 교황으로부터 비난을 받고, 게릴라 전사들을 돕기 위해 중미의 정글을 휘젓고 다니고, 다니엘 오르테 행정부에서 장관을 지내고, 세상에서 가장 막강한 영향력을 갖고 있는 다국적 정치 기구의 의장을 맡았다는 사실이 믿어지지 않았다.

다음은 데스코토 신부에 관해 가톨릭 뉴스에서 보도한 내용이다.

2008년 6월 6일 오후 12시 53분(가톨릭 뉴스) 과거 산디니스타(소모사 독재 정권을 무너뜨린 니카라과의 사회주의자 및 민족주의자들의 정당 — 옮긴이) 지도자였으며 현재 자격이 정지된 미구엘 데스코토 브로크만 신부는 UN 총회 의장으로 선출되어 올해 9월부터 임기를 시작할 예정이다.

데스코토는 1961년부터 메리놀 회 소속 신부로 활동하였으며 1975년부터 니카라과에서 산디니스타 운동에 참여하였다. 이후 1990년까지 니카라과의 외무 장관으로 활동했다.

1980년대, 바티칸은 에르네스토 카르데날, 페르난도 카르데날 등 산디니스타 혁명에 참여한 두 명의 신부와 함께 데스코토 신부의 자격을 정지시켰다. 교황 요한 바오로 2세는 중미 방문 중 데스코토 신부의 정치 활동을 공개적으로 질책했다.[1]

『경제 저격수의 고백』을 감명 깊게 읽은 미구엘 신부는 내가 니카라과를 방문한다는 소식을 전해 듣고서 함께 아침 식사를 하자며 초대해 주셨다. 신부님의 집을 간단하게 돌아본 후 우리는 미국과 현존하는 수많은 다국적 기구들이 입으로 내뱉는 말과 실제 드러나는 행동이 정반대인 경우가 많다는 얘기를 나누었다.

식탁에 자리를 잡고 앉으면서 미구엘 신부님은 "미국과 개발 은행들은 믿을 수 없을 정도로 위선적인 행동을 저지른다."고 얘기했다.

"그야말로 이중 잣대인 거지요. '내 행동을 보지 말고 내 말대로 행동하라.'고 얘기하는 겁니다."

우리는 둘 다 미국의 재무부와 국무부가 세계은행, 국제 통화 기금과 협력하여 제3세계 국가들이 불황에서 벗어날 수 있도록 돕고 있다는 사실을 잘 알고 있다. 하지만 실제로 이들은 자신들이 입으로 떠드는 목표와 정반대되는 것을 얻어 간다.

미구엘 신부는 이런 현상을 강하게 비판했다.

"국제적인 거지요. 제3세계 국가들이 좀 더 심각한 위기에 빠져들도록 만들어 이 나라들이 기업의 착취에 한층 취약해질 수밖에 없는 환경을 조성하는 겁니다. 모든 사람들이 간과하고 있는 한 가지 중요한 사실은 바로 이런 움직임으로 인해 세계 경제가 한층 불안정해진다는 겁니다."

오바마 대통령이 꾸린 경제팀 구성원의 면면을 간단하게 살펴보면 상황을 좀 더 쉽게 파악할 수 있다. 티머시 가이트너(전 뉴욕 연방 준비 은행장, 오바마가 발탁한 재무부 장관), 래리 서머스(전 세계은행 수석 경제학자, 클린턴 시절 재무부 장관, 백악관 국가 경제 위원회 의장), 폴 볼커(전 연방 준비 제도 이사회 의장, 오바마 대통령의 수석 경제 자문)는 개도국에 강제로 적용할 이중 잣대 정책을 고안한 핵심 인물들이다.

제3세계 국가들은 경제적인 어려움으로 인해 대출을 갚지 못하게 될 경우 '구조 조정 프로그램'을 받아들이라는 강제적인 요구를 받는다. 구조 조정 프로그램이 시행되면 해당 국가들은 정부 지출을 급격하게 줄이고, 금리를 인상하고(30퍼센트가 넘는 수준으로 인상하는 경우도 있음), 경제 각 분야를 민영화하고, 국가 자산을 다국적 기업에 매각할 것을 강요받는다.

세계 각국의 정치, 사회 전문가들은 다음과 같은 이유로 구조 조정 프로그램을 강력하게 비난한다.

1. 구조 조정 프로그램이 도입되면 통제권이 외국인에게 넘어가 국가의 주권이 위협받을 뿐 아니라 민주적인 절차가 약화된다.
2. 구조 조정 프로그램을 시행하면 가장 많은 금액을 빌려 준 경제 주체,

특히 미국, EU, 캐나다, 일본 등이 가장 큰 이익을 얻게 된다. 해당 경제권에 속하는 기업이 민영화된 부문을 소유하게 되고, 관련 금융 기관이 고금리로 돈을 빌려 주고 회수하기 때문이다.

3. 공공 영역 내에 있는 자원이 민영화된다.
4. 해외 기업들이 느슨한 환경/노동 규제, 조세 회피 수단을 위해 로비를 하는 과정에서 근로자와 부패한 현지 공무원을 부당하게 이용하게 된다.
5. 농업 및 토지 개혁이 원활하게 이루어지지 않아 부유한 기득권층은 보호를 받는 반면 빈민가가 늘어나고 빈곤이 심화되는 결과가 초래된다.
6. 환경에 피해를 주는 비료와 살충제의 사용이 증가해 해외 화학 회사에 대한 농부들의 의존도가 한층 높아진다.
7. 이자 상환에 자본이 투입되어 보건, 교육, 기타 사회 서비스 지출이 줄어든다.
8. 교육, 보건, 기타 사회 서비스 부문 근로자의 절대다수를 차지하는 여성의 권리가 줄어든다.
9. 시골에 거주하는 남성이 도시 및 다른 국가로 이동하면서 여성과 아동이 버림받게 된다.

하지만 구조 조정 프로그램을 비난하는 가장 큰 이유는 구조 조정 프로그램이 기대한 만큼 제 역할을 해내지 못하기 때문이다. 다시 말해서 구조 조정 프로그램은 제3세계 국가들이 불황에서 벗어나는 데 아무런 도움이 되지 않는다. 사실 구조 조정 프로그램은 오히려 제3세계 국가들을 한층 더 깊은 위기의 수렁 속으로 밀어 넣을 뿐이다. 가이트너, 서머스, 볼커를 비롯한 오바마의 경제 자문 팀 구성원들이 미국을 불황에서 벗어나게 만들기 위한 방법으로 그동안 제3세계 국가에 접목해 왔던 것과는 완전히 상반되는 방법을 제안하고 있는 것이 그 근거다. 예를 들자면 이들은 미국 정부에 정부 지출 프로그램을 과감하게 시행하고, 부채를 늘리고, 금리를 낮추고, 긴급 구제를 시행하고, 은행, 자동차 제조업체, 기타 기업체를 정부의 소유로 만들 것(민영화와 정반대의 개념)을 제안하고 있다.

미구엘 신부가 벽에 걸어 놓은 그림 중 정글의 우거진 숲 뒤에 숨어 날카로운 눈을 번뜩이고 있는 얼룩무늬 재규어가 그려진 그림 하나를 가리켰다.

"이와 같은 이중 잣대의 역사는 참으로 길지요. 앞서 말씀 드린 것처럼 재규어의 공격을 피하기 위한 최고의 방법은 조용히 재규어에 다가가 재규어의 코를 건드리는 것입니다. 하지만 실제로 그와 같이 어려운 상황에 빠지게 되면 손뼉을 치고 소리를 지르는 등 쓸데없이 소음을 만들어 내고선 천천히 뒷걸음질을 치지요."

"맞습니다."

미구엘 신부도 그림을 가만히 바라보았다.

"바로 그거지요. 이중 잣대. 혹은……."

미구엘 신부는 얼굴을 찌푸렸다.

"이란의 국왕을 몰아낸 이슬람 테러리스트들과는 절대 협상하지 않을 거라고 떠들고 다니죠. 그런 다음, 그 사람들과 거래를 맺고서 무기를 공급하는 겁니다."

미구엘 신부는 내 어깨에 한 손을 올렸다.

"제가 무슨 말을 하는지 아시지요?"

"이란 콘트라 사건 말씀이군요."

"네, 바로 그겁니다."

미구엘 신부는 손가락으로 그림 속 재규어의 코를 만지작거렸다.

"이중 잣대는 결국 그것을 적용한 사람들을 괴롭히게 됩니다."

신부는 만면에 웃음을 띠고서 얘기를 이어 나갔다.

"우리 신부들은 이 모든 것들을 직접 경험했습니다."

2004년 4월 16일, 대안代案 정책 개발 단체가 제임스 울펀슨 세계은행 총재에게 보낸 서한을 보면 구조 조정 프로그램의 부정적인 영향이 명확하게 기술되어 있다. 대안 정책 개발 단체는 세계 각국에 기반을 두고 있는 수천 개의 조직, 세계은행에서 공동 작성한 보고서를 대상으로 1996년 시작된 '구조 조정 참여 검토 계획'이라는 광범위한 연구를 마친 후 울펀슨 총재에게 서신을 보냈다. 아르헨티나, 노르웨이, 도미니카, 짐바브웨, 캐나다, 방글라데시, 가나, 헝가리, 필리핀, 미국, 유럽을 대표하는 이 단체의 운영 위원회 구성원들이 직접 서신에 서명을 했다. 이 서신의 도입부를 소개하면 다음과 같다.

울펀슨 총재님께

파괴적인 본질과 그 효과가 명명백백하게 밝혀졌는데도 지구 남반구에 위치한 국가와 동유럽 국가에 해당 정책을 지속적으로 적용하는 세계은행의 행태에 대한 좌절감과 분노를 표현하기 위해 이 편지를 씁니다. 구조 조정 프로그램은 지난 십여 년 동안 빈곤 완화에 도움이 되기는커녕 수많은 경제 위기를 초래했습니다. 뿐만 아니라, 구조 조정 프로그램으로 인해 오히려 빈곤층이 늘어나고 경제적 불평등이 확산되었습니다.(중략)2

위 편지에 언급되어 있는 '수많은 경제 위기'는 오늘날 우리가 직면하고 있는 세계적인 위기가 발생하는 데 측정할 수 없을 만큼 커다란 역할을 했다. 에콰도르는 채무 불이행을 선언한 여러 나라 중 하나에 불과하다. 에콰도르와 같은 방법을 택하겠다는 협박도 줄을 잇고 있다. 뿐만 아니라 구조 조정 프로그램에 동의한 국가의 구매력 감소로 인해 세계 소비재 시장의 규모가 급격하게 줄어들고 있다. 또한 민영화로 인해 천연자원이 낭비되는 동시에 석유와 기타 상품의 가격이 천정부지로 치솟게 되었다.

미국 정계, 정부와 결탁한 금융 기관들이 어떤 결과가 초래될지 뻔히 알면서도 수많은 주권 국가의 권위를 약화시켰다는 사실은 세계 무대에서 미국이 차지하고 있는 위치에 장기적이면서도 심각한 부정적 영향을 미치고 있다. 미 정부가 활용해 온 전략이 제3세계 국가에 도움이 되기보다 이들 국가의 자원을 착취하는 것을 목표로 한다는 사실이 드러나면서 자원을 공급하는 국가와 자원을 소비하는 국가 간에 균열이 생겨나고 있다. 그리고 이와 같은 정치적인 분열로 인해 경제 위기가 한층 악화되고 있다.

그날 아침, 커피를 마시며 미구엘 신부에게 1970년대 말 지금과 같은 경제 붕괴를 예측한 미국의 한 장군에 대한 얘기를 했다. 내가 언급했던 장군이 여러 가지 측면에서 UN의 신임 총회 의장으로 당선된 미구엘 신부와 적대적인 관계에 있는 인물이라는 사실이 역설적으로 느껴질 수도 있다. 군인들을 이끌고 니카라과의 험준한 산을 뒤지며 반군을 잡으라는 임무가 주어졌더라면 미구엘 신부가 그 장군의 손에 목숨을 잃었을지도 모를 일이었다. 하지만 그 장군도 미구엘 신부와 마찬가지로 근본적인 취약함이 미국의 시스템을 망가뜨리고 있다는 사실을 깨달았다. 뿐만 아니라 그 장군은 무려 삼십여 년 전 근본적인 취약성으로 인해 어떤 결과가 초래될지 예측하고 그 결과를 걱정했다.

12장 | 군사화된 종이 경제

'척' 노블은 뼛속까지 군인인 인물이었다. 미국 웨스트포인트 육군 사관 학교를 졸업하고 MIT에서 공학 석사 학위를 이수한 노블은 베트남에서 미군 기술 사령부 최고 사령관으로 근무했다. 척은 제대 후 메인에서 프로젝트 매니저로 일했다. 척은 메인에서 승진을 거듭하여 폴 프리디를 밀어내고 사장 자리에 앉았다. 나는 평화 봉사단에서 활동한 덕에 징집을 면했지만 척은 나를 무척 아꼈다. 척이 메인에서 내가 쌓아 온 경력을 확인하고서 내가 충실한 경제 저격수라는 결론을 내렸다는 생각이 들었다.

60대 초반(내 추측)이라는 나이에 비해 날씬하고 놀라울 만큼 건강한 척은 군복을 벗어던지고 보수적인 느낌을 주는 어두운색 정장을 입었다. 척은 마치 자신이 여전히 군인이기라도 한 양 머리를 짧게 깎았으며 행동 하나하나에 웨스트포인트 스타일이 반영되어 있었다. 하지만 한 가지 예외가 있었다. 척은 '지옥의 천사들'이라는 모터사이클 클럽 회원들이 즐겨 신는 검은색 엔지니어 부츠를 즐겨 신었다. 이따금씩 반짝반짝 윤이 나도록 부츠가 닦여 있는 경우도 있었지만 대개 부츠는 먼지로 뒤덮여 있었다. 처음 부츠를 신은 척의 모습을 보고는 놀라움을 감출 수 없었다. 무언가 척이라는 인물과 전혀 맞아 떨어지지 않는 것처럼 보였기 때문이다. 하지만 차차 척을 알아 가게 되면서 자신이 갖고 있는 조금은 다른 면을 드러내 보이기 위해 검은색 부츠를 신는다는 사실을 깨닫게 되었다. 척은 타고난 군인이기도 했지만 지독한 엔지니어이기도 했다.

메인의 프로젝트 매니저로 부임한 초기 척이 맡은 임무 중 하나는 아르헨티나와 우루과이 국경 근처에 거대한 살토 그란데 수력 발전 시설을 짓는 건설 프로젝트를 감독하는 것이었다. 이 프로젝트가 완성되면 약 2000메가와트의 전력을 생산할 수 있는 수력 발전소가 완성되고, 거대한 호수가 생겨나고, 2만 2000명이 거주하는 마을이 사라지게 될 터였다. 어느 날 척은 이 프로젝트 진행에 동참해 줄 것을 요구했다.

척과 함께 아르헨티나로 향하던 중, 척이 공산주의자와 사회주의자를 얼마나 혐오하는지 깨달을 수 있었다. 척은 베트남 전 패배를 몹시 억울해하며 미국인들이 공산주의 정신을 제대로 이해하지 못하고 '심약한 마음'을 가진 탓에 베트남 전에서 패배한 거라고 비난했다. 척은 민주주의를 확산시키겠다는 목적으로 메인에 입사한 것이었다. 하지만 민주주의를 확산시킨다는 것은 실제로는 민간 기업에 더 많은 권한을 준다는 의미이기도 하다.

척을 통해 사람들이 필요로 하는 재화와 서비스를 생산하는 것이 얼마나 중요한지를 배웠다. 어느 날 오후 척과 함께 부에노스아이레스에 있는 시장을 거닌 적이 있었다. 척은 시장에 나와 있는 물건들을 가리키며 '쓰레기'라 불렀다. 갑자기 걸음을 멈춘 척은 나를 바라보았다.

"이 쓰레기들이 우리에게 패배를 안겨 주고 있다는 사실이 몹시 걱정스럽다네. 우리 미국인들은 전 세계에 본보기를 보이고 있어. 미국 영화와 텔레비전 프로그램, 잡지는 현실에 대한 잘못된 시각을 퍼뜨리고 있다네. 우리는 지금 아르헨티나에 있지. 그리고 현실에 대한 잘못된 시각이 우리를 둘러싸고 있다네."

척은 천천히 몸을 돌렸다.

"이 모든 것이 완전히 쓸모없는 것들이지. 미국의 홍보 전문가들은 이것들을 세상에 내다 팔고 있지. 하지만 우리는 이것들을 생산조차 하지 않지. 일본인, 혹은 인도네시아인들이 생산을 맡고 있지. 우리는 그저 광고를 만들어 낼 뿐이야."

살토 그란데 임무를 완수하고 미국으로 돌아온 지 몇 달이 지난 후, 척이 메시지를 보내왔다. 당시 파나마에서 일을 하고 있던 내게 척은 육해군 클럽에서 열리는 회의에 참석해 줄 것을 요청하는 내용을 담은 텔렉스를 한 통 보내왔다. 척의 요청을 받고서 워싱턴으로 날아갔다. 그날 오후 늦게 퇴역 해군 장군 한 명, 다른 퇴역 장군 두 명과 함께 저녁 식사를 했다.

식당에 자리를 잡고 앉은 후, 척은 다른 참석자들을 둘러봤다.

"우리가 여기 모인 이유는 디에고 가르시아 군사 기지와 세이셸 제도에서의 실패에 대해 얘기하기 위해서라는 걸 잘 알고 있어. 하지만 먼저 얘기할 게 있네."

퇴역 장군 중 한 명이 말문을 열었다.

"어디 얘기해 보게."

척은 말을 이어 나갔다.

"그러지. 지금 이 나라에서 우리들이 우리 자신에게 어떤 일을 하고 있는 건지 얘기하려 하네. 아이젠하워는 훌륭한 장군이었지. 아이젠하워는 대통령으로 취임한 후 '군산 복합체軍産 複合體'라는 말을 만들어 냈어. 그 말은 곧 더러운 말이 되었지. 이제 우리 조국 미국은 산업 기반을 잃어 가고 있네. 나는 이 나라가 서류나 처리하는 나라가 될까 봐 걱정이라네."

"변호사들 말이군."

장군이 끼어들었다.

"그리고, 투자 은행가들."

장군은 덧붙였다.

"바로 그거지."

척은 슬픈 듯 고개를 끄덕였다.

"머지않아 미국은 그 어떤 것도 생산하지 않는 나라가 될 거야. 그저 서류나 처리하게 되겠지. 신의 가호를 바라야지."

척은 1979년 이런 예상을 내놓았다. 현재 미국이 처한 실상을 돌아보면 척의 생각이 상당 부분 옳다는 것을 알 수 있다. 미국은 변호사와 투자 은행가의 변덕에 취약한 종이 경제가 되어 버렸다. M&A를 통한 기업 거래, 포워드, 옵션, 선물, 스왑, 기타 파생 상품 등 금융 서류 거래가 미국 경제 시스템 내에서 거대한 부분을 차지하고 있다.

2007년 불황이 시작되기 직전 미국 경제가 전성기에 다다랐을 때 미국의 전체 이윤 중 금융 부문에서 생성된 수익이 차지하는 비중이 40퍼센트가 넘었다. (물론 금융 부문에서 얻은 이윤은 '서류상' 이윤에 불과하다는 사실이 밝혀졌다.)[1] 파생 상품(상품, 주식, 주택 마련 대출, 시장 지수를 비롯한 다른 무언가의 가치를 바탕으로 가치가 결정되는 금융 거래, 혹은 다른 무언가의 가치에서 가치가 파생되는 금융 거래)의 본질은 서류에 적혀 있는 내용과는 다르다. 어쩌면 이러한 특성은 시대적 징후일 수도 있다. 즉, 서류를 처리하는 사람들이 실제로 종이 서류를 사용하는 것이 아니라 버튼을 눌러 모든 것을 해결하는 시대적인 상황이 반영된 것일 수도 있다.

제조 부문에 관한 척의 우려는 선견지명이 있는 것이었다. 쓰레기를 만들어 낸 탓에 미국 경제는 무너졌다. 하지만 밀턴 프리드먼의 팬이었던 척은 이윤 극대화에 지나치게 집착한 것이 지금의 문제를 초래한 중대한 원인이었다는 사실은 미처 깨닫지 못했었다. 단기적인 손익을 성공의 척도로 여기면 재앙이 발생한다. 예를 들어 GE를 제조업체에서 금융 서비스 업체로 변화시킨 것이 칭찬할 만한 일이라고 생각하는 사람이 많다. 혹은 일본에서 저가에 물건을 구매해(요즘은 주로 중국에서 저가로 물건을 사들인다.) 부에노스아이레스나 미니애폴리스에서 비싼 값에 물건을 팔면 수지 타산을 맞추는 데 도움이 된다고 생각하기도 한다. 이윤을 창출하는 데 도움이 되기만 한다면 이런 태도가 미래에 끼치는 영향, 이 과정에서 우리 경제의 근본 자체가 약화될 가능성 따위는 전혀 중요하게 여기지 않는다. 뿐만 아니라 실제로 필요로 하지 않는 물건을 팔고 있다는 사실, 애슈턴 교수님이 얘기하신 '싸구려 자본주의'를 받아들이도록 중국을 부추기고 있다는 사실을 중요하게 여기는 사람은 없다.

바바라 하겐바우는 2002년 12월 《USA 투데이》에 '빠른 속도로 사라지고 있는 미국 내 제조 부문 일자리'라는 제목의 글을 기고하였다.

> 오십 년 전만 하더라도 미국 근로자 중 3분의 1이 공장에서 근무하며 의류에서부터 립스틱, 자동차에 이르는 모든 것을 생산해 냈다. 현재 제조 회사에서 일하는 미국 근로자의 수는 전체 근로자 1억 3100만 명 중 겨우 10분의 1을 상회하는 수준이다.
> 2000년 초부터 제조업 부문의 일자리 감소 현상이 두드러졌다. 2000년 이후 제조 부문에서 제조 부문 전체 근로자 수의 약 10퍼센트에 해당되는 190만 개가 넘는 일자리가 사라졌다.2

척의 마음을 어지럽게 했던 군산 복합체에 관한 아이젠하워 대통령의 경고에 힘을 실어 주는 또 다른 추세가 나타났다. 2004년 1월 6일 영국의 일간지 《인디펜던트》는 '군수軍需가 미국 경제를 어떻게 변화시키고 있는가: 군사 케인스주의로 인해 부시가 재선에 성공한 것일 수도 있다. 하지만 군사 케인스주의는 경제학자들에게 걱정을 안겨 주기 시작했다.'는 제목의 앤드류 검벨의 글을 내보냈다. 다음은 기사의 일부를 발췌한 내용이다.

> 부시 행정부는 눈덩이처럼 불어나는 예산 적자를 정당화시키기 위해 전쟁이라는 카드를 내밀고 있다. (중략)

경제학자들은 그 결과로 변형 케인스주의가 공화당원들로부터 특히 많은 관심을 끌게 되었다고 설명한다. 부시 행정부는 의료, 교육 등 즉각적으로 일자리를 창출하는 효과를 얻을 수 있는 공공사업 분야에 자원을 투입하는 등 정부의 규모를 키우기 위해 노력을 기울이기보다 보수적이고 기업 친화적인 유권자들을 대변하는 영역에 정책을 집중시키고 있다. 여기서 보수적이고 기업 친화적인 유권자들을 대변하는 영역이란 군사 영역, 좀 더 구체적으로 얘기하자면 공화당의 중요한 자금줄 역할을 하는 군사 기업들을 뜻한다.[3]

이 기사의 후반부에는 2003년 2분기 동안 미국의 GDP가 3.3퍼센트 성장했으며 GDP 증가분 중 약 60퍼센트가량이 군사비 지출로 인한 것이었다는 내용과 함께 군사비로 지출된 금액 '대부분이 할리버튼, 벡텔 등 기타 민간 군수 업체로 돌아갔다.'는 내용이 기술되어 있다. 앤드류 검벨은 미 국방부가 '스타워즈'라는 이름의 미사일 방어 프로그램 구축을 지원하기 위해 노스럽 그루먼과 40억 달러 규모의 계약을 체결했다고 설명했다.

이 기사를 읽으면서 노스럽 그루먼, 할리버튼, 벡텔 등과 같은 기업에 의존하는 여러 산업에 대해 생각해 보게 되었다. 이 정도 규모로 투자를 하면 다양한 파생 효과가 나타난다. 뿐만 아니라 수없이 많은 하도급 업체들도 이윤을 얻고 폭리를 취할 수 있게 된다. 하지만 내가 알고 있는 바에 의하면 이들 기업들은 단지 '소모품'을 생산할 뿐이다. 이들 기업들이 생산하는 제품은 사람들이 실제로 필요로 하는 것들이 아니다. 군사 업체들이 생산하는 제품의 목적은 오직 하나뿐이다. 그건 바로 인명을 살상한 다음 재빨리 효능을 상실하는 것이다. 이런 제품들은 전쟁이나 우주 공간에서 파괴된다. 뿐만 아니라 이런 기술을 통해 얻을 수 있는 파생 효과 중 일반 대중에게 도움이 되는 것은 많지 않다.

앤드류 검벨은 이 글에서 프리드먼을 언급하는 대신 케인스의 이름을 들먹였다. 검벨은 공화당원들이 1980년 대선 이후 신봉했던 이론을 이제 더 이상 철석같이 믿지 않는다고 대중을 속이기 위해 케인스의 이름을 언급한 것일까? 혹은 프리드먼을 신봉했던 사람들이 드디어 프리드먼의 주장에 문제가 있음을 깨닫기 시작한 것일까?

군사 부문에 많은 돈을 쏟아부었음에도 불구하고 2008년부터 2009년까지 미국은 한층 깊은 불황의 수렁 속으로 빠져들었으며 제조 부문의 일자리는 나날이 줄어만 갔다. 2009년 4월 5일 미국의 공영 방송 NPR에서 방송한 「위켄드 에디션 선데이」의 대담 내용 중 일부를 소개하면 다음과 같다.

> 린다 베르트하이머(진행자): 지난 금요일, 노동부에서 암울한 소식을 발표했습니다. 지난 한 달 동안 66만 3000개의 일자리가 추가로 사라졌다더군요. 그 결과, 실업률이 8.5퍼센트로 증가했지요. 이번 불황으로 인해 공장 근로자들은 특히 어려운 시간을 보내고 있습니다. 2007년 12월에 불황이 시작된 이후 제조 부문에서 150만 개의 일자리가 사라졌습니다. NPR의 수석 비즈니스 에디터 마릴린 기왁스가 미국의 제조업 실태에 대해 말씀해 주시겠습니다. 먼저, 제조 부문 고용에 위기가 발생한 상황이라고 볼 수 있을까요?

메릴린 기왁스: 물론입니다. 놀라울 만큼 빠른 속도로 공장 근로자들의 일자리가 사라지고 있어요. 지난 십여 년 동안 미국 내에서 사라진 제조 부문 일자리 수가 약 500만 개에 달합니다. 그리고 지난 한 달 동안 무려 16만 1000개의 일자리가 사라졌어요. 가장 두려운 사실은 바로 오바마 행정부가 무기 프로그램 지출을 축소할 계획을 갖고 있어 더 많은 일자리가 사라질 거라는 거지요. 뉴잉글랜드에 밀집해 있는 여러 방위 관련 업계에서 수천 개의 일자리가 사라지게 될 겁니다.[4]

위에서 언급한 두 기사에는 미국 경제에 관한 이야기와 미국인들의 경제 상황을 바라보는 시각에 관한 이야기가 상당 부분 포함되어 있다.

1. 2000년부터 2002년까지 제조 부문 전체 일자리의 약 10퍼센트에 해당하는 190만 개가 넘는 공장 일자리가 사라졌다.
2. 부시 행정부는 이 기간 동안 이미 군수 업체에 많은 돈을 투자하기 시작했다.
3. 2007년 12월부터 2009년 5월까지 군수 업체에 수십 억 달러의 돈이 투입되었지만 150만 개의 제조 부문 일자리가 사라졌다.
4. 하지만 NPR의 수석 비즈니스 에디터는 오바마 대통령이 무기 프로그램 지출을 줄일 계획을 갖고 있는 만큼 수천 개의 일자리가 추가적으로 사라지게 될 거라고 우려했다.

이 모든 사실들이 무엇을 의미하는지 질문을 던져볼 수 있다. 이런 사실들이 아이젠하워 대통령의 예견과 어떤 관련이 있는가? 혹은 척 노블의 예측과는 어떤 관련이 있는가?

군비 지출과 관련된 데이터를 분석해 보면 위 질문에 대답을 하는 데 도움이 된다.

미 국방부는 미국의 2009 회계 연도 국방 예산이 5154억 달러라고 발표했다. 국방부는 이 금액이 '2001년에 비해 약 74퍼센트 증가'한 금액이라고 설명했다. 2009년 6월 스톡홀름 국제 평화 연구소가 발표한 연구에 의하면 미 국방부는 국방 예산을 지나치게 낮게 잡았으며(약 1000억 달러가량) 실제 미 정부가 책정한 국방 예산은 6070억 달러였다.[5] 5154억 달러든 6070억 달러든 미국을 제외한 나머지 국가들의 군비를 모두 더한 금액과 맞먹을 만큼 눈이 휘둥그레질 만한 금액인 건 마찬가지다. 하지만 이 금액은 국방 예산 중 국방부와 직접적인 관련이 있는 부분만 고려했을 뿐 이라크나 아프가니스탄에서 벌어지는 전쟁과 관련된 비용을 제한 금액인 만큼 오해의 소지가 크다.

미 국방부에서 발표한 예산 5154억 달러(올바른 금액이건 실제보다 20퍼센트 적은 금액이건)에는 군인 및 민간 직원의 급여, 훈련 비용, 의료 비용, 무기 및 설비 유지, 일일 운영, 신규 장비 구입 비용 등이 포함되어 있다.[6] 하지만 이 금액에는 무기 R&D에 지출되는 수십 억 달러의 비용, 미 에너지부에서 주관하는 핵탄두 및 핵 원자로 관련 비용, CIA, NSA, FBI, 국토 안보부 등 다른 부서에서 진행하는 방위 관련 활동 비용, 재향 군인 위원회를 비롯한 각종 위임 프로그램(주로 제대 및 보건 관련 프로그램)에 지출되는 비용, 과거에 벌인 전쟁으로 발생한 빚에 대한 이자, 이라크와 아프가니스탄에서 발생한 전쟁으로 인한 비용(대개 추경 예산을 통해 자금 조달), 기타 과거의 군사 활동으로 인해 발생하였지만 아직 지급되지 않은 비용 등은 포함되어 있지 않다.[7]

위에서 언급한 '고려되지 않은' 부류에 포함되는 모든 항목들을 공식적인 군사 예산에 포함시키면 미국의 군사 예산이 국방부에서 발표한 수치의 약 두 배에 달하는 1조 달러를 초과하게 된다.[8] 이 사례만 봐도 큰 정부, 조세, 정부 지출에 반대한다고 주장하는 정치인들이 의료, 교육, 기타 '국민'을 위한 프로그램에 투입되어야 할 엄청난 금액의 정부 예산을 어떤 식으로 군수 업체에게 퍼다 주는지 잘 알 수 있다.

미국은 전 세계 군비 지출에서 약 50퍼센트의 비중을 차지한다. 하지만 미국이 세계 GDP에서 차지하는 비중은 23퍼센트에 채 못 미친다. 세계에서 군사 예산이 가장 큰 국가들 중 12개국 이상이 미국의 동맹국이다. 미국이 군사 예산에 지출하는 금액은 이란과 북한에 비해 72배가량 많다.[9]

2009년 5월 12일, 국방 예산과 관련된 추가적인 사실이 드러났다.

> 500억 달러의 검은 예산을 요구하는 국방부
>
> 항공 전문 잡지 《에비에이션 위크》에서 발표한 기사에 의하면 미 국방성은 전례 없이 500억 달러에 이르는 은밀한 검은 예산을 책정해 줄 것을 요구했다. 이 금액은 지난해 책정된 검은 예산보다 3퍼센트 증가한 수치이다. 은밀한 작전을 수행하기 위한 미 국방부의 예산은 현재 영국, 프랑스, 혹은 일본의 전체 국방 예산보다 그 규모가 크다.[10]

이토록 어마어마한 금액의 돈을 비밀리에 할당한다는 이야기를 듣고 나면 민주주의에 관한 심각한 질문을 던져 보지 않을 수 없다. 어떻게 '국민의, 국민에 의한, 국민을 위한' 정부라고 자부하는 나라가 이처럼 엄청난 금액의 세금을 납세자들로부터 감추는 걸 정당화할 수 있을까?

1979년 척의 초청을 받아 육해군 클럽에서 저녁 식사를 하던 중 척은 "실제로 가치를 지닌 물건을 아무것도 생산하지 않는 나라에 어떤 일이 일어날 거라고 생각하나?"라고 물어 왔다.

뉴딜 정책과 더불어 미국이 대공황에서 벗어나는 데 도움을 준 제2차 세계 대전 무렵을 돌아보면 당시에는 미국 내에서 실제로 가치를 지닌 것들이 발명, 제조되었다. 전쟁을 위해 생산되었던 배와 항공기, 자동차 등 상당수가 민간 기업 혹은 개개인에게 판매되었다. 제트 엔진도 상업적으로 운영되었다. 자동차 제조업체들은 저렴한 가격에 더 나은 자동차를 만들어 내기 위해 노력했다. 농기계 산업도 마찬가지였다. 무선 통신, 진공관, 레이더, 엑스레이 등 매스 미디어와 컴퓨터 시대를 여는데 일조한 다른 기술 부문에서도 놀라울 만한 발전이 있었다. 인조 고무가 개발되면서 타이어 제조 부문뿐 아니라 거의 모든 산업에 혁신이 일어났다. 뿐만 아니라 인조 고무가 발명된 후 나일론을 비롯한 각종 신소재 발명이 뒤를 이었다. 이미 가공되어 있는 냉동 '패스트푸드'가 시장에서 날개 돋친 듯 팔려 나갔다. 페니실린은 의료 부문 전체에 변화를 가져온 최초의 '특효약'이었다. 이 모든 것들이 전쟁의 부산물로 탄생한 것이었지만 소매, 서비스, 은행, 보험, 농업, 의료 부문을 비롯해 미국 제조 부문의 성장에 커다란 도움이 되었다.

제2차 세계 대전은 창의성과 기업가 정신을 고무시켰다. 전쟁은 오랜 기간 동안 지속된 일종의 경기 부양 방법이었다. 9·11 이후 AK-47, 지대공 미사일, 클러스터 폭탄 등이 어떻게 제2차 세계 대전 이후 미국의 경제 성장을 가져온 각종 요인들과 비슷한 역할을 할 수 있었는지 우리 자신과 미국의 지도자들에게 질문을 던져 보았어야 했다. 만일 그랬더라면 지금 우리가 알고 있는 사실 즉 AK-47, 지대공 미사일, 클러스터 폭탄 등이 아무것도 되돌려 주는 것 없이 미국을 끔찍한 불황으로 이끌 거라는 사실을 예측할 수 있었을지도 모른다.

척 노블은 육해군 클럽에서 저녁 식사를 끝낸 후 의자를 뒤로 밀어 테이블에서 약간 떨어져 앉았다. 척은 한쪽 다리를 다른 다리 위로 올리더니 새하얀 식탁보에 닿기 직전까지 검은색 엔지니어 부츠를 들어 올렸다.

"내가 도대체 왜 이 신발을 신는 건지 궁금했던 적이 있는가?"

퇴역 장군 중 한 명이 대답했다.

"우리 모두는 잘 알고 있지. 자네의 못생긴 발을 감추려고 신는 거 아닌가."

테이블에 앉아 있던 사람들과 척은 다 함께 웃음을 터뜨렸다.

"맞아. 그것도 한 가지 이유지. 하지만 그뿐이 아니야."

척은 잠깐 말을 멈추더니 테이블에 앉은 사람들을 돌아보았다.

"먼 옛날 군대에 소속되어 있는 한 엔지니어가 이런 부츠를 개발했겠지. 최고의 부츠를 보유한 부대가 승리를 거머쥐었어."

척은 잠깐 동안 말을 멈추더니 다리를 아래로 내렸다.

"그 엔지니어가 새로운 산업을 만들어 낸 거지. 엔지니어가 이런 부츠를 만들어 내기 전 사람들은 조악한 샌들이나 모카신을 직접 만들어 신었어. 그러면서 점차 발전이 있었던 거지. 하지만 군대에서 실제로 모든 사람들이 필요로 하는 것을 개발해 낼 때에만 이런 원리가 적용되는 거야."

2부 | 해결책

13장 | 자본주의의 목표 수정

"퍼킨스 씨는 기업들이 꿈꾸는 가장 뛰어난 기업 환경 보호 대변인이지요."

덴버에 위치한 레지스 대학에서 발 디딜 틈 없이 청중이 들어선 강당에서 강연을 하고 있는데 강당 뒤쪽에 서 있던 한 남자가 주먹을 흔들어 대며 얘기했다. 그 남자는 많은 주목을 끌고 있었고, 자신도 그 사실을 잘 알고 있는 듯 했다.

"우리는 기업들을 없애 버리고 싶어요."

그 남자가 전하는 메시지는 전혀 생소한 것이 아니었다. '시스템이 붕괴되었다. 우리는 그 시스템을 고칠 수 없다. 자본주의에 대한 사과는 이제 더 이상 필요 없다. 자본주의를 무너뜨리고 다시 시작하자!'

수많은 청중들 뒤에 서 있는 그 남자를 바라보았다.

"질문을 하나 드려도 될까요? 연세가 어떻게 되시나요?"

오랜 침묵 후 남자가 대답했다.

"퍼킨스 씨와 동년배라고 해 두지요."

"남은 생애 동안 기업을 없애 버릴 수 있다고 생각하시나요?"

더 나은 시스템이 존재할 수도 있다는 가능성은 인정한다. 하지만 자본주의가 조만간 무너질 거라고 생각하지는 않는다. 그래야 한다고 생각하지도 않는다. 자본주의는 창의력을 갖고 있는 인재들이 생산성 있는 일을 해낼 수 있도록 장려하는 데 중요한 역할을 해 왔다.

나는 청중들에게 '내게는 6개월 된 손자가 있고 그 아이를 위해 우리가 더 나은 세상을 구현해 나갈 수 있기를 바란다.'고 얘기한다. 우리가 받아들인 변형된 돌연변이 자본주의는 점차 위험해지고 있다. 이런 사실은 지금의 자본주의를 변화시키고 새롭게 만들어 나갈 이유가 된다. 하지만 그렇다고 해서 자본주의 자체를 없애 버려야 하는 건 아니다. 새로운 형태의 자본주의를 받아들이면 좀 더 배려심 있는 목표를 세울 수 있다. 환경 및 사회적 비용과 무관하게 무조건적인 이윤 극대화를 위해 노력하기보다 지속 가능하고, 공정하고, 평화로운 세상을 만들어 나가기 위해 노력하는 과정에서 이윤을 창출할 수 있다.

자본주의라는 단어를 제대로 이해하지 못한 탓에 혼란이 생기는 경우가 많다고 생각한다. 그렇다면, 자본주의는 무엇인가?

> 자본주의란 개개인과 민간 기업이 가격과 시장으로 구성된 복잡한 네트워크를 통해 재화 및 서비스를 생산하고 교환하는 경제 시스템을 뜻한다.
>
> — 엔카르타 사전 중에서1

다른 사전에서 내리는 자본주의에 대한 정의도 마찬가지지만 자본주의에 관해 엔카르타가 내린 정의에도 자본가가 자원을 약탈하고 '외부 효과'를 회계에서 제외시켜야 한다는 내용은 포함되어 있지 않다. 뿐만 아니라, 이윤이 자본주의의 유일한 동기라는 설명도 포함되어 있지 않다. 규제를 줄여야 한다는 내용도, 개개인과 국가가 빚을 짊어져야 한다는 내용도, 정부가 물, 전기, 건강 보험 등 필수적인 서비스를 제공하지 말아야 한다는 내용도 포함되어 있지 않다. 물론 극소수의 이익을 위해 다수를 착취해도 좋다는 내용도 없다.

역사를 간략하게 살펴보기만 해도 자본주의의 탄력성을 확인할 수 있으며 지금 우리가 직면한 위기에 대응하는 데 있어 자본주의가 효과를 발휘할 수 있다는 자신감을 가질 수 있다.

현대 자본주의는 유럽의 무역 회사들이 제국을 확대하고 이윤을 남겨 팔 수 있을 만한 물건을 구매하기 위해 전 세계에 무역선을 파견했던 16~18세기의 상업주의에 그 뿌리를 두고 있다. 영국 동인도 회사, 네덜란드 동인도 회사와 같은 조직들은 특허를 확보하여 독점적인 권한을 누렸다. 이들 기업들은 군대를 양성하고, 조약 내용을 두고 협상을 벌이고, 법안에 영향을 미칠 만큼 막강한 권한을 누렸다. 통치자들은 이들 기업들을 새로운 지역을 탐험하는데 필요한 자금을 조달하기 위한 수단으로 여겼다. 막강한 권력을 지닌 유럽 무역 회사들은 국가에 대한 의무를 중요하게 여기며 '이교도'를 기독교로 개종시키고 문명에 대한 자신들의 생각을 전파하기 위해 노력했다. 기업이 벌어들인 이윤은 고귀한 목표를 달성하기 위한 자금으로 사용되었다.

하지만 산업 혁명이 발생하면서 상업주의의 근본이 위협을 받게 되었다. 18세기 중반 애덤 스미스의 주장에 힘입어 세계 각국은 전 세계가 갖고 있는 부의 규모가 일정하며 한 나라가 더 많은 부를 갖게 되면 다른 나라의 희생이 따른다는 과거의 믿음을 버리고 제조 과정을 통해 추가적으로 부를 창출할 수 있다는 믿음을 갖게 되었다. 애덤 스미스, 애덤 스미스와 같은 시대를 살았던 사람들은 산업화를 통해 이득을 극대화하는 데 도움이 되는 가장 효율적인 수단이 바로 자유 시장이라며 자유 시장의 덕목을 강조했다. 애덤 스미스는 저서 『국부론 *The Wealth of Nations*』에서 '보이지 않는 손'에 의해 자유 시장에서 적정한 양과 다양성을 지닌 재화와 서비스를 창출하게 된다고 설명했다. 하지만 스미스는 그와 동시에 부도덕한 사업가와 독점의 위험성을 경고했다. 애덤 스미스는 자신의 또 다른 저서 『도덕 감정론*Theory of Moral Sentiments*』에서 동정심이 갖고 있는 장점을 높이 평가했다. 스미스는 모든 사람의 기본적인 욕구를 충족시키는 공정한 사회가 필요로 하는 자금을 지원할 수 있는 방향으로 이윤을 사용해야 한다고 설명했다.

하지만 그건 이론에 불과했다. 실제 상황은 이론과 판이하게 달랐다. 19세기에 들어서 공장과 공장에 원자재를 공급하는 광산이 늘어나면서 노동자 착취가 시작되었다. 공장이나 광산의 소유주들이 대저택에서 안락한 삶을 누리는 동안 여성과 아이들은 열악한 작업 환경 하에서 오랜 시간 동안 지루한 일을 반복하거나 위험한 일을 처리했다. 스미스가 주장한 '보이지 않는 손'이 사라지고 다윈의 '적자생존' 법칙이 그 자리를 메웠다. 악덕 자본가들은 경쟁자를 무너뜨리기 위해 온갖 술책을 동원했지만 미국의 악덕 자본가들은 특히 자신들이 '명백한 사명manifest destiny(미국의 자연 정복과 끝없는 영토 확장을 타고난 운명으로 정당화시키는 신조)'을 수행해야 할 대리인이라는 터무니없는 생각을 곧이곧대로 받아들였다. 즉 신이 인디언, 숲, 버펄로를 비롯한 각종 동식물의 파괴, 철도와 운하 확장, 광물 채굴, 습지 파괴, 수로水路 변경, 노동력 및 천연자원 착취를 바탕으로 한 경제 발전 등을 명령했다고 믿었던 것이다. 미국과 유럽의 악덕 자본가들은 그저 신의 뜻을 따르는 것뿐이었다.

이와 같은 오남용이 이어지면서 새로운 유형의 철학자가 등장했다. 카를 마르크스와 마르크스를 추종하는 세력은 자본주의가 본질적인 결함을 갖고 있다고 주장하며 자산의 공동 소유와 국가의 생산 수단 통제를 기반으로 하는 계급 없는 사회 경제 구조를 옹호했다. 제2차 세계 대전 이후 공산국가들은 자본주의를 상대로 한 '냉전'에서 승리하기 위해 갖은 노력을 기울였고, 이념 간의 대립은 결국 로널드 레이건 등 공산주의를 반대하는 강력한 세력에게 최고의 권력을 안겨 주게 되었다. 뿐만 아니라 이념 간의 대립은 결국 소련의 몰락으로 이어졌다.

1930년대에는 사회주의 이념이 인기를 얻으면서 미국 근로자들이 노조를 결성하게 되었다. 노조는 작업 환경을 개선하고, 임금을 인상하고, 건강 보험 및 퇴직 급여를 제공하도록 공장과 광산 소유주를 압박했다. 경제 역사학자들은 이 사건이 자본주의가 변화하는 태도에 적응할 수 있는 역량을 갖고 있다는 근거라고 설명한다. 맨 처음 요구를 받을 당시 대실업가들은 노조의 요구에 반대했다. 맹렬하게 반대의 의견을 표시하는 경우도 있었다. 하지만 근로자의 수가 늘어나고 소비자로서의 역할을 하기 위한 근로자의 역량이 강화되자 경제 성장에 커다란 도움이 되었다. 사회주의 작가, 예술가, 노조 조직책이 지지하는 교리 중 일부를 받아들인 덕에 근로자뿐 아니라 소유주들까지도 많은 이득을 얻을 수 있었다.

제조 및 채굴 부문의 확장을 위해서는 엄청난 자본이 필요했다. 따라서 제조 시설 및 광산 소유주들은 점차 자본가들에게 의존하며 자본가들과의 협력을 강화해 나갔다. 20세기에는 투자 은행가, 증권회사 등 돈을 제공하는 사람 혹은 기관이 점차 강력한 통제권을 손에 쥐게 되었다. 뉴딜 정책이 시행되고 제2차 세계 대전이 지속되는 동안 기업가와 자본가들은 힘을 더해 전 세계를 공황의 늪에서 건져내고, 전쟁을 승리로 이끌었으며, 지정학적인 측면에서 미국을 타의 추종을 불허하는 강대국으로 키워 냈다.

전쟁에서 승리하자 기업가와 기업 중역들은 고무되었다. 전쟁을 치르는 동안 등장한 새로운 기술들은 과학적인 돌파구를 일상생활에 적용하여 번성할 기회를 찾아낸 새로운 세대의 상상력에 불을 지폈다. 애슈턴 교수님이 그러셨던 것처럼 대부분의 사람들은 주주들에 대한 신탁의 책임이 있다고 믿었으며 자신들이 운영하는 기업이 장기적인 성과를 내야 한다고 믿었다. 이들의 노력 덕에 실험실에서 진행된 각종 연구 활동이 텔레비전, 컴퓨터, 휴대 전화, 새로운 형태의 음식, 좀 더 효율성이 우수한 기기, 의약품 개발로 이어졌다. 동시에 지속적이고 안정적인 성장을 강조하는 풍토가 생겨났다.

하지만 자본주의의 형태가 다시 한 번 변화했다. 월 가를 장악했던 개개인이 서서히 기업 정치 내에서 실업가들이 지켜 왔던 자리를 차지하게 되었다. 뿐만 아니라 이들은 기업의 목적은 한마디로 이윤을 창출하는 것이라는 신념을 갖고 있었다. 기술 산업 및 정보 산업이 등장함에 따라 돈이 없으면 제아무리 천재라 한들 아무것도 이루어 낼 수 없는 세상이 도래했다. 애플, AOL, 아마존, 구글과 같은 기업들은 인재와 막강한 자금력을 두루 활용했다. 합병, 인수, 매수 등이 표준이 되어 버렸다. (이 표준을 조정하는 건 언제나 월 가였다.) 한때 경제를 움직이는 주요 요인으로 여겨졌던 생산 제품은 그 자리를 금융 상품(서류상 거래)에게 내주었다. 오직 돈만을 중요하게 여기는 경영진이 운영하는 대기업의 등장으로 신탁의 책임을 중요하게 여기는 CEO가 수십 년 동안 경영해 온 기업들이 설 자리를 잃게 되었다.

자본주의는 처음 생겨난 이후 여러 형태로 진화했다. 자본주의는 마치 카멜레온처럼 환경 변화에 적응해 왔다. 하지만 지금의 월 가 모델은 너무나도 특이하다. 1980년에 치러진 대선에서 레이건이 카터를 누르고 당선된 이후 지금의 월 가 모델이 득세하게 되었다. 400년이 넘는 자본주의 역사상 처음으로 자본주의의 목표가 오직 이윤의 극대화라고 여겨지게 되었다. 경영진의 행동에 제약을 가하기 위한 모든 노력은 진보에 대한 공격으로 받아들여졌다.

레지스 대학 강당 뒤쪽에 서 있었던 남자와 같은 사람들이 자본주의가 망가졌다며 기업 자체를 없애 버려야 한다고 규탄하는 모습을 볼 때마다 그 사람들이 편협한 시각으로 자본주의를 바라보고 있다는 생각이 든다. 완전히 새로운 시스템을 요구하는 목소리가 들려올 때마다 소련과 북한의 처절한 실패가 떠오른다.

우리가 갖고 있는 문제를 해결하기 위해서는 이 시스템 자체를 버릴 것이 아니라 망가진 시스템을 고쳐야 한다. 수백 년 동안 자본주의는 시대의 요구에 성공적으로 부응해 왔다. 자본주의 덕에 황량한 땅이 생산성 있는 비옥한 토지로 바뀌었고, 전염병이 사라졌으며, 사람들이 달에 첫발을 내디딜 수 있었으며 과학, 기술, 의학, 공학, 예술 부문에서 셀 수 없이 많은 혁신이 이루어졌다. 이제 자본주의의 목표를 다시 정의해야 할 때가 되었다. '얼마나 많은 사회적, 환경적 비용이 발생하든 이윤을 극대화'하는 것을 목표로 하기보다 '지속 가능하고, 공정하고, 평화로운 세상을 만들어 나가는 과정에서 이윤을 창출'하는 것을 새로운 목표로 삼아야 한다.

이미 조정이 시작되었다. 기업 이사회실에서는 십여 년 전부터 '기업의 사회적 책임'을 하나의 표어로 사용하고 있을 정도다. 요즘은 규모가 큰 모든 기업들은 최소한 표면적으로라도 금융 성과뿐 아니라 사회, 환경 목표까지 모두 중요시하는 지속 가능 경영을 추구한다고 주장한다. 뿐만 아니라 많은 기업들이 지속 가능 경영을 기업 문화의 일부로 만들기 위해 적극적인 노력을 기울이고 있다. 새로운 물결이 전 세계 재계를 휩쓸고 있는 것이다.

중국은 살아 움직이는 사례와도 같다. 중국이라는 나라 전체가 하나의 실험실이다. 마오쩌둥은 레지스 대학 강당 뒤편에 서 있던 남자가 제안했던 바로 그 일, 즉 자본주의 폐지를 위해 노력했다. 하지만 마오의 노력은 실패로 돌아가고 말았다. 마오가 물러난 후 중국은 자본주의를 받아들였다. 마오쩌둥의 뒤를 이은 덩샤오핑은 중국이 받아들인 자본주의를 '사회주의적인 특성을 갖고 있는 시장 경제'라 칭했다. 중국의 자본주의는 놀라운 성공으로 이어졌다. 지금의 중국은 어떤 일을 하지 말아야 할지 경고를 주는 동시에 자본주의를 수정하기 위한 방법에 관한 심오한 통찰력을 제공해 준다. 이 책을 집필하던 중 상하이에 머무르며 함께 어울리곤 했던 MBA 학생들만큼 이런 사실을 잘 이해하고 있는 사람은 없을 것이다.

14장 | 변화에 관한 교훈을 안겨 주는 중국

경제 저격수로 활동했던 1970년대에 홍콩 외곽에 위치한 신계지 언덕에 올라서서 입국이 허용되지 않는 신비로운 나라 중국을 뚫어져라 바라보곤 했었다. 쿠바, 북베트남, 북한과 함께 중국은 미국 시민들에게 출입이 허용되지 않는 국가였다. 중국이라는 나라는 비밀의 장벽 뒤에 감추어져 있었다. 당시 거의 모든 사람들이 마오쩌둥의 문화 대혁명으로 인해 중국이라는 나라 전체가 엄청난 혼란에 빠져 있다는 사실을 잘 알고 있었다.

2009년 6월, 마침내 중국을 방문할 기회를 얻게 되었다. 비행기가 상하이에 착륙할 무렵, 차창 너머로 수십 개국에서 날아온 수많은 제트 여객기를 바라보며 내가 경제 저격수로 활동했을 때부터 발생한 모든 변화에 대해 생각해 보았다. 중국 경제는 삼십여 년 동안 10퍼센트를 육박하는 전례 없이 높은 경제 성장률을 자랑했다. 2009년을 기준으로 중국은 놀랍게도 미국에 이어 구매력 평가 기준 세계 2위를 차지하고 있으며, 미국과 일본에 이어 명목상 GDP 규모에서 세계 3위를 차지할 정도로 엄청난 경제 규모를 자랑하고 있다. 이런 통계 수치를 알고 있었지만 통계 수치 뒤에 숨어 있는 진실은 전혀 예상치 못했다.

상하이 공항으로 들어가는 동안 마치 비행기에서 내려 유리와 강철로 만들어진 우주선 안으로 걸어 들어가는 듯한 기분이 들었다. 상하이 공항은 그야말로 광활한 별천지 같았다. 공항의 엄청난 규모와 웅장한 분위기에 압도되어 한동안 걸음을 멈춘 채 주변을 둘러보았다.

태어나서 처음으로 아시아에 발을 내디뎠을 무렵이 생각났다. 내가 제일 처음 아시아 국가를 방문한 때는 닉슨이 중국의 '문호를 개방'시키기 전이었던 1971년이었다. 당시 나는 경제 저격수의 자격으로 인도네시아를 방문했었다. 그 무렵 미국은 베트남에서 패전의 기색을 보이고 있었고 클로딘이 강조한 것처럼 나머지 아시아 국가들이 도미노가 쓰러지듯이 공산주의의 손아귀에 넘어갈까 두려움에 떨고 있었다. 1971년 첫 방문 이후 십여 차례 인도네시아를 드나들며 인프라 프로젝트를 추진하기 위한 거액의 자금을 빌리도록 인도네시아 정부를 압박하기 위해 여러 개의 보고서를 작성했다. 인도네시아의 경제 성장률에 관한 나의 예상치는 모두 지어낸 것이었다. 인도네시아의 지도자들이 (결국 인도네시아를 파산으로 몰고 갈) 부채를 떠안는다면 인프라에 대한 투자가 놀라울 만한 경제 성장이라는 결과로 이어질 거라고 인도네시아 국민들을 설득할 수 있도록 조작한 수치였을 뿐이다. 우리 모두는 그 모든 것이 사기일 뿐이라는 사실을 잘 알고 있었다. 궁극적인 목적은 인도네시아에 엄청난 금액의 부채를 떠안겨 인도네시아가 중국의 꼬임에 넘어가지 않도록 미연에 방지하고 미국의 세력권 내에 머물도록 만드는 것이었다. 당시 여러 해 동안 계속해서 두 자리 수의 경제 성장률을 유지할 수 있는 나라가 있을 거라고 생각하는 사람은 아무도 없었다. 뿐만 아니라 모두가 십 년 동안 두 자리 수의 경제 성장률을 구가하는 것은 불가능하다고 생각했다.

하지만 그 이후 중국은 모두가 불가능하다고 생각하는 것을 이루어 냈다. 그 후, 중국은 또다시 불가능을 가능케 했고, 또 한 번의 기적을 만들어 냈다. 중국 경제는 약 열 배가량 성장했다. 삼십 년이라는 시간 동안 지구상에서 가장 인구가 많은 중국이라는 나라는 빈곤에서 벗어나 인간의 의지(그리고 자본주의)가 어떤 것을 이루어 낼 수 있는지를 분명하게 보여 주는 상징적인 존재로 떠올랐다.

출입국 관리소를 벗어나니 한 남자가 내 이름이 적힌 종이를 들고 나를 기다리고 있었다. 건장한 경호원처럼 보이는 사람이 기다리고 있을 거라 생각했었는데 눈앞에 서 있는 사람은 상상과는 정반대였다. 정부 요원이라기보다 책벌레나 컴퓨터만 아는 괴짜처럼 보이는 덩치가 작고 수줍음이 많은 사람이었다. 남자는 우주를 비행하는 우주선처럼 보이는 공항 호텔을 지나 밖으로 걸어 나간 다음 차로 안내했다. 공항 앞에 대기 중인 차량은 뷰익이었다. 중국 시장을 겨냥해 제작된 모델이었다. 그런 다음 우리가 탄 뷰익은 로레알, 에이비스, 리코, 도요타 등 세계적인 기업의 광고판과 나무들이 늘어서 있는 10차선 고속 도로를 따라 달렸다.

미국인들은 중국이 갖고 있는 문제에 온 신경을 집중시키기로 작정을 한 것처럼 보인다. 예를 들어 미국인들은 최근 중국의 온실가스 배출량이 미국의 온실가스 배출 수준을 넘어섰다고 끊임없이 지적하고 있다. (일인당 배출량을 따져봤을 때 미국이 중국보다 무려 다섯 배나 많은 온실가스를 배출하고 있다는 사실을 깡그리 무시한 채 말이다.) 현대화된 푸동 지구에 위치한 호텔로 이동하는 동안 스모그로 추정되는 엷은 안개가 나지막이 깔려 있는 모습을 보았다. 하지만 스모그가 주는 느낌과는 사뭇 다른 광경을 보고 놀라움을 금할 수 없었다. 길가에 나무가 너무도 많았던 것이다. 도로 곳곳에서 수십 종에 달하는 다양한 나무가 자라고 있었다. 키 큰 나무, 작은 나무, 낙엽수, 침엽수, 빨간색, 분홍색, 하얀색, 노란색 등 화사한 색상의 꽃잎이 달려 있는 나무 등 다양한 수목이 고속 도로를 빠져나가는 차량과 고속 도로에 진입하는 차량을 분리하는 넓은 중앙 분리대 지역을 가득 메우고 있었다. 뿐만 아니라 고속 도로 양쪽 가득 늘어서 있는 나무의 끝이 보이지 않을 정도였다. 키 큰 나무들이 전체 수목 중 상당수를 차지했고 현지 환경에 잘 맞는 나무를 골라 심어서 그런 건지 관리를 잘 해서 그런 건지 나무들은 하나같이 건강해 보였다. 인공적으로 심어 놓은 상하이의 나무들을 보고 있노라니 베르사유의 형식주의 정원이 떠올랐다. 끝없이 늘어선 나무들은 쾌적한 환경을 조성하는 역할과 더불어 대기 중의 이산화탄소를 제거하는 역할도 담당했다. 고속 도로 주위의 나무들을 통해 중국이 환경 정화에 얼마나 심혈을 기울이고 있는지 깨달을 수 있었다. 중국인 운전사와 이 문제에 대해 얘기를 나눠 보려 했지만 공항에서 처음 마주했을 때 내뱉었던 몇 마디가 할 줄 아는 영어의 전부인 듯했다. 기회가 있을 때 다른 사람에게 물어

보려고 내 생각을 노트에 적어 두었다.

중국 유럽 국제 공상 학원(CEIBS, China Europe International Business School)에서 MBA 과정을 이수하고 있는 맨디 장은 "그렇다."고 답했다. 당시 나는 국제적 책임 회의에서 연설을 해 달라는 CEIBS의 초청을 받고 상하이를 방문하고 있었다. 상하이 도착 첫날, 맨디는 호텔 근처 레스토랑에서 저녁 식사를 대접해 주었다.

"우리 중국인들은 경제 발전으로 인해 발생한 대기 오염에 대해 매우 잘 알고 있습니다. 젊은 사람들은 특히 상황을 개선시키기 위해 노력을 하고 있습니다. 나무는 대기 오염을 완화시키기 위한 우리 계획 중 아주 작은 부분에 불과합니다."

레스토랑에서 대화를 나누던 중 중국이 경험한 경이로운 경제 성장에 대한 설명을 부탁했다.

"저도 그 부분이 매우 어리둥절하게 느껴져요. 제가 말씀드릴 수 있는 거라곤 우리 중국인들이 매우 열심히 일한다는 것뿐입니다. 그리고 중국인들은 열심히 일을 해야 한다는 동기를 갖고 있어요."

말을 하던 중 맨디는 환한 웃음을 지어 보였다.

"요즘은 매우 신나는 시대죠. 제가 알고 있는 제 또래 친구들은 모두 미래를 향해 앞으로 나아가고 싶어 합니다. 이번 회의의 제목이 말해 주는 것처럼 우리는 국제적으로 책임을 질 필요가 있습니다."

다음 날 아침 커피를 마시던 중 같은 학교의 제스 장이라는 학생이 말을 이었다.

"중국은 오랜 기간 동안 무역과 사업을 해 온 나라입니다. 우리는 너무 오랜 기간 동안 하락세를 겪어 왔어요. 그러다가 1980년대에 다시 정상 궤도로 돌아가야 한다는 결정이 내려졌어요. 중국인들은 풍부한 자원과 더불어 그동안 무역과 사업에서 쌓아 온 경험을 잘 활용할 수 있었어요."

"서양은 길고 긴 세월 동안 발전을 했어요. 그 기간 동안 수많은 실험을 했고요."

제스 옆에 앉아 있던 국제적 책임 회의의 학생 책임자 조셉 유가 거들었다.

"중국은 이미 서양 국가들이 저질렀던 수많은 실수를 건너뛸 수 있었습니다. 산업 혁명을 거칠 필요가 없었지요. 중국은 바로 현대로 뛰어들 수 있었습니다."

CEIBS에서 MBA과정을 이수하고 있는 학생 중 대다수가 중국인이었지만 미국, 유럽, 남미, 아시아 각국에서 건너온 학생들이 차지하는 비중도 약 40퍼센트에 달했다. 2009년 《파이낸셜 타임스》는 와튼, 하버드, 콜롬비아, 스탠포드 등과 함께 CEIBS를 세계에서 가장 우수한 10대 MBA 프로그램 중 하나로 선정했다. 국제적 책임 회의 참가자의 면면은 한층 더 다양했다. 공산당 당원, 공산주의가 전체주의적인 북한식 모델을 전 세계에 확산시키기 위한 사악한 세력이라는 교육을 받고 자란 타이완 출신도 회의에 참여했다. 대화를 나누어 보았던 모든 회의 참가자들은 대학 졸업 후 MBA 과정에 등록하기 전 기업에서 직접 일을 해 본 적이 있다고 얘기했다. 많은 참가자들이 민간 기업 및 다국적 기업에서 근무를 했다고 답했지만, 중국 경제 부활의 근간이 되었던 국유 기업에서 근무한 경력이 있는 참가자들도 있었다.

미국에서 대화를 나누었던 수많은 MBA 학생들이 그랬던 것처럼 중국의 MBA 학생들도 더 나은 세상을 만드는 데 기여하고자 하는 마음을 갖고 있었다. 여러 차례 함께 대화를 나누었던 조셉 유도 같은 생각을 갖고 있었다.

"서양에서 교육을 받은 많은 중국 학생들이 아시아로 돌아오고 있어요. 우리는 서양과 동양을 잇는 교각과 같은 역할을 할 수 있습니다. 서로 간의 오해와 잘못된 생각을 풀어낼 수 있도록 돕는 거지요. 세계가 점점 작아지고 있고 국가 간 국경이 점차 희미해지고 있어요. 요즘 같은 때, 서양과 동양의 문화를 모두 이해하는 저희 같은 사람들은 특별한 역할을 할 수 있어요. 우리는 우리가 살아가는 지구와 평화에 도움이 되는 특별한 도구를 개발해 왔습니다."

회의는 이틀 동안 계속되었다. 회의가 끝난 후, 학생들의 도움을 받아 상하이를 구경했다.

정말 놀라운 경험이었다. 중국에 경제 기적이 찾아왔다는 사실을 이미 알고 있었지만 직접 눈으로 본 중국의 모습은 상상 이상이었다. 해가 내려앉은 후 상하이의 해상 운송에 중요한 역할을 하며 도시 전체를 동쪽과 서쪽, 과거와 미래로 양분하는 황푸 강을 오가는 유람선을 타 보았다. 유람선 관광은 무엇보다 강렬한 인상을 남겼다. 상하이의 동쪽을 상징하는 대표적인 지구는 와이탄이다. 20세기 초반 아시아에서 가장 유명한 거리였던 와이탄은 1842년 아편 전쟁이 끝난 후 상하이에 진출한 외국인들이 은행, 거래소, 정부 건물을 지을 장소로 선택한 곳이기도 했다. 오늘날 와이탄은 유럽의 고전 건축 양식, 후기 르네상스 시대의 건축 양식, 고딕 건축 양식, 아르 데코 건축 양식 등을 고스란히 보여 주는 건축 박물관과 같다. 황푸 강 서쪽에는 진주를 상징하는 거대한 구체로 장식된 동방명주, 아름다운 진마오 타워, 중국에서 가장 높은 상하이 국제 금융 센터 등 세계에서 높고 화려하기로 몇 손가락 안에 드는 고층 건물들이 즐비하다. 밤이 되면 서로 상반되는 강 양쪽의 풍경이 한층 더 두드러진다. 강 서쪽에 위치한 세관 건물 한 켠에 걸려 있는 대형 시계가 은은한 조명을 받고 있는 모습은 브로드웨이가 무색할 만큼 화려한 불빛의 향연이 펼쳐지는 강 동쪽의 모습과 강렬하게 대비되었다.

갑판에 서서 덩샤오핑이 설명한 '사회주의적인 특성을 갖고 있는 시장 경제'의 모습을 마음속에 떠올렸다. 학생들과의 대화를 통해 마오는 더 이상 존경받지 못하는 인물이 되어 버린 반면 덩샤오핑은 현대 중국의 아버지로 숭배되고 있다는 사실을 깨달았다. 1980년대 초 덩샤오핑은 상하이가 중국을 세상 그 누구도 지금껏 전혀 본 적이 없는 경제 부흥의 길로 이끌게 될 거라고 선언했다. 덩샤오핑의 선언은 주효했다. 뿐만 아니라 덩샤오핑은 '부자가 되는 것은 영예로운 것'이라고 선언했다.

"덩샤오핑을 포함해 중국 사람들은 여전히 위계질서에 있어서 유교 사상의 영향을 받고 있어요."

덩샤오핑의 말이 밀턴 프리드먼의 철학과 일맥상통한다는 점을 지적하자 맨디가 입을 열었다. 한 줄기 시원한 강바람이 불어왔다. 유조선 한 척이 밝은 불빛을 뚫고 지나 어두운 그림자를 남기며 바다로 향했다.

"우리는 중국에서 자라면서 가족을 먹여 살리는 것이 가장 중요한 일이라고 배웠어요. 우리 가족은 곧 지역 사회고 곧 국가죠. 덩샤오핑의 말은 이런 맥락에서 이해해야 해요."

의미심장한 이야기였다. 개개인보다 전체를 중요하게 여기는 문화에서 이윤을 창출하는 것이 기업의 목적이라고 가르치거나 부유해지는 것이 영예로운 일이라고 가르칠 경우, 개인주의를 강조하는 문화에서 이런 가르침을 전파할 때와 자본주의에 대한 해석이 전혀 달라질 수밖에 없다. 개인주의가 판을 치는 문화에서는 규제가 가해질 때에만 대중의 이익을 생각하게 되겠지만 개인보다 전체를 중요하게 여기는 문화에서는 개개인이 전체를 중요하게 여기는 윤리관을 갖고 있기 때문에 자연적으로 대중의 이익을 중요시하게 된다.

환경에 대한 질문을 던질 때마다 중국 학생들은 환경 정화가 우선시되어야 한다는 데 동의했다. 뿐만 아니라 모든 학생들이 환경 문제가 해결될 거라고 얘기했다. 한동안 경제 성장이 가장 중요한 목표로 여겨졌다. 하지만 지금은 빠른 경제 발전이 야기한 문제를 해결해야 하는 시대가 되었다. 총 엿새 일정으로 상하이에 머무르는 동안, 중국 정부는 환경을 오염시키는 기업에 세금을 부과하고, 전국 각지에 충전 시설을 보급하여 전기 자동차를 개발하는 기업을 지원하는 한편 전기 자동차를 구매하는 소비자에게 약 4000달러의 보조금을 지급하겠다고 발표했다. 제스는 "중국 정부는 어떤 일을 하겠다고 하면, 그 일을 반드시 해낸다."고 얘기했다.

최근 전 세계의 시장이 무너지면서 중국의 경제 성장률도 하락세를 면치 못했고 2009년 1분기 중국은 연평균 6퍼센트의 성장률을 기록했다.[1] (같은 기간 동안 미국은 마이너스 6퍼센트의 경제 성장률을 기록했다.) 신문 기사와 CEIBS 학생들과 나눈 대화를 바탕으로 판단해 볼 때, 중국인들은 세계 시장에서 어떤 일이 일어나든 중국이 조만간 정상 성장 수준을 회복할 거라는 자신감을 갖고 있는 듯하다. 잠재 소비자의 수가 13억이 넘는 중국의 내수 시장이 거의 활용되지 않은 채 그대로 남아 있다는 이야기를 여러 번 들었다. 뿐만 아니라 많은 중국인들이 태양 에너지, 풍력, 전기 자동차, 기타 친환경 상품 부문에서 세상을 선도할 수 있는 잠재력을 갖고 있다며 흥분을 나타내기까지 했다.

상하이에 머무르는 동안 CEIBS의 롤프 크레머 학장과 크레머 학장의 아내 하이디에게 저녁 식사 초대를 받았다. 크레머 부부는 남들보다 이십여 년이나 앞서 독일에서 중국으로 건너온 덕에 그 어떤 외국인과 비교해도 뒤지지 않을 만큼 중국에 대해 잘 알고 있었다. 중국이 세계적인 경제 위기에 어떻게 대응할 것으로 보이냐고 물어보자 하이디가 대답했다.

"긍정적으로 바라보고 있어요. 유럽, 미국 등 세계 많은 나라에서 사람들은 불평을 하고, 다른 사람을 비난하기만 할 뿐 정작 상황을 개선시키기 위한 노력은 그다지 기울이지 않고 있어요. 변화를 추구하지 않아도 될 만한 이유를 찾고 있는 거지요. 하지만 여기 중국의 상황은 정반대랍니다. 중국인들은 스스로에게 변화해야 할 이유를 일러 주고 행동을 취하지요. 그러니 노력의 효과가 나타나는 것이고요."

자본주의가 중국을 변화시켰다는 데에는 이견이 없다. 전 세계 인구의 약 6분의 1을 차지하는 중국인들이 삼십 년 만에 지금과 같은 변화를 이루어 냈다는 사실은 우리 모두에게 희망을 안겨 준다. 중국은 오랜 기간 동안 서로 충돌하곤 했던 수없이 다양한 문화가 공존하는 곳이다. 중국은 우리 인간이 공통된 목표를 달성하기 위해 서로 협력할 수 있는 역량을 갖고 있다는 사실을 잘 보여 준다.

중국을 두려워하거나 중국으로 인한 대기 오염을 비난하기보다 중국이 보여 준 놀라운 선례를 적극 활용하고 더 나은 방향으로 나아갈 수 있도록 중국을 격려할 수 있다. 이런 태도를 취하면 중국이 더 많은 부채와 규제 완화로 이루어진 모델을 받아들이지 않았을 뿐 아니라 세계은행의 융자 조건 및 구조 조정 프로그램을 받아들인 수많은 개도국과 같은 길을 걷지 않은 덕에 성공할 수 있었다는 사실을 우리 스스로 되새길 수 있게 될 것이다.

최상부에서 정책을 결정하는 중앙 집중화된 의사 결정 형태를 따르는 중국식 정부와 좀 더 민주적인 미국식 정부 중 어떤 쪽을 선호하냐는 질문을 여러 차례 받아 왔다. 이 질문을 받을 때마다 복잡한 본질을 고려했을 때 미국 모델 하에서는 이 세계가 직면하고 있는 기하급수적인 변화를 따라갈 만큼 빠른 속도로 결정을 내리지 못할 수도 있는 반면 중국 모델은 생태학적인 재앙에 직면할 위기로부터 이 세상을 구원할 수 있을지도 모른다는 가능성을 제시한다는 생각이 들었다.

처음에는 화가 났다. 마치 민주주의를 옹호해 온 나 같은 사람에게 던지는 경솔한 질문처럼 느껴졌기 때문이다. 하지만 이 질문에 대해 곰곰이 생각할수록 질문에 담겨 있는 진정한 의미를 이해하게 되었다. 호텔 방문 밖에 걸려 있는 신문을 집어 들고 오바마 대통령이 현 상태에 변화를 주기 위해 노력을 할 때 부딪히는 또 다른 저항의 벽을 실감할 때마다 이 질문에 담겨 있는 의미를 한층 더 제대로 이해할 수 있게 되었다. 신문 기사를 읽으면서 미국에서 민주주의가 침해당한 사례를 꾸준히 접할 수 있었다. 오늘날 우리 사회가 채택하고 있는 의사 결정 과정은 내가 경영 대학원에서 공부한 것과는 판이하게 다르다. 저울의 균형점은 이미 사람에서 기업으로 이동해 갔다. 미국 내에서 변화에 반대하는 세력은 주로 CEO, CEO를 위해 로비를 하는 사람들, CEO들에게 신세를 지고 있는 정치인들이다. 미국 국민들은 2008년 변화를 약속하는 대통령을 선출하고서 지금은 가만히 앉아 텔레비전을 바라보며 정부가 모든 위기를 해결하기를 기대하고 있다. 하지만 미국 정부는 아직까지도 기업 정치 세력의 비위를 맞추기 위해 노력하고 있다.

이 질문에 대한 나의 대답은 한 치의 의심도 없이 민주주의를 선호한다는 것이다. 하지만 현재의 미국 정부가 민주주의의 정의를 충족시키지 못하는 것 같아 염려가 된다. 민주주의는 유권자들이 충분한 정보를 갖고 있다는 가정을 바탕으로 한다. 유권자의 대부분이 미국의 외교 정책에 관한 가장 기본적인 내용(경제 저격수와 자칼의 행동, 대량 살상 무기에 대한 거짓말, 아무런 혐의가 없는 죄수를 구금하는 행위 등)조차도 모르는 상황에서 유권자들이 충분한 정보를 갖고 있다고 주장하기는 어렵다.

내가 지금의 중국 정부가 대다수 중국인들의 요구를 충족시켜 주고 있는지, 그렇지 못한지 말할 수 있을 만한 위치에 서 있는 건 아니다. 하지만 미국인들이 우리의 가장 기본적인 권리 중 상당수를 기업에 양보하고 있다는 사실은 자신 있게 말할 수 있다. 뿐만 아니라 기업은 일반 대중에게 가장 큰 이익을 안겨 주기 위해 노력하지 않는다.

미국 기업들은 국민들이 투표한 변화에 대한 저항의 벽을 만들어 왔으며 미국인들은 그들을 저지하기 위해 별다른 노력을 기울이지 않았다.

민주주의가 우리를 실망시키고 있는 것이 아니라 우리가 민주주의를 실망시키고 있다. 우리는 기업이 민주적인 과정을 좌지우지하도록 내버려 두었다. 지금 우리가 겪고 있는 자본주의를 받아들이는 과정에서 우리는 '국민의, 국민에 의한, 국민을 위한' 정부를 선택해 놓고서 그 정부를 기업 정치의 손아귀에 넘겨 버렸다. 문제를 해결하기 위해 우리의 통치 체제를 변화시켜야 하는 건 아니다. 그저 지금까지와는 다른 방식으로 경제에 접근하며 수정해 나가는 과정을 거치면 된다.

자본주의는 길고 강렬한 역사를 갖고 있다. 또한 자본주의의 형태는 다양하다. 미국인들은 변종 자본주의에 감염되었다. 미국인들은 변종 자본주의에 감염된 탓에 열병을 앓고 있으며 이제야 회복을 위한 노력에 마음을 쓰고 있다. 모든 바이러스가 그러하듯이 기업 정치도 반격하고 있다. 이미 놀라울 만큼 여러 번 성공을 거두어 왔다는 사실을 근거로 자신감을 가져 볼 수도 있다. 15장에서 자세히 설명하겠지만 미국인들은 미국 정부, 가장 거대하고 가장 비협조적인 기업들이 일을 해결하는 방식을 바꾸어 나가도록 압력을 행사해 왔다. 과거의 성공으로 미루어 보건대 우리에게는 기업 정치를 억제하고 민주주의를 되찾을 수 있는 방법이 있다.

15장 | 다윗과 골리앗

에이브러햄 링컨이 대통령에 당선되었기 때문에 노예 제도가 폐지된 것이 아니다. 노예 제도가 폐지된 건 미국 국민이 노예 제도에 반대하는 인물을 대통령으로 선출했기 때문이다.

우드로 윌슨 대통령이 여성에게 투표권을 주어야 한다고 주장했기 때문에 여성들이 투표권을 갖게 된 것이 아니다. 여성들은 오랫동안 참정권을 얻기 위해 투쟁을 했었고, 윌슨이 대통령에 당선된 후 여성들은 여성의 참정권을 인정하도록 압박을 가하기 위해 대대적인 시위를 벌였다. 미국 여성들은 윌슨이 연설을 할 때마다 미국 인구 절반이 선거에 참여하지 못하는 판국인데 미국인들이 제1차 세계 대전에 참전하여 유럽의 민주주의를 위해 목숨을 바쳐야 하는 까닭이 무엇이냐는 내용을 담은 현수막을 흔들어 댔다.

리처드 닉슨 대통령이 평화주의자였기 때문에 베트남 전이 끝이 난 것이 아니다. 닉슨 대통령은 미국 전역에서 미국 시민들이 헛되어 보이는 전쟁을 끝낼 것을 요구했기 때문에 군대를 철수시킨 것이다.

변화는 항상 우리 국민들에게서 비롯되었다.

1773년 보스턴 항구에서 차를 바다로 던져 버린 애국자들. 1830년대에 노예제에 반대하는 모임을 결성하고 1840년대에 아동의 노동력 착취를 반대하는 운동을 시작한 시민들. 1869년 수잔 B. 앤서니, 엘리자베스 케디 스탠턴이 결성한 전미 여성 선거권 협회. 마틴 루서 킹 주니어와 시저 차베스 뒤에 서서 함께 가두 행진을 벌인 사람들. 존 바에즈, 피트 시거와 함께 활동한 사람들이 변화의 주역이다.

위에서 언급한 여러 운동은 미국의 독립 전쟁을 포함한 긴 역사의 일부분이다. 우리는 이따금씩 미국의 독립 운동이 영국 국왕이 강요한 기업의 잘못된 행동에 대한 저항이었다는 사실을 잊어버리곤 한다. 독립 쟁취 후 새롭게 수립된 정부는 항만 확장, 교량 건설, 시장에서 필요로 하는 제품 수입 등을 통해 공익에 기여하는 기업에게만 사업 인가를 내주었다. 뿐만 아니라 기업의 활동 기간을 적게는 십 년, 혹은 각 기업이 맡고 있는 임무가 완수될 때까지로 제한했으며, 다른 기업을 인수하는 행위는 허용하지 않았다.

이런 규정은 약 100여 년 동안 지속되었다. 하지만 존 D. 록펠러, 록펠러와 같은 부류의 일부 사업가들이 부유한 투자자들에게 도움이 되는 소위 '권능 부여 법률'이라는 것을 제정하면 주 정부가 거둬들이는 세수 및 정치인들에게 돌아오는 리베이트가 늘어난다고 뉴저지와 델라웨어 주 정부를 설득하면서 상황이 변했다. 다른 주도 곧 뉴저지와 델라웨어가 택한 방법을 따랐다. 제2차 세계 대전 이후, 국제 통화 기금과 세계은행의 관료들이 세계 각국에 민영화, 규제 완화를 추진하는 동시에 더 많은 돈을 빌릴 것을 강요하면서 공익을 외면한 정책이 세계적인 추세로 자리를 잡아 갔다. 대기업들은 한때 서로 경쟁을 했던 다른 기업을 사들였고, 세계 곳곳에서 독점적인 영향력을 행사했다.

우리는 오랜 기간 동안 독재 세력의 지배를 받다가 다시 우리의 삶에 대한 통제권을 쥘 수 있게 되었다. 1970년 무렵부터는 전 세계가 과거 존 D. 록펠러가 권력을 쥐고 흔들었던 시대와 유사한 악덕 자본가의 시대로 되돌아갔다. 미국 전역, 세계 여러 국가에서 대중으로부터 권력을 빼앗기 위한 움직임이 나타났다. 이번에는 대중이 빼앗긴 권력이 기업 정치의 손아귀로 넘어갔다.

2009년 식민 정부와 독재 정부의 통치로 여러 차례 어려움을 겪었던 도시 상하이에 며칠간 머무르면서 그 시대의 정취를 느낄 수 있었다. 어느 날 오후, 1500년대 명나라 때 만들어진 전통적인 중국 정원 예원에 앉아 시간을 보냈다. 2000여 톤의 희귀한 돌을 모아 쌀로 만든 접착제로 이어 붙인 산 모양의 조각 대가산大假山을 자세히 살펴보았다. 높이가 약 50피트에 이르는 이 바위산은 한때 상하이에서 가장 높은 축조물이었다. 도시의 분주한 분위기에서 벗어나 대가산에 조각된 봉우리, 산등성이, 산골짜기, 동굴에 흠뻑 매료되어 희열을 맛보았다. 갑자기 한 꼬마가 플라스틱 칼을 휘두르며 쏜살같이 내 앞을 지나갔다. 순식간에 기분이 변했다. 노예로 잡아 온 일꾼들에게 수많은 돌을 상하이로 끌고 와 황제를 위한 상상의 세계를 조각해 내도록 강요하는 군사들의 모습이 떠올랐다.

나도 한때는 노예 상인이었다. 경제 저격수가 된 후 첫 번째로 맡은 임무는 한 나라 전체를 노예로 만드는 것이었다. 당시 나는 인도네시아를 찾아가 해외 대출을 받아들이도록 관료들을 설득했다. 그 결과 미국의 토목업체들은 프로젝트를 맡아 짭짤한 수익을 올리기 위한 계약을 체결할 수 있었다. 미국의 석유 회사들은 환경이나 지역사회에 어떤 해가 가해지든 지질학자가 석유가 매장되어 있을 가능성이 있는 것으로 지목하는 땅에 구멍을 낼 수 있는 권리를 얻었다. 인도네시아 정부가 받아들인 부채로 인해 인도네시아는 사실상 미국의 식민지로 전락하였으며 미국의 의류, 신발 제조업체 등이 자국 내에서 영업을 할 수 있도록 허용한 탓에 인도네시아 근로자들은 열악한 공장에서 일하는 현대판 노예가 되어 버렸다. 인도네시아에서 첫 임무를 성공리에 완수한 후 중동, 아프리카, 남미 등지에서도 같은 일을 반복했다. 미국 국민들은 우리가 다른 나라의 빈곤 근절에 도움을 주고 있다고 철석같이 믿었다.

제3세계에서 이 방법이 너무도 잘 먹혀들어 가자 미국 본토에까지 이 방법을 끌어오게 되었다. 기업 정치가 마침내 자국 국민들에게도 식민지 정책을 접목했던 것이다. 부채, 민영화, 규제 완화 등 접근 방법 자체는 같았지만 식민지화의 대상은 국가가 아니라 개개인이었다. 기업 정치를 쥐고 흔드는 권력자들은 국민들을 쥐고 흔들려면 먼저 일반 대중을 현혹시킬 방법을 찾아내야 한다는 사실을 잘 알고 있었다. 가령 절대 갚지 못할 빚을 떠안기고 스포츠, 「아메리칸 아이돌」과 같은 흥미 위주의 텔레비전 프로그램, 유명 인사들의 성생활 등 흥밋거리를 끊임없이 제공하면, 얼마든지 대중의 욕망과 금융 결정을 좌지우지할 수 있다. 마음대로 국민들을 조정하고 착취할 수 있게 되는 것이다.

어쩌면 역사학자들은 2001년 9월 11일에 발생한 사건을 이 시스템이 갖고 있는 취약성을 드러내 보인 분수령이 되는 사건으로 여길지도 모르겠다. 9·11 발생 이후 미국은 전쟁을 일으켰고 그 전쟁은 미국 경제에 심각한 무리를 가했다. 어쩌면 9·11이 미국의 취약성을 상징한다는 사실이 한층 더 중요할 수도 있다. 미국의 국제화를 상징했던 세계 무역 센터가 단 몇 분 만에 무너졌고, 미국 군대의 신경계, 뇌의 역할을 하던 국방부 건물은 전혀 방어 기능을 하지 못한 채 공격에 그대로 노출되었다.

시애틀에 위치한 평화 재향 군인회에서 기조연설을 마쳤을 때 이라크 전에 참전하여 한쪽 팔을 잃고서 미국으로 되돌아온 상이용사가 내게 말을 건넸다.

"대부분의 사람들은 우리가 전쟁에서 얼마나 심각하게 지고 있는지 전혀 모릅니다. 우리가 이라크에서 저지르는 일을 직접 이 두 눈으로 목격하기 전까지 저는 우리 미국인들이 '좋은 사람들'이라고 생각했습니다. 우리는 골리앗이죠. 이제 다윗이 우리를 무너뜨리고 있는 거지요."

골리앗이 그랬듯, 제국도 결국은 무너진다. 제국이 무너지면 공백이 생겨나고 전쟁이 발발한다. 새롭게 등장한 제국은 대개 과거의 제국보다 나은 법이 없다. 오히려 과거의 제국보다 한층 엉망인 경우가 대부분이다. 우리는 이런 패턴이 반복되는 걸 원치 않는다. 거대한 사회 전체가 무너지는 모습을 가만히 지켜보기보다 사회를 변화시키기 위한 노력이 필요하다.

1960년대 보스턴 대학 재학 시절 찰스 강 주위는 가능한 피하려고 했었다. 수질 오염으로 심각한 악취가 풍겼기 때문이다. 오하이오에 있는 쿠야호가 강에서는 산업 시설, 화학 공장 등에서 흘러나온 오염 물질로 인해 화재가 발생할 정도였다. 쿠야호가 강 화재 발생 이후 미국 정부는 기업들에게 수질 개선의 중요성을 강조했다. 뿐만 아니라 우리 국민들은 기업들에게 오존층을 파괴하는 에어로졸 용기를 처리하고, DDT 사용을 중단하고, 여성과 소수 집단에 노동의 기회를 제공하고, 남아프리카 공화국의 인종 차별 정책 지지를 중단할 것을 요구했다. 최근 맥도널드, 켄터키 프라이드치킨을 비롯한 각종 식품 기업들은 트랜스 지방 사용 중단을 요구하는 소비자들의 요구를 받아들여 자사에서 트랜스 지방이 함유된 식품을 판매하지 않겠다고 발표했다. 그 결과, 몇몇 주에서 트랜스 지방 사용을 금지하였으며 트랜스 지방이 함유되어 있을 경우 성분을 명확하게 표시하도록 하는 법안이 통과되었다. 전력 업체들은 정부 기관과 비정부 기구에서 이산화탄소를 방출하는 시설물 건립을 허용하지 않고 소비자들이 지속 가능한 형태의 에너지 생산에 주력해 줄 것을 요구하자 석탄을 원료로 사용하는 발전소를 설립하려던 계획을 폐지하는 대신 풍력과 태양열을 이용한 발전소를 짓기 위한 계획을 수립하고 있다.

역사적으로 좀 더 의미 있는 다른 행동들과 마찬가지로 이 모든 행동들은 우리 민초들에서부터 시작되었으며, 이 모든 행동들은 주로 기업을 직접적으로 겨냥한 것들이었다. 기업을 운영하는 CEO가 메시지를 받아들이면 정부 관료들이 그 뒤를 따랐다. 그 결과로 나타난 변화는 시장이 민주적인 곳이라는 사실을 잘 보여 준다. (일단, 시장을 민주적인 곳으로 받아들이기로 결정했다면 얼마든지 그 근거를 찾을 수 있다.) 결국 시장이야말로 궁극적인 기표소이다. 기업이 존재하는 이유는 대중들이 매장에서, 쇼핑몰에서, 인터넷상에서 그들에게 표를 던지기 때문이다. 어떤 기업이 성공하고, 어떤 기업이 실패할지를 결정하는 것은 결국 우리 몫이다.

150여 년 전, 미국은 에이브러햄 링컨을 대통령으로 선출했고 우리가 내건 원칙을 지키기 위해 남북 전쟁을 벌였다. 이후, 우리는 여성에게 참정권을 안겨 주기 위해 우드로 윌슨 대통령을 따라다니며 시위를 벌였다. 또한 우리는 리처드 닉슨 대통령과 미국이라는 나라가 베트남 전에 관한 교훈을 얻을 수 있도록 토론회를 열었다. 오늘날 우리 국민들은 다시 한 번 목소리를 높여야 하는 입장에 서게 되었다. 우리가 기업의 수익성에 영향력을 행사하면 주가를 변화시키고 이사회의 관심을 끌 수 있다. 그리고 기업 이사회는 의회의 결정에 영향을 미친다.

우리 소비자들은 까다로운 문제를 둘러싼 수많은 전투에서 승리했다. 시장에서 표를 던지는 방법은 매우 효과적이다. 이제 투표의 수위를 한 단계 높여야 할 때가 되었다. 이제, 전쟁에서 승리하여 우리의 '제국'을 변화시켜야 할 때가 되었다.

16장 | 녹아내리는 빙하

히말라야의 카로라 고개를 지나다 보면 돌연변이 자본주의와의 전쟁에서 반드시 승리해야겠다고 다짐을 하게 된다. 해발 1만 6000피트에 위치해 있는 카로라 고개에서 주위를 돌아보면 황량한 풍경이 눈에 들어온다. 카로라 고개에서는 야크를 돌보는 유목민들, 기원전부터 유목민들이 거주해 왔던 조그만 검은색 텐트를 내려다볼 수 있다. 뿐만 아니라 봉우리 주위를 뒤덮은 빙하를 올려다볼 수도 있다. 현지인들은 이십여 년 전만 하더라도 빙하가 사람이 다니는 길 부근까지 내려와 있었다고 얘기한다. 아이가 돌을 던지면 그 돌이 빙하에 닿을 만큼 빙하가 가깝게 내려와 있었다. 하지만 최근 들어 빙하가 놀라울 만큼 빠른 속도로 줄어 가고 있다. 지금은 눈을 찌푸린 채 적어도 1마일 넘게 떨어져 있는 빙하 표면에서 반사되어 나오는 태양빛을 바라볼 수 있을 정도이다.

어느 날 오후, 함께 티베트를 찾아간 사람들 무리에서 떨어져 도로 한쪽에 서서 빙하를 바라보던 중 갠지스 강, 인더스 강, 브라마푸트라 강, 메콩 강, 양쯔 강 등 히말라야에서 발원한 여러 강을 떠올렸다. 히말라야에서 시작된 여러 강은 수백만, 혹은 수십억 사람들에게 물을 공급한다. 수많은 사람들에게 자궁(저수지)과 같은 역할을 하는 빙하가 급속하게 줄어들고 있다.

네팔인 가이드가 말문을 열었다.

"인도와 중국 사람들은 돌에서 물을 짜내어야 할지도 모르겠어요. 실제 그런 일이 벌어지고 있어요. 중국인들이 몇몇 종류의 돌을 물로 바꾸어 놓기 위한 방법을 연구하고 있다고 들었어요."

가이드는 내 눈을 바라보더니 어깨를 들썩였다.

"알아요. 저도 안다고요. 불가능하게 들리죠. 아마도 그럴 테고요. 하지만 히말라야에서 시작되는 강이 말라 가고 있어요. 모두 우리 사람들로 인해 발생한 일이에요. 산업화, 지구 온난화 때문이지요."

가이드는 빙하를 향해 고개를 돌렸다.

침묵 속에 한참을 서 있다가 어떻게 이곳까지 돌연변이 바이러스에 감염된 것인지 생각해 보았다. 규제를 완화한다는 것은 월 가의 잘못된 행위를 허용하는 것 이상을 의미한다. 규제 완화라는 것은 제1세계, 즉 부유한 선진국에서 살아가고 있는 우리 모두가 세계 각지로 오염을 수출한다는 뜻이기도 하다. 화석 연료를 연소시키면 남극 대륙의 빙상氷床, 아마존의 정글, 히말라야의 빙하 등에 돌이킬 수 없는 피해가 간다는 명백한 근거를 두 눈으로 지켜보면서도 더 많은 화석 연료를 사용해 왔기 때문에 빙하가 녹아내리게 되었다. 또한 미국인들은 중국과 같은 개도국에 생산 시설을 옮겨 놓는 방법을 통해 계속해서 컴퓨터, 테니스 화, 기기 등을 저렴하게 구매하는 한편 맑은 공기를 들이마실 수 있게 되었다.

티베트에서 히말라야의 빙하를 바라보던 오후, 미국에서 매우 존경받는 비영리 환경 단체를 운영하는 한 친구가 생각났다. 그 친구는 새, 동물, 국립 공원 보호를 위해 최선의 노력을 기울이는 동시에 캘리포니아, 플로리다 해안에서 석유 시추 작업을 하지 못하도록 금지하는 법안에 찬성한다. 대화를 나누던 중 그 친구는 '아시아, 아프리카, 중동, 남미 등에서 수입하는 석유량과 비교했을 때' 캘리포니아, 플로리다 해안에서 얻을 수 있는 석유의 양은 너무도 적다고 얘기했다. 그 친구는 미국의 해변이나 숲을 오염시킬 가능성이 있는 행동에 대해서는 강렬하게 반대하면서 외국에서 석유를 시추하는 행위는 찬성한다. 유독성 석유 폐기물로 인한 오염으로 자식들이 죽어 나가는 모습을 고스란히 지켜보는 3만 명의 아마존 사람들, 에콰도르에서 셰브론 텍사코를 상대로 270억 달러 규모의 소송을 제기한 사람들을 생각해 보면 그 친구가 갖고 있는 사고방식이 근시안적이라는 사실을 깨달을 수 있다.

눈을 찌푸린 채 카로라 빙하에 반사되어 나오는 태양광을 바라보며 그 친구와의 대화를 회상하던 중 역사를 되돌아봤을 때 전투에서의 승리가 전쟁에서의 패배로 이어지기도 한다는 사실이 떠올랐다. 독립 전쟁 당시 전투가 벌어졌었던 벙커 힐이 대표적인 경우다. 엄밀히 말하자면 영국군이 벙커 힐 전투에서 승리했다. 하지만 사상자의 수를 기준으로 했을 때 영국군은 엄청난 손실을 겪었다. 뿐만 아니라 식민 지배를 받고 있던 미국인들은 자신들에게 계속해서 싸움을 해 나가기 위해 필요한 용기와 기술이 있다는 사실을 다시 한 번 확인했다. 미국의 해안을 보호하기 위한 환경 전투에서 승리한다 하더라도 다른 나라의 열대 우림을 계속해서 파괴해 나간다면 결국 자멸을 초래하게 된다. 미국인들은 멕시코 만에 석유 굴착 장치를 설치한다는 발상 자체를 혐오하는지도 모르겠다. 하지만 플로리다 해안에서 잘 보이는 곳에 석유 굴착 장치를 설치해 두면 지금과 같은 속도로 석유를 소비하는 대신 에너지를 절약하고 재생 가능한 에너지원을 찾아내야 한다고 미국인들을 설득할 수 있다. 히말라야나 아마존의 오염 현상이 미국의 오염과는 다른 것이라고 여기는 시각은 편협하고 잘못된 것이다.

사실 우리는 지금 생존을 위한 전쟁을 벌이고 있다. 이 전쟁에서 승리하기 위한 유일한 방법은 바로 세계적인 문제에 집중하는 것이다. 중국, 인도네시아, 쿠웨이트, 베네수엘라 등지에서 살아가는 사람들은 적이 아니다. 지금과 같은 삶을 유지하고, 소비를 지속하고, 새로운 자원과 땅, 사람을 찾아 착취하고, 우리가 살아가는 이 땅을 보호하기 위해서만 노력하면 된다고 우리를 설득하려는 사람들이 바로 우리의 적이다. 그들의 뜻에 동조하면 우리도 곧 공범이 된다. 우리 스스로가 적이 되는 것이다.

네팔인 가이드가 나를 바라보았다.

"네팔 국민들, 그리고 베두인족, 그리고 당신네 미국인들이 많은 것을 공유하고 있다는 사실이 두려워요."

역사상 처음으로 전 세계 모든 사람들이 많은 것을 공유하게 되었다. 우리 모두가 똑같은 위기에 맞서고 있다. 이 지구에서 살아가는 모든 사람. 모든 생명체. 우리 모두가 어떤 식으로든 지구 온난화, 경제 붕괴, 인구 과잉, 빈곤 및 자포자기로 인한 폭력, 종의 멸종, 연료, 식품, 기타 상품 가격 인상, 자원 감소, 대기, 토지, 수질 오염의 영향을 받고 있다.

손자 녀석을 품에 안을 기회가 있을 때마다 이런 문제에 대해 생각을 해 본다. 우리 모두는 매우 밀접하게 연결되어 있다. 따라서, 세계 각지에서 자라나는 모든 어린이가 같은 기대를 품을 수 없다면 미국에서 태어난 아이를 포함해 그 어떤 아이도 지속 가능하고, 공정하며, 평화로운 세상에서 자라날 수 없다. 중국과 인도의 강이 말라 버리면 이 지구상에서 태어나는 모든 아이에게 끔찍한 재앙이 찾아올 수밖에 없다.

역사상 처음으로 우리 모두는 다른 사람과 의사소통을 할 수 있게 되었다. 위성 전화와 인터넷을 사용하면 사우디아라비아 한가운데 있는 사막이든 시베리아의 숲 속이든 전 세계 어느 곳에 있는 사람과도 대화를 나눌 수 있다. 우리는 우리가 지금 공격을 받고 있다는 사실을 잘 알고 있다. 돌연변이 자본주의가 우리 모두를 감염시켜 왔다.

진심으로 우리의 자녀들을 사랑하고 아낀다면, 빙하를 녹이고, 바다를 오염시키고, 대기를 오염시키는 행위를 금지하는 법안과 규정을 만드는 수밖에 없다. 우리가 만들고 소비하는 제품이 환경에 끼치는 비용을 외면하는 것은 회사의 재무제표에서 엄청난 금액의 부채를 떨궈 내기 위해, 실제로는 존재하지도 않는 해외 조직에 빚을 떠넘기고, 자사의 재무 상태가 건전하다고 주장하는 것이나 다름없다. 엔론이 이 방법을 썼지만 전혀 효과가 없었다. 우리 모두, 그리고 대자연에게도 이 방법은 통하지 않을 것이다. 지구는 단 하나뿐이다. 그리고 지구는 우리 모두가 살아가는 곳이다.

17장 | 테러와 신념

> 지난 일요일, 미 해군 특수 부대 저격수들은 인도양에서 대담한 작전을 시행하여 미국 화물선 선장을 부상 없이 구출해 냈으며 세 명의 소말리아 해적을 사살했다. 이로써, 아프리카의 뿔이라 불리는 아프리카 대륙 동북부 인근 해역에서 닷새 동안 지속된 미 해군과 덮개가 있는 오렌지색 구명정 위에 올라탄 약탈자 간의 대치 상태가 종결되었다.[1]

2009년 4월 《뉴욕 타임스》는 위 단락을 포함한 기사를 내놓았다. '해적', '대담한 작전', '대치', '약탈자' 등은 미국 언론에서 자주 사용하는 표현이다. 이런 단어들만 보면 마치 하얀 모자를 눌러쓴 카우보이가 말을 타고서 빌리 더 키드(미국 서부의 전설적인 총잡이 — 옮긴이)와 그의 수하들이 둘러싼 마을을 구하기 위해 달려가는 모습이 연상된다. 그러나 나는 경제 저격수로서 살아가는 동안 우리 눈앞에서 벌어지는 일에는 또 다른 측면이 있다는 사실을 깨닫게 되었다. 나는 항상 해적 행위가 발생하는 원인에 대해 그 누구도 질문을 던지는 사람이 없는 이유가 무엇인지 궁금했었다.

1970년대 초 인도네시아 술라웨시 섬을 방문하여 부기족을 찾아갔던 때가 떠올랐다. 부기족은 동인도 회사가 대양을 휘젓고 다니던 1600~1700년대부터 악명을 떨치며 해적질을 일삼았다. 부기족의 흉포한 행동을 경험한 유럽의 선원들이 집으로 돌아가 말 안 듣는 아이들을 혼낼 때 '부기족 사람이 너를 잡으러 올 것'이라고 겁을 줄 정도였다. 1970년대 미국 정부는 부기족이 말라카 해협을 지나가는 미국 유조선을 공격할지도 모른다는 두려움을 갖고 있었다.

어느 오후, 부기족 원로와 술라웨시 섬 해안가에 자리를 잡고 앉았다. 부기족 원로와 함께 수 세기 동안 이어져 내려온 전통에 따라 부기족 사람들이 '프라후'라 불리는 범선을 만드는 모습을 지켜보았다. 바닷가로 밀려 내려온 거대한 고래처럼 보이는 프라후는 그 높이가 매우 높았으며 바짝 말라 있었다. 선체에서 뻗어 나온 뿌리처럼 보이는 울퉁불퉁한 말뚝들이 프라후를 떠받치고 있었다. 수십 명의 부기족 남자들이 자귀, 손도끼, 핸드 드릴 등을 이용해 배를 손질하고 있었다. 나는 부기족 원로에게 미국 정부가 어떤 걱정을 하고 있는지 말을 전하며 미국의 유조선을 위협하면 보복이 따를 거라는 위협도 잊지 않았다.

부기족 원로는 나를 가만히 노려보았다. 부기족 원로는 분한 듯 덥수룩한 새하얀 머리카락을 만지작거리며 말했다.

"우리는 해적이 아니었소. 우리가 갖고 있는 향신료를 훔치러 온 유럽인들을 상대로 이 땅을 지키기 위해 싸웠을 뿐이오. 만일 우리가 당신네 배를 공격하게 된다면 그건 그 배가 우리의 삶을 망치기 때문일 거요. 당신네 '악취 나는 배'가 우리의 바다를 기름으로 오염시키고 있소. 그 때문에 바다에서 사는 물고기가 죽고 우리 아이들이 굶고 있어요."

그런 다음, 원로는 어깨를 들썩였다.

"지금 우리는 어쩔 줄을 모르는 상황이오."

원로의 미소는 내 마음속을 가득 메웠던 적개심을 무너뜨렸다.

"나무로 만든 배에 타고 있는 선원 몇이서 어떻게 미국의 잠수함, 비행기, 폭탄, 미사일에 대항해 싸움을 할 수가 있겠소?"

미 해군 특수 부대가 화물선 선장을 구출했다는 기사를 발표하고 며칠이 지난 후 《뉴욕 타임스》는 '소말리아에서 벌어진 해적과의 전투'라는 제목의 사설을 공개했다. 사설의 결론은 다음과 같았다.

> 어떤 방안을 택할지는 소말리아의 손에 달려 있지만 지금 상태 그대로 내버려 둔다면 소말리아는 더욱 유해한 나라가 될 테고, 결국 동아프리카에 위치한 인근 국가로 폭력이 퍼져 나가고, 과격주의가 힘을 얻고, 아덴만을 통한 선박 항해가 한층 더 위험해질 뿐 아니라 아덴만을 이용할 경우 더 많은 비용이 초래될 것이다. 소말리아의 강력한 부족들을 통해 지방 단위의 제도를 설립한 다음, 차츰 그 범주를 좀 더 넓은 지역, 국가 전체로 넓혀 가는 방법을 포함해 다양한 접근 방법이 논의되고 있다. 소말리아 문제를 해결하기 위한 방안을 즉시 찾아내야만 한다.[2]

《뉴욕 타임스》는 해적 관련 기사와 사설을 내보내면서 소말리아에서 이런 문제가 발생하는 근본적인 원인을 분석하기 위한 노력 따위는 전혀 기울이지 않았다. 지금껏 내가 읽고, 듣고, 본 그 어떤 언론 매체에서도 근본 원인에는 관심을 보이지 않았다. 모두가 선원들을 무장시켜야 할지, 소말리아 인근 해역으로 더 많은 해군 선박을 파견해야 할지 논의할 뿐이었다. 지역적, 국가적 차원에서 소말리아의 제도를 재구성해야 한다고 모호하게 언급을 했을 뿐이다. 그렇다면 이런 내용을 언급함으로써 저자가 정확하게 얘기하고자 한 것은 무엇이었을까? 무료 병원, 학교, 무료 식당과 같이 소말리아인들에게 진정으로 도움이 되는 제도를 얘기한 걸까? 그렇지 않으면 현지 민병대, 감옥, 게슈타포와 같은 역할을 하는 경찰을 뜻한 걸까?

해적들도 한때는 어부들이었다. 해적 행위는 삶의 터전이 파괴된 후 이들이 선택한 생존 방법이었다. 소말리아의 해적들은 굶주림에 허덕이는 자녀를 둔 가장이었다. 해적 행위를 근절시키려면 이들이 지속 가능하고, 고귀한 삶을 살 수 있도록 도움을 주어야 한다. 언론인들은 이러한 사실을 전혀 이해하지 못하는 걸까? 소말리아의 수도 모가디슈 내 빈민가를 방문해 본 사람이 하나도 없는 걸까?

2009년 5월 6일, NPR의 「모닝 에디션」이라는 프로그램에서는 그웬 톰킨슨의 보도 내용을 방송했다. 톰킨슨은 압쉬르 압둘라히 압디라는 이름의 해적을 인터뷰했다.

인터뷰 중 압디는 해적들도 해적 행위가 잘못된 것이라는 걸 잘 알고 있지만 굶주림이 그 어떤 것보다 중요하다고 얘기했다.

다음은 톰킨스가 언급한 내용이다.

"불법 저인망 어선과 산업화된 국가에서 내다 버린 쓰레기로 인해 이 지역의 어촌이 무너지고 있습니다. 산호초가 죽었다는 말이 나돌고 있습니다. 바닷가재와 참치도 사라졌습니다. 영양실조도 심각한 상태입니다."[3]

미국이 베트남, 이라크, 1993년 소말리아에서 진행된 '블랙 호크 다운' 작전 등 여러 군사 작전을 통해 군의 개입은 폭동을 잠재우는 데 도움이 되지 않는다는 교훈을 얻었을 거라고 생각할지도 모르겠다. 사실 군의 개입이 정반대의 효과를 내기도 한다. 외세의 개입을 지켜본 현지 주민들은 분노에 휩싸여 반군 세력을 지지하게 되고 예상과는 달리 오히려 저항 운동이 한층 강해진다. 미국 독립 전쟁, 남미의 대對스페인 독립 전쟁, 식민 지배를 받았던 아프리카, 인도차이나, 소련이 점령했던 아프가니스탄 등 세계 각지에서 이런 일이 발생했다.

진심으로 우리를 괴롭히고 있는 위기를 풀어 나가기 위한 해결 방안을 찾고 싶다면 우리가 직면한 문제를 해적을 비롯한 다른 절망적인 사람들의 탓으로 돌려서는 안 된다. 우리가 겪고 있는 문제들은 실패한 경제 모델의 증상이라고 볼 수 있다. 우리 사회가 겪고 있는 문제는 개개인이 겪는 심장 마비와도 같은 것이다. 마치 관상 동맥 우회술을 위해 의사를 찾아가듯 인질을 구출하기 위해 해군 특수 부대를 파견한다. 하지만 관상 동맥 우회술과 마찬가지로 특수 부대를 파견하는 행위 또한 기저에 깔린 문제에 대한 미봉책에 불과하다는 사실을 인정해야 한다. 그보다 환자의 흡연, 식생활, 운동 부족 등 심장병을 초래한 근본적인 원인을 해결해야 한다. 해적 행위, 각종 테러 행위도 마찬가지다.

우리 자녀들이 맞이할 미래는 소말리아의 어촌, 버마(미얀마)의 산악 지대, 콜롬비아 정글에서 태어난 아이들의 미래와 밀접하게 얽혀 있다. 이러한 사실을 잊어버리고 이런 아이들을 우리와는 아무런 상관없이 먼 곳에서 살아가는 해적, 게릴라, 마약 밀수업자의 자녀들로 치부해 버린다면, 우리는 너무도 먼 땅에서 살아가고 있는 것처럼 느껴지지만 사실은 바로 옆집에서 힘겨운 삶을 꾸려 나가고 있는 수많은 아버지와 어머니, 그리고 우리의 자손에게까지 총구를 겨누게 될 것이다.

소위 테러리스트라 불리는 사람들로부터 우리 스스로를 보호하기 위해 취한 행동에 관한 글을 읽을 때마다 미국의 전략이 얼마나 편협한지 다시 한 번 놀라게 된다. 볼리비아, 에콰도르, 이집트, 과테말라, 인도네시아, 이란, 니카라과 등지에서 테러리스트라 불리는 수많은 사람들을 만나 보았지만, 그들 중 총을 들고 싶어 하는 사람은 단 하나도 없었다. 살인을 원하는 욕구를 추스르지 못해 다른 사람을 살해하는 정신이 이상한 사람, 연쇄 살인범, 집단 살인자 등이 존재한다는 사실은 잘 알고 있다. 알카에다, 탈레반을 비롯한 테러 단체 구성원들이 광신적인 태도를 갖고 있는 것은 사실이다. 하지만 이런 과격론자들은 억압을 받고 있다고 느끼거나 극도로 궁핍한 삶을 살아가는 사람들 중에서 꽤 많은 추종 세력을 찾아낼 수 있다. 안데스 산맥 곳곳에 숨어 있는 동굴, 사막에 위치한 마을에서 만나 본 '테러리스트'들은 석유 회사, 수력 발전 댐, '자유 무역' 협정 등으로 인해 일가족과 함께 농장에서 쫓겨난 사람들이었다. 이들의 자녀들은 굶주림에 허덕이고 있다. 이들이 원하는 건 오직 음식, 씨앗, 경작할 수 있는 땅을 갖고 가족의 품으로 돌아가는 것뿐이다.

멕시코에서 활동하는 게릴라와 마약 거래상 중 상당수는 한때 직접 농장을 소유하고 옥수수를 길렀던 사람들이다. 하지만 북미 자유무역 협정NAFTA이 체결되어 미국의 옥수수 재배업자들이 부당한 가격 우위를 갖게 되면서 멕시코의 옥수수 재배업자들은 호구지책을 잃었다. 85만 명 이상의 회원, 구독자, 자원 봉사자를 대표하는 비영리단체 유기농 소비자 조직에서는 이런 상황을 다음과 같이 묘사한다.

> 1994년 1월 1일 NAFTA가 체결된 이후, 미국에서 멕시코로 수출되는 옥수수의 양이 거의 두 배로 증가해 2002년에는 수출량이 600만 미터톤에 이르렀다. NAFTA로 인해 옥수수 수입을 제한하는 쿼터가 사라졌다. (중략) 하지만 미국 정부가 지급하는 보조금은 여전히 사라지지 않고 있어 미국의 농업 기업들은 생산 비용보다 낮은 금액으로 옥수수를 멕시코에 팔아넘기고 있다. (중략) 멕시코에서 옥수수 농사를 짓는 농부에게 지급되는 옥수수 가격이 70퍼센트 이상 하락했다. (중략)[4]

위 구절은 '자유 무역' 정책의 어두운 단면을 유감없이 보여 준다. 미국 대통령과 의회는 다른 나라가 미국 제품에 관세를 부과하는 것을 금지하는 법안을 도입하였다. 뿐만 아니라 다른 나라들이 미국에서 생산되는 농산품과 경쟁이 될 만한 자국 농산물에 보조금을 지급하지 못하도록 금지하는 규정을 요구하면서 정작 미국의 수입 장벽 및 보조금은 그대로 유지하여 미국 기업들에게 부당한 이익을 안겨주고 있다. '자유 무역'은 완곡한 표현일 뿐이다. 자유 무역이라는 미명 아래 다국적 기업은 다른 기업들이 누리지 못하는 엄청난 혜택을 누린다. 하지만 자유 무역은 빙하를 녹게 만드는 오염, 토지 수탈, 근로 환경이 열악한 공장 등은 규제하지 않는다.

과거 산디니스타 운동에 참여하는 게릴라들을 도왔으며 UN 총회 의장직을 맡은 니카라과의 신부는 자유 무역이라는 허울 좋은 말과 대중의 인식을 조종하기 위해 사용되는 단어의 막강한 영향력을 직접 경험하고 있다. 미구엘 데스코토 신부는 내게 다음과 같은 얘기를 들려주었다.

"테러리즘이라는 건 신념이라고 볼 수 없어요. 친미 성향을 갖고 있는 반정부 세력과 대치한 산디니스타와 알카에다 간에는 아무런 관계가 없어요. 혹은 콜롬비아 무장 혁명군과 한때 어부였으나 지금은 해적으로 변신한 아프리카인, 아시아인들 간에도 아무런 관계가 없지요. 하지만 이들은 모두 '테러리스트'라고 불립니다. 한때 공산주의가 그러했던 것처럼 당신네 미국 정부가 저기 어딘가에 적대시해야 할 또 다른 '신념'이 존재한다고 주장하기 위해 간편하게 '테러리즘'이라는 표현을 공통적으로 사용하는 것뿐이지요. 테러리즘이라는 표현을 사용함으로써 미국은 사람들의 관심을 실질적인 문제에서 다른 곳으로 돌려 버리는 겁니다."

미국인들이 갖고 있는 편협한 태도, 이런 태도에서 비롯된 정책으로 인해 폭력, 폭동, 전쟁이 발생한다. 장기적인 관점에서 보았을 때 미국이 '테러리스트'라고 칭하는 사람들을 공격한다고 해서 이익을 얻을 수 있는 사람은 거의 없다. 한 가지 분명한 예외가 있다면 바로 기업 정치다.

이들을 공격해서 이득을 얻는 사람들은 선박, 미사일, 장갑차, 총, 군복, 방탄조끼를 만들고, 식품, 청량음료, 탄약을 유통하고, 보험, 약, 화장지를 공급하고, 항만, 활주로, 주택을 건설하고, 파괴된 마을, 공장, 학교, 병원을 재건하는 기업을 소유하고 운영하는 사람들뿐이다.

일반 국민들은 저의가 숨겨져 있는 '테러리스트'라는 단어에 속아 넘어가고 있는 것뿐이다.

이번 경제 위기를 통해 우리는 테러리즘과 같은 단어를 남용하여 이익을 얻는 기업에 대한 통제권을 쥐고 있는 사람들, 그 외에 각종 사기를 저지르는 사람들을 규제하고 단속하는 것이 얼마나 중요한지 깨닫게 되었다. 우리는 이제야 화이트칼라 경영진이 절대로 부패하지 않을 특별한 사람이 아니라는 사실을 깨닫고 있다. 일반 국민들과 마찬가지로, 이들에게도 규제를 적용할 필요가 있다. 하지만 투자 은행을 상업 은행, 보험 회사 등과 분리시키는 규제 방안을 다시 복구시키고, 고리대금 금지법을 다시 시행하고, 소비자들에게 감당할 수 없을 만큼 많은 금액의 돈을 빌려 주지 못하도록 막는 정책을 시행하는 것만으로는 충분치 않다. 그저 과거에 먹혀들었던 해결 방안을 다시 도입하기만 해서는 안 된다. 세계 무대에서 환경적, 사회적 책임을 다하도록 장려하는 새로운 전략을 도입해야만 우리의 미래를 지켜낼 수 있다.

세계에서 제일가는 정신적 지도자 중 한 명으로 꼽히는 달라이 라마는 이런 사실을 명확하게 이해하고 장려한다. 히말라야를 넘어가는 비행기에서 달라이 라마의 옆자리에 앉은 적이 있었다. 당시 달라이 라마는 행동의 중요성을 강조했다.

18장 | 달라이 라마: 기도, 그리고 행동

우리 일행은 이른 아침 라다크의 지방 도시 레에 위치한 공항에 도착했다. 공항에 앉아 우리가 탈 인도 행 비행기의 탑승 안내 방송을 기다리고 있는데 달라이 라마와 일행들이 좁은 공항 로비로 들어섰다. 며칠 전 달라이 라마가 수천 명의 티베트 사람들을 상대로 연설하는 걸 들었지만 달라이 라마와 별도의 만남을 주선하진 못한 터였다.

우리 일행 중 한 명이 흥분한 듯한 목소리로 달라이 라마가 내가 집필한 저서 『변신』을 들고 있다는 사실을 알려 주었다. 다른 누군가가 달라이 라마의 비서에게 『변신』의 저자가 같은 비행기에 탑승한다는 사실을 일러 주었다. 비행기에 탑승하자마자 보잉 737기의 앞쪽으로 안내를 받았다.

달라이 라마는 내게 미소를 지어 보이며 자신의 옆자리를 툭툭 두드렸다. 달라이 라마는 『변신』의 표지를 만지작거리며 얘기했다.

"훌륭해요. 좀 더 많은 이야기를 나눠 보고 싶군요."

비행기가 하늘로 날아올랐다. 달라이 라마는 비행기 아래로 보이는 히말라야를 손가락으로 가리키며 우리 일행이 방문했던 불교 사원 중 여러 곳의 이름을 언급했다. 그런 다음 우리는 히말라야에서 살아가는 사람들과 지속 가능한 삶을 위한 그들의 노력에 대해 얘기를 나누었다. 아마존에서 살아가는 슈아르 족이 전쟁을 벌여 적의 수를 줄이는 이유는 슈아르 족이 모시는 신이 인구가 걷잡을 수 없이 늘어나면 "정원 내에 있는 잡초를 뽑아야 한다."고 명령을 내렸기 때문이라고 설명했다. 슈아르 족의 인구가 급격하게 늘어나 다른 동식물의 멸종을 초래하자 슈아르 족이 모시는 신이 분노했던 것이다.

달라이 라마는 고개를 끄덕이더니 잠깐 동안 침묵을 지켰다. 마침내 입을 연 달라이 라마는 자신은 폭력을 용인하지 않지만 신이 무슨 말을 하고자 하는 것인지 이해할 수 있다고 얘기했다. 달라이 라마는 "우리 인간이 생명이 있는 모든 존재에게 연민의 정을 가질 때에만 평화가 찾아온다."며 "인간에게는 생명을 보호해야 할 책임이 있다."고 덧붙였다. 달라이 라마는 그저 생각하고, 말하고, 기도하는 데서 그치지 않고 책임감 있게 행동하는 것이 중요하다고 설명했다.

서양의 한 유명한 작가가 최근 특정한 날, 특정한 시간에 모든 사람이 자신이 하던 일을 멈추고 평화를 위해 기도하자는 제안을 했다는 이야기를 전했다.

달라이 라마의 대답은 다음과 같았다.

"명상과 마찬가지로 기도는 매우 훌륭한 방법입니다. 하지만 기도만으로는 충분하지 않아요."

달라이 라마는 세계 각지에서 수백만의 사람들이 평화를 위해 기도를 하고서 기도만으로 자신이 해야 할 일을 모두 끝냈다고 생각한다면 결코 평화가 찾아오지 않을 거라며 우려를 표시했다.

"우리는 행동을 해야 합니다."

달라이 라마는 자신이 집필한 저서 표지에 인쇄되어 있는 것과 같은 미소를 지어 보였다.

"네. 우리는 반드시 행동을 해야 합니다."

비행이 끝날 무렵, 달라이 라마는 우리 일행을 인도 다람살라에 있는 자신의 집으로 초대했다. 며칠 후, 우리 일행은 달라이 라마의 집을 방문해 달라이 라마와 대화를 나누었다. 우리 일행은 달라이 라마와 여러 가지 주제를 아우르는 감동적이고 고무적인 대화를 나눌 수 있었다. 하지만 나는 무엇보다 행동을 강조하는 달라이 라마의 단호한 태도에 깊은 감명을 받았다. 기도나 명상이 아닌 구체적인 행동의 중요성을 강조하는 정신적인 지도자가 바로 달라이 라마였다.

달라이 라마와의 만남 후, 다시 호텔에 모인 우리 일행 중 한 여성이 예수, 공자, 마호메트, 부처, 간디, 마틴 루서 킹 주니어, 넬슨 만델라 등도 비슷한 말을 남겼다고 설명했다.

미국으로 돌아와 달라이 라마와 나누었던 대화를 들려주었더니 신경 과학자인 친구도 행동이 무엇보다 중요하다는 의견에 동의했다.

"하지만 행동보다 선행되어야 할 단계가 몇 개 있다는 사실을 인식하는 것이 중요하지. 유명한 작가가 요구한 평화를 위한 기도, 달라이 라마의 명상, 자네의 토착민 친구들이 '꿈'이라고 부르는 것이 바로 그래서 필요한 거야."

친구는 테이블 위에 놓인 물컵을 가리켰다.

"이 물컵을 들어 올리기 전에 먼저 물컵을 들어 올리려는 동기가 필요한 거지."

"갈증을 말하는 건가?"

"물론이지. 아니면 테이블을 치워야겠다는 욕구를 갖고 있을 수도 있지."

친구는 싱긋 웃음을 지어 보였다.

"혹은 자네에게 물을 끼얹을 수도 있지. 동기가 무엇인지는 중요하지 않아. 중요한 건 동기가 필요하다는 사실이지. 일단 동기가 생겼다면, 그 일을 해낼 수 있을 거라는 믿음이 필요해. 그 일을 해내는 모습을 그려 보아야 하는 거지. 내 두뇌가 내 팔과 손에 내가 그 물컵을 들어 올리기를 원하고, 물컵을 들어 올릴 수 있다는 신호를 보내야 하는 거지."

친구는 내 얼굴을 응시했다.

"마음이 이런 신호를 보내지 못하기 때문에 정신 병원 신세를 지는 사람이 많지."

친구는 몸을 굽혀 물컵에 손을 갖다 대었다.

"이 모든 과정을 거친 다음에야 행동을 할 수 있다네."

친구는 물컵을 손에 쥐고서 입술 높이까지 들어 올린 후 행동을 멈췄다. 친구는 장난꾸러기 같은 미소를 지으며 얘기했다.

"이제, 결정을 해야 하지. 물을 마실까? 아니면, 자네에게 쏟아 버릴까?"

친구와 나는 물컵을 가만히 바라보았다. 결정을 내려야 할 시간이 되었다. 이 물컵을 어떻게 해야 할까?

경제 발전의 역사라는 관점에서 바라보면 인류는 유아기에서 청소년기로 발전해 왔다. 사냥과 채집으로 목숨을 연명하던 시기는 땅 위에서 기어 다니는 유아기에 비유할 수 있다. 그러다 우리 인간은 몸을 일으켜 세워 걸음을 걸으면서 괭이를 사용하여 땅을 경작할 수 있게 되었다. 인간은 자연이 우리에게 주는 것을 가만히 받아들이기만 하지 않고 더 커다란 통제권을 얻기 위해 노력했다. 인간은 씨앗을 심고 추수를 하고, 날씨 패턴과 수확 시기를 연구하고, 가축을 길렀으며, 직물과 옷을 만드는 법을 알아냈다. 뿐만 아니라 도구와 무기도 만들어 냈다. 소규모의 유목민들이 좀 더 비옥한 땅을 찾아 아시아 대초원에서 중동, 유럽 등으로 이동해 가기 시작하면서 인간 세상에서 약탈이 시작된 것으로 보인다. 인간은 점차 다른 누군가를 착취할 수 있다는 가능성에 매료되었다. 그와 동시에 인간의 경쟁심과 공격성이 한층 강해졌다. 인간은 이웃과의 경쟁에서 승리하는 것을 목표로 하는 사회를 조직해 나갔다. 그와 더불어 자원이 유한하며 '우리' 쪽 사람들이 더 많은 자원을 가지기 위해서는 다른 사람들로부터 자원을 빼앗아 와야 한다는 사고방식을 받아들이게 되었다.

이 책의 앞부분에서 우리 경제가 상업주의에서 산업주의로, 그리고 또다시 금융, 통신, 컴퓨터 기술 부문의 경쟁이 치열해지고 다국적 기업이 국가를 대신해 지정학적 요인을 움직이는 원동력으로 자리를 잡은 시대로 발전해 왔다고 설명했었다.

하지만 전 세계적인 불황이 닥쳐오자 그동안 우리가 일구어 낸 성과에 대한 좌절감을 표출하는 목소리가 여기저기서 흘러나오고 있다. 우리 인류는 그동안 우리가 일구어 왔던 삶의 방식이 자멸을 초래하는 길이었다는 사실을 깨닫게 되었다. 녹아내리는 빙하가 상징하는 지금의 위기는 지난 수 세기 동안 우리를 인도해 왔던 과거의 원칙을 넘어 앞으로 나아가고, 경제 발전 곡선을 따라 앞으로 전진하여 착취적이고, 식민적이며, 미성숙한 태도를 버리고 우리 인간이 지구라는 작은 행성에서 살아가는 연약한 종족일 뿐이라는 성숙한 생각을 받아들여야 할 때가 되었다는 확신을 심어 준다.

세계 곳곳에서 살아가는 모든 형제자매들이 만족스러운 삶을 살지 못하면 나의 손자도 만족스러운 삶을 살 수 없다는 사실을 받아들여야 할 때가 되었다. 우리 미국인들이 이 지구 전체가 우리의 국토라는 사실을 받아들여야 국토방위라는 개념이 받아들여질 수 있다. 마치 우리 모두는 하나의 존재이며 모두가 손을 맞잡고 협력을 해야 인류가 생존할 수 있는 것처럼 행동을 해야 할 때가 되었다. 사실, 이 두 가지는 모두 진실이다.

정계와 재계 지도자들에게 우리 모두를 장기적인 지속 가능성, 정의, 평화로 이어지는 미래를 향한 길로 인도해 줄 것을 요구해야 한다는 사실을 마침내 우리 모두가 깨닫게 되었다. 뿐만 아니라 그들에게 이런 요구를 하는 것이 우리의 몫이라는 사실 또한 알고 있다. 우리를 인도하는 지도자들에게 압박을 가해야 하는 것이다.

과거의 제국들은 군사적인 정복을 통해 제국의 규모를 키워 나갔다. 이제 시대가 변했다. 지금 세계를 지배하고 있는 세력은 군대가 아니라 기업을 통해 세를 키워 왔다. 이제 우리는 행동을 해야 한다. 하지만 그렇다고 해서 그들을 변화시키기 위해 무기를 집어 들 필요는 없다.

이 책의 뒷부분에서는 다음과 같은 다섯 개의 행동 영역을 아우르는 변화를 실행하기 위한 전략에 대해 설명하고자 한다.

1. 소비자의 책임 수용.
2. 신경제 건설.
3. 선한 청지기의 삶을 장려하는 태도 수용 및 새로운 유형의 영웅을 우상으로 숭배.
4. 기업과 정부를 위한 새로운 규칙 실행.
5. 우리 개개인의 열정을 존중.

우리 모두는 아니더라도 변화를 일으키기 위해 필요한 최소한의 사람만이라도 위에서 언급한 각 행동 영역에서 의식적으로 행동에 동참한다면 우리는 성공할 수 있을 것이다. 우리 세대가 끝나기 전에.

19장 | 소비자 책임 수용

한번은 강연을 하고 있는데 청중석에 앉아 있던 한 여성이 자리에서 일어나 다른 청중들 머리 위로 손을 흔들어 가며 큰소리로 얘기했다.

"이제 나이키의 제품을 구매하지 마세요. 그런 다음 나이키 측에 근로 환경이 열악한 공장 가동을 멈추지 않으면 앞으로 그 어떤 나이키 제품도 구매하지 않을 거라는 내용을 담은 이메일을 보내세요. 대신 노동력을 착취하지 않는 회사에서 만든 제품을 구매하세요. 인터넷에 접속하면 그런 회사의 목록쯤은 쉽게 얻을 수 있어요. 그런 다음 그 회사들에게도 근로 환경이 열악한 공장을 가동하지 않기 때문에 그쪽 제품을 구매한 거라고 이메일을 보내세요. 만일 많은 사람들이 이렇게 행동한다면 나이키는 변화해야만 할 겁니다. 그렇지 않으면 문을 닫아야 할 테니까요."

"그러면 인도네시아에서 근로 조건이 열악한 공장에서 근무하는 노동자들에게는 어떤 일이 일어날까요?"

강당 반대쪽에 앉아 있는 남자가 끼어들었다.

나는 마이크 가까이로 걸어가 입을 열었다.

"누구도 일자리를 잃게 되지 않을 겁니다. 목표는 나이키 같은 회사들이 근로 환경이 열악한 공장을 정당한 공장으로 바꾸도록 설득하는 겁니다. 근로자들이 의료비를 내고 은퇴 후에도 삶을 꾸려 나가는 등 정상적인 삶을 살아갈 수 있을 만큼 충분한 급여를 주는 공장 말입니다."

또 다른 여성이 손을 들었다.

"몇몇 아시아인들을 위해 제 아이에게 더 많은 셔츠와 테니스 화를 사 주어야 한다고 말씀하시는 건가요? 저는 이미 두 가지 일이나 하고 있는데도 수지 타산이 맞지 않아 전전긍긍하는 걸요."

나는 그 질문에 답을 하기 위해 내 딸 제시카에 관한 이야기를 꺼냈다. 제시카는 임신 중이던 어느 날 내게 전화를 걸어왔다. 제시카는 인터넷으로 아기 침대를 둘러보았다며 얘기를 꺼냈다.

"200달러짜리 침대를 하나 찾았어요. 그 침대는 중국에서 생산된 것이더군요. 아마도 근로 환경이 열악한 공장에서 생산되었겠죠. 그 제품 외에 정당한 방식으로 운영되는 캐나다 공장에서 생산된 제품도 있었어요. 그 제품은 처녀림이나 열대 우림에서 벌목한 나무가 아닌 다른 나무로 만들어졌다고 해요. 하지만 가격이 600달러나 해요. 어떻게 생각하세요. 아빠?"

나는 강당에 모인 사람들을 둘러보며 제시카가 비영리 단체에서 일한다는 사실을 알려 주었다. 제시카는 그리 많은 돈을 벌지도 못하고 한 푼이라도 아껴 쓰기 위해 노력하는 아이였다.

"물론 저는 추가로 400달러를 지불할 거랍니다. 곧 태어날 아이를 보호하기 위해 유아용 카 시트를 사야 한다면 어떻게든 400달러를 만들어 내겠죠. 혹은 안전한 어린이집에 보내기 위해서도 얼마든지 그 돈을 만들어 내겠죠. 그러니 좀 더 공정하고 안전한 세상을 만들기 위해 그러지 못할 이유가 없지요. 결국 그건 희생이 아니라 미래를 위한 투자니까요."

이미 이전 강연에서도 여러 차례 그러했듯이 그 자리에 앉아 있는 청중들에게 사회적, 환경적으로 책임감 있게 행동하는 기업에서 생산하는 제품을 구매하기 위해 더 많은 돈을 지불하는 것은 미래를 위한 투자와 같다고 얘기했다. 이는 곧 우리의 빚을 우리 자녀들에게 떠넘기지 않는다는 뜻이기도 하다.

"그 투자를 감당할 수 없는 상황일 때도 있을 겁니다. 더 싼 제품을 구매해야 할 때도 있는 거지요. 하지만 그럴 때는 적어도 투자를 하지 못했다는 인식은 갖고 있어야 합니다. 이런 수준을 넘어서서 미래를 위한 투자를 할 수 있는 상황이 되면 여러분과 여러분의 자녀들에게 가장 큰 도움이 되는 현명한 일을 할 거라고 다짐을 하시기 바랍니다."

우리 소비자들은 엄청난 힘을 갖고 있다. 이 책에서 시장이 민주적인 투표용지 기입소라는 사실을 여러 차례 강조했다. 우리 일반 국민들은 선한 청지기의 역할을 장려하기 위해 우리가 갖고 있는 구매력을 활용할 수 있다.

치솟는 유가의 압박을 견디지 못해 소비자들이 기름 소비량이 많은 SUV를 더 이상 구매하지 않게 되자 SUV 생산업체들은 공장 문을 닫고 말았다. 중국에서 생산된 장난감에 발암 물질이 함유되어 있다는 사실이 밝혀졌을 때, 2차 흡연이 담배를 피우지 않는 아이들의 건강을 위협한다는 사실이 밝혀졌을 때에도 비슷한 일이 일어났다. 뿐만 아니라 건축 자재에 함유되어 있는 석면, 기타 여러 제품들도 비슷한 일을 겪었다.

일부 경영 전문가들은 대기업 CEO들이 그토록 많은 돈을 받는 이유가 비단 이들이 경영에 필요한 적합한 역량을 갖고 있는 소수에 속하기 때문만은 아니라고 설명한다. 대부분의 사람들은 양심을 갖고 있기 때문에 누군가의 인생을 파괴하는 제품을 판매하거나 다른 사람의 삶을 망치는 결정을 내리기를 꺼린다. 대기업 CEO들은 그런 역할을 하는 양심을 잃어버린 사람들이기 때문에 이윤에 도움이 되기만 하면 아무런 거리낌 없이 결정을 내리고, 그런 능력이 있기 때문에 많은 돈을 받는다는 것이다. 다음은 톰 하트만의 글이다.

> 전체 인구 중 약 1~3퍼센트는 사이코 패스이다. (중략) 그중, 대학 교육을 받은 사람은 소수에 불과하다. (중략) 기업이 굴러가는 원리를 이해하는 사람은 한층 더 적다. (중략) 뿐만 아니라 현대적이고, 독점적이며, 파괴적인 기업을 운영할 능력이 있는 사람은 언제나 모자라기 때문에 주주들은 이런 사람들을 CEO의 자리에 앉히기 위해 수백만 달러를 지불해야 한다. 그리고 사이코 패스들은 사회적으로 어떤 영향을 미칠지 전혀 고민하지 않고 기쁜 마음으로 돈을 받아 든다.[1]

실제로 사이코 패스들이 몇몇 대기업의 가장 높은 자리를 꿰차고 앉아 있는지도 모른다. 하지만 그렇다고 해서 우리가 하고자 하는 일을 멈추어서는 안 된다. 그들은 우리 소비자들이 재화와 서비스를 구매할 때에만 명맥을 이어갈 수 있다. 그들은 소비자들이 제품을 구매하도록 강요하기 위해 군대의 힘을 빌리지 않는다.

경제 저격수 시절 만나 본 적이 있는 경영진을 포함해 내가 알고 있는 경영진 중 대부분은 사이코 패스가 아니다. 그들은 돌연변이 자본주의에 감염된 사람이 대부분이다. 이들은 자신들에게 주어진 임무가 오직 이윤 창출이라는 생각을 아무런 의심 없이 받아들인다. 그것뿐이다. 기회가 주어지면 이들은 서둘러 기업의 사회적 책임에 관한 회의에 참석한다. 지속 가능 경영의 중요성도 받아들인다. 이들이 이윤 외의 다른 목표를 고려할 수 있도록 권한을 부여하면 이들은 열정적으로 행동한다.

오리건 주 포틀랜드의 라디오 진행자가 최근 이런 질문을 던져 온 적이 있다.

"필 나이트(나이키의 설립자이자 회장)에게 조언을 할 수 있는 기회를 얻게 된다면, 어떤 말씀을 하시겠습니까?"

"헨리 포드의 방식을 따를 것을 권하겠습니다. 포드는 포드의 직원들이 포드 자동차를 살 수 있을 만큼 넉넉한 급여를 주고 싶다고 얘기했습니다. 나이키가 세계 어느 곳에서 공장을 운영하든 포드와 같은 방침을 택한다면 이 세계는 훨씬 안전하고 나은 곳으로 변할 수 있을 겁니다. 그러면 나이키 판매도 급증할 겁니다."

그날 방송에서 우리는 나이키가 환경적인 측면에서 조금 더 책임감 있게 굴기 위해 노력을 기울이고 있으며 몇 해 전과 비교했을 때 나이키의 근로자들이 지금 현재 더 나은 삶을 살아가고 있다는 사실을 알리기 위한 홍보 활동에 많은 돈을 투자하고 있다는 얘기를 나누었다. 하지만 앞서 4장에서 언급했던 비영리 단체 '정의를 위한 교육'의 공동 설립자인 짐 키디와 레슬리 크레츠는 인도네시아 및 세계 각지에서 감시 활동을 하는 다른 비정부 기구들과 협력하여 세계 곳곳에서 나이키 제품을 생산하는 근로자들이 여전히 터무니없는 급여를 받고 있으며 형편없는 근로 환경에서 일을 한다는 사실을 밝혀냈다.

나는 개인적으로 필 나이트를 알지도 못하고, 필 나이트가 정신적으로 어떤 특성을 갖고 있는 사람인지도 모른다. 나이트가 사이코 패스 중 한 명일 수도 있다. 만일 나이트가 정말 사이코 패스라면 포드의 철학 같은 건 따르지 않을 가능성이 크다. 하지만 여러분과 나를 포함한 우리 소비자들은 나이트가 나이키의 근로자들을 인간적으로 대하도록 몰아세울 수 있다. 나이키가 정책을 바꿀 때까지 나이키 제품을 구매하지 않으면 그걸로 충분하다.

포틀랜드에서 라디오 방송을 하던 중 청중들에게 이런 얘기를 했다.

"나이키의 로고가 이 세상을 더 나은 곳으로 만들기 위해 모든 노력을 기울이는 기업을 상징하는 것으로 바뀌는 것보다 더 나은 길은 없을 겁니다. 나이키가 자사 제품을 생산하는 사람들을 제대로 대우하기 위해 노력을 기울일 때까지 나이키를 거부하면 그런 날이 올 겁니다."

강연을 마친 후 질의응답 시간에 청중들이 흔히 물어 오는 질문가운데 두 개를 소개하면 다음과 같다.

1. 군에 물자를 공급하는 기업은 어떤가요? 군수 업체를 변화시키려면 어떻게 해야 할까요?
2. 어떤 기업이 사회적, 환경적으로 책임감 있는 방식으로 행동하는지 확인하려면 어떻게 해야 하나요?

첫 번째 질문에 대해 간단하게 답을 하자면 우리 일반 국민들은 생각보다 군수 업체에 더욱 막강한 영향력을 행사할 수 있다. 열대 우림 행동 네트워크를 비롯한 여러 조직들은 제지 업체 보이시 캐스케이드, 대부분의 군수 업체 등 일반 소비자를 상대하지 않는 업체들, 혹은 시티 은행, 군사 업체 등 소비자들이 특별한 제품 충성심을 갖고 있지 않는 것으로 여겨지는 산업에 속해 있는 기업들에도 얼마든지 영향력을 행사할 수 있다는 사실을 발견했다.

어느 날 샌프란시스코의 레스토랑에서 함께 식사를 하던 중 열대 우림 행동 네트워크의 책임자 마이크 브륀은 내게 이런 얘기를 했다.

"이들 기업의 최대 구매 고객에게 도움을 요청하면 됩니다. 보이시 캐스케이드가 협상을 거부하자 킨코스를 비롯해 보이시의 고객 중 이미 우리 프로그램에 참여하겠다고 약속한 고객들에게 도움을 요청했어요. 그 방법은 통했어요. 대형 은행들을 상대할 때에는 최고 경영진을 당황스럽게 만들어야 할지도 모릅니다."

열대 우림 행동 네트워크는 신문에 관련 업체의 사장의 얼굴을 광고로 내보내며 해당 기업이 숲을 파괴하고 토착 주민들을 살해하고 있다는 문구를 함께 실었다. 뿐만 아니라 관련 기업의 고위 간부가 연설을 할 때마다 플래카드와 현수막으로 무장한 열대 우림 행동 네트워크 회원들을 내보냈다. 이 방법은 여성에게 참정권을 주도록 우드로 윌슨 대통령을 압박하기 위해 사용했던 방법과 유사하다. 두 가지 접근 방법은 모두 효과가 있었다고 한다.

"기업의 중역들도 사람입니다. 그들에게도 아이들이 있지요. 내가 그렇고, 당신이 그렇듯, 그 사람들도 사회적 압력이 가해지면 반응을 보이게 마련입니다."

군산 복합체에 영향력을 행사하는 것과 관련된 질문에 길게 답을 하자면 경제 자체를 변화시켜야 한다. 이와 관련된 내용은 뒷부분에서 다룰 예정이다.

두 번째로 자주 듣는 질문은 기업의 노력 정도를 어떻게 평가하느냐는 것이다.

손자 녀석을 위한 아기 침대를 찾기 위해 인터넷을 뒤지며 제시카가 발견한 것처럼 인터넷을 통해 많은 정보를 얻을 수 있다. 정보원이 항상 정확한 건 아니지만, 정보가 끊임없이 업데이트되며 거의 매일 정보가 개선된다. 구글을 비롯한 각종 검색 엔진을 통해서도 최신 데이터를 얻을 수 있다. 이 글을 쓰고 있는 이 순간에도 비영리 소비자 단체 그린 아메리카(과거의 코업 아메리카)가 커다란 도움이 되고 있다. 예를 들어, 테니스 화에 대해 궁금한 점이 있다면 그린 아메리카의 연구 내용을 살펴볼 수 있다. 다음은 2009년 4월 코업 아메리카가 발표한 내용이다.

운동화: 선두 업체와 후발 업체

신발은 노동력 착취 없이 생산하기 가장 어려운 품목 중 하나이다. 최근 몇 년 동안 수백 개에 달하는 신발 제조업체들이 생산 기반을 해외로 이전했다. 그중 상당수는 공급망 자체를 전혀, 혹은 거의 감독하지 않는다.

우리는 운동화 업계의 '선두 업체 및 후발 업체' 목록을 뽑기 위해 코업 아메리카에서 제공하는 두 개의 온라인 도구ResponsibleShopper.org와 GreenPages.org를 활용했다. 책임감 있는 소비자ResponsibleShopper.org 사이트에 등록되어 있는 전통적인 형태의 기업들에 대해 좀 더 많은 것을 알고 싶거나 녹색 페이지GreenPages.org에 등록되어 있는 친환경 기업 목록을 확인하고 싶다면 아래 회사 이름에 걸려 있는 링크를 눌러 보기 바란다.

오토노미 프로젝트: 이 업체는 산림 관리 협의회에서 인증한 지속 가능한 천연 라텍스 밑창을 이용해 운동화를 만든다. 오토노미 프로젝트는 스리랑카의 고무 생산업자와 파키스탄의 신발 제조업체, 양쪽 모두에게 공정 거래 프리미엄을 지급한다. 등급: A+

이키타: 이 업체는 파리에 기반을 두고 있는 신발업체 베자를 통해 운동화를 판매한다. 베자는 운동화에 사용할 친환경 유기농 면과 천연 라텍스를 확보하기 위해 브라질의 협동조합과 직접 협력한다. 이키타는 근로자들에게 최저 생활 생계비 이상의 임금을 지급하며 생산업자들과 장기적인 관계를 유지하는 등 공정한 노동 조건 하에서 운동화를 생산한다. 등급: A+

글로벌 익스체인지: 이 업체는 자사에서 운영하는 '공정 거래' 온라인 쇼핑몰에서 노동력을 착취하여 생산된 운동화를 판매하지 않는다. 등급: A+

노 스웻 어패럴: 이 업체는 노조가 활성화된 인도네시아 공장에서 운동화를 생산한다. 출산 휴가, 라마단 기간에 지급하는 보너스, 건강 보험 등 근로자에게 지급되는 급여 및 각종 혜택에 관한 정보를 홈페이지에 공개한다. 등급: A+

트레디션즈 페어 트레이드: 이 업체는 아르헨티나 협동조합에서 생산한 운동화를 판매한다. 이 업체의 웹 사이트는 협동조합을 후원하는 비영리 단체 '일하는 세계'와 연계되어 있다. 일하는 세계 웹 사이트를 방문하면 신발을 구매할 때 지불하는 금액이 어디로 흘러가는지 세부적으로 파악할 수 있다. 등급: A+

뉴발란스: 전통적인 신발 업체인 뉴발란스는 전 제품 중 4분의 1 이상을 미국에서 생산한다는 점에서 특이한 구조를 갖고 있다고 볼 수 있다. 최근 생산 기반을 중국으로 옮겨 가면서 2006년 전국 노동 위원회와 중국 노동 감시가 보고서에서 언급한 저임금, 오랜 근무 시간 등 부당한 근로 조건 하에서 노동력을 착취하여 많은 비난을 받고 있다. 등급: C

팀버랜드: 팀버랜드는 자사의 생산 시설을 독립적으로 감시 감독하기 위해 삼자 평가 시스템을 활용하고 있다. 하지만 팀버랜드의 신발을 생산하는 공장에서 일하는 근로자들은 여전히 부당한 초과 근무, 비위생적인 업무 환경, 임금 연체 등으로 어려움을 겪고 있다. 등급: C

나이키: 최근 나이키의 공장 차원에서 이루어진 부당한 행위로는 노조 활동을 막기 위해 터키의 한 생산 공장에서 노조 설립을 위해 노력하던 노동자들을 해고한 사례를 들 수 있다. 등급: F

리복과 아디다스: 요르단에 위치한 리복 생산 공장에서 최근 이루어진 부당 행위로는 이주 노동자 인신매매, 여권 압수, 열여섯 시간 교대 근무, 법

정 최저 임금을 하회하는 급여, 구타, 성폭행 등을 들 수 있다. 등급: F

푸마: 터키, 중국, 엘살바도르, 인도네시아, 멕시코 등에서 노동자의 권리를 심각하게 침해하는 사건이 반복적으로 발생하고 있다. 방글라데시 공장에서는 아동 노동자들이 구타를 당하고, 탈진으로 고통받으며, 의무적으로 하루에 열네 시간씩 근무할 것을 강요당하며, 시간당 불과 6.5센트를 받고 일을 한다. 등급: F[2]

각 회사에 대해 좀 더 많은 정보를 원하면 해당 웹 사이트를 좀 더 뒤져 보기 바란다. 이 웹 사이트에서 얻을 수 있는 나이키에 관한 정보는 다음과 같다.

- 나이키는 세계 최대의 신발 회사이며 미국의 운동화 시장의 5분의 1 이상을 지배한다.
- 나이키는 자사의 공장 위치를 공개하고 있으며 공급 업체가 행동 규범을 제대로 준수하고 있는지, 필요한 에너지 중 상당 부분을 청정 자원을 통해 확보하고 있는지 평가하기 위해 독립 감시 요원을 고용한다.
- 하지만 나이키를 비판하는 사람들은 이런 노력들만으로는 공장 근로자들이 처한 환경을 개선시키기에 충분하지 않다는 주장을 굽히지 않고 있다.
- 근로자들이 낮은 임금, 과로, 빈번한 욕설, 신체적 학대 등으로 고통받는 등 나이키 공급 업체의 공장에서 근로자의 권익을 침해하는 행위가 반복적으로 자행되고 있다는 비난이 끊이지 않고 있다.
- 나이키는 인권, 노동자 권익 침해라는 비난으로부터 자사를 보호하기

위해 신발 및 의류를 생산하는 해외 공장의 근로 조건에 대해 거짓말을 한 것으로 알려졌다. 나이키가 해외 공장의 근로 조건에 대해 사용한 방어적인 표현이 '상업적인 표현'이라는 결론을 내린 캘리포니아 주 대법원은 나이키를 상대로 과대광고로 소송을 걸 수 있다는 판결을 내렸다.[3]

소비자들이 손쉽게 시장을 기표소로 활용할 수 있도록 도와주는 도구들이 매일 새롭게 등장하고 있다. 진실 표시법의 도입으로 우리가 소비하는 식품에 함유되어 있는 칼로리, 지방, 단백질, 섬유질, 나트륨, 비타민, 각종 영양 성분을 한층 쉽게 파악할 수 있게 되었다. 우리가 소비하는 의류, 전자 제품, 기타 상품들이 어떤 사회, 환경적 조건 하에서 생산되는지 알 수 있는 날도 조만간 찾아올 것이다.

대니얼 골먼은 자신의 저서 『에코 지능*Ecological Intelligence*』에서 '사회 환경 수명 주기 분석 바코드 표기' 방법이 도입될 날이 머지않았다고 설명한다. 이 방법이 도입되면 모든 제품에 소비자들이 제품을 구매할 때 휴대 전화에 내장되어 있는 소형 카메라로 확인할 수 있는 바코드가 부착된다. 채굴, 농경 등 수명 주기 초기 단계와 관련된 각종 요인, 폐기 및 (혹은) 재활용으로 인해 발생하는 비용 및 이득 등 수명 주기 마지막 단계와 관련된 각종 요인을 비롯해 각 제품이 갖고 있는 장점 및 단점을 모두 고려할 수 있게 된다.[4]

이처럼 기술이 발전하면 우리도 능력을 키워 나갈 수 있다. 하지만 그저 가만히 앉아서 기다리기만 해서는 안 된다. 지금 우리에게는 영향을 미칠 수 있을 만큼 충분한 정보가 있다. 우리 자신, 혹은 기업들이 100퍼센트 완벽할 거라고 기대할 순 없다. 적어도 초기에는 그렇다. 하지만 우리 모두가 완벽을 위해 100퍼센트의 노력을 기울일 거라고 기대할 수는 있다. 환경적, 사회적 책임에 관한 가장 엄격한 기준을 준수하는 제품 및 서비스를 제공하기 위해 노력하는 기업만을 애용할 것이라는 메시지를 보내는 것은 우리 소비자들의 특권이자 의무이다.

완벽을 추구하는 과정에서 셀 수 없이 많은 기회를 얻을 수 있다. 또한 완벽을 추구하는 과정에서 새로운 세대의 진취력 있는 발명가, 기업가, 기업 중역 등이 등장하게 된다. 돌연변이 자본주의 바이러스를 제거하면 새로운 형태의 건전한 자본주의를 찾아내어 좀 더 흥미진진하고 역동적인 경제에 한 걸음 다가설 수 있다. 20장에서는 이에 관한 이야기를 다루어 볼 예정이다.

20장 | 신경제 건설

니카라과의 아리엘 부카르도 로차 농림 수산부 장관은 스테판 레트샤픈을 바라보며 얘기했다.

"대형 농업 기업들은 너무 많은 양의 비료, 살충제, 화학 물질을 사용합니다. 그로 인해 우리 국토의 상당 부분이 파괴되었어요."

수련 과정을 모두 마친 의학 박사 스테판은 1977년 개인의 성장, 건강, 변화에 관한 내용을 가르치는 교육 센터 오메가 연구소를 공동 설립했다. 스테판은 『시간 이동*Time Shifting*』의 저자이기도 하다. 현재 스테판은 코스타리카에 전인적인 학습 센터를 짓고 있으며 코스타리카 전역에 유기 농법을 퍼뜨리기 위한 방법을 연구 중이다. 스테판은 2008년 3월 니카라과의 농부들을 돕는 데 관심을 갖고 있는 몇몇 자선가들 및 사회 활동가들을 위해 니카라과 여행을 계획했다. 스테판을 비롯한 우리 일행은 외딴 지역을 찾아 농부들과 대화를 나누고 현지 시장을 방문한 다음, 니카라과의 수도 마나과로 돌아와 정부 관료들을 만났다.

우리는 같은 얘기를 수도 없이 들었다. 돌, 치키타, 카길, 크라프트 등 대형 기업들이 니카라과의 땅을 초토화시켰다고 한다. 기업의 이윤을 극대화시키는 데에 초점을 맞춘 정책으로 인해 농지가 불모지로 변해 버려 니카라과 곳곳에서 유기 농법을 사용하기가 불가능한 상황이라는 대답을 들을 수 있었다.

비영리 단체 소스와치는 이런 방법이 끼치는 부정적인 영향에 관한 글을 기고했다.

> 니카라과, 코스타리카, 온두라스 등지에서 일하는 치키타의 근로자들은 치키타가 바나나를 생산하는 과정에서 미국을 비롯한 다른 국가에서 사용을 금지하는 살충제 등 유독성 농약을 사용한다고 비난해 오고 있다. 미국에서는 이미 수십 년 전부터 사용이 금지되어 왔으며 흔히 DBCP로 알려져 있는 살충제 네마곤이 시력 손실, 장기 파열, 불임, 암, 선천적 결손증, 유산 등을 유발한다는 사실이 밝혀지자 2002년 니카라과 법정은 치키타, 돌, 다우 등의 기업에 네마곤 접촉으로 인해 피해를 입은 니카라과 노동자들에게 4억 8900만 달러를 배상할 것을 명령했다.[1]

니카라과 의회 지도 위원회 구성원인 알바 팔라시오스도 이런 문제에 대해 언급했다.

"외국 기업들이 위험성 때문에 미국에서 불법으로 규정된 화학 물질을 다른 나라에서 사용할 거라고 생각하기는 어렵습니다. 하지만 여기 니카라과에서 바로 그런 일이 자행되고 있습니다."

니카라과에는 광활한 농지가 있을 뿐 아니라 담수도 넉넉하다. 니카라과의 수많은 강과 작은 호수를 보완해 주는 두 개의 거대한 호수가 있다. 그중 하나는 총 면적이 3000평방 마일을 넘는 중미 최대의 호수 니카라과 호수이다. 나머지 하나는 길이가 약 40마일, 폭이 15마일에 이르는 마나과 호수이다. 하지만 안타깝게도 니카라과의 수질은 심각하리만치 오염되어 있다. 다음은 미국의 비영리 단체 퍼블릭 시티즌이 니카라과의 수질 오염에 대해 언급한 내용이다.

> 니카라과의 전체 표면적에서 물이 차지하는 비중이 10퍼센트에 이르지만 환경 악화, 오염, 일부 지역에서 나타나고 있는 물 부족 현상으로 인해 니카라과는 지금의 인구와 생산성 수준을 유지하기 위해 필요한 충분한 양의 물을 공급하기 어려운 상황에 처했다. 현재 니카라과에서 식수를 공급받지 못하는 인구가 전체 니카라과 인구의 3분의 1에 다다르고 있다. 전체 인구 중 식수를 공급받지 못하는 인구가 72퍼센트에 이르는 시골 지역 주민들은 생활 하수, 살충제, 산업 폐기물 등으로 오염된 얕은 우물, 강, 개울, 호수 등을 통해 식수를 얻는다.[2]

로차, 팔라시오스를 만난 다음 날 나는 스테판과 함께 마나과 호숫가에 서서 대화를 나누었다. 호수에서는 참기 어려울 만큼 지독한 악취가 올라왔다.

"1972년 지진이 발생한 후 해외에서 보내온 원조는 모두 니카라과의 독재자 소모사의 손으로 들어갔습니다."

스테판은 아나스타시오 소모사 '타치토' 데바일레의 이름을 언급한 후 잠깐 동안 사색에 잠긴 듯했다. 소모사는 1967년부터 1979년까지 잔혹하게 니카라과를 압제하였으며 소모사 일가는 1936년 이후 수십 년 동안 니카라과를 철권 통치했다.

"소모사는 마치 왕이라도 된 듯한 삶을 살았어요. 마나과와 마나과의 상수도 시스템을 재건하지 않고 소모사는 모든 사람이 배출하는 분뇨, 산업 폐기물, 농사를 짓는 과정에서 발생하는 쓰레기 등을 모두 이 호수에 쏟아부었어요. 소모사가 이 호수를 오수 구덩이로 만든 거지요."

나는 악취를 견디지 못하고 스카프를 들어 올려 코를 막은 채 답했다.

"그때는 제가 경제 저격수가 된 다음 해였겠군요. 이 호숫가를 따라 아름다운 집, 공원, 산책로, 쇼핑 매장, 미술관, 야외극장 등을 만들어 경제 기적을 만들어 내겠다며 지진 후원금을 따로 떼어 놓았던 기억이 나는군요. 관광 산업이 활성화되고 부동산 가치가 높아지면 니카라과가 모든 빚을 갚고 앞으로 계속해서 번성해 나갈 수 있을 거라고 생각했었죠."

"하지만 실상은 다르죠. 이 호숫가 전체가 그 누구도 살 수 없는 곳으로 변해 버렸으니까요. 기회 자체가 사라져 버렸어요."

스테판에게 니카라과에 지진 발생 후 얼마 지나지 않아 참석했던 저녁 모임에 관한 얘기를 들려주었다. 저녁 모임의 연사는 세계은행 총재 로버트 맥나마라였다. 저녁 모임이 있고 나서 며칠이 지난 후 남미 프로젝트에 참여하고 있던 몇 명의 사람들이 모여 맥나마라를 방문했다. 맥나마라는 세계은행과 미국 정부(맥나마라는 존 F. 케네디와 린든 B. 존슨 대통령 시절 국방부 장관을 역임)는 소모사가 부패 및 인권 침해로 비난을 받고 있다는 사실을 잘 알고 있긴 하지만 여전히 소모사를 지지한다며 소모사가 '카스트로, 토리호스 등과 같은 공산주의자들을 막을 보루'와 같은 역할을 할 수 있다는 것이 그 이유라고 설명했다. 나는 맥나마라의 얘기를 듣고 충격을 금할 수 없었다. 당시 맥나마라처럼 충분한 교육을 받은 사람이 어떻게 토리호스를 공산주의자로 폄하할 수 있는지 궁금해졌다. 하지만 그 얘기를 입 밖에 올리지는 않았고 그 덕에 일자리를 잃지 않을 수 있었다.

스테판과 나는 곧이어 세계은행의 개혁 가능성에 대해 논의했다. 내가 먼저 운을 뗴었다.

"세계은행의 설립 목적은 훌륭했어요. 제2차 세계 대전으로 파괴된 나라를 재건하는 것이 목표였죠. 설립 당시 세계은행이 내세웠던 목표를 니카라과 같은 나라에 다시 접목시킬 때가 된 것 같군요."

UN이 세계은행과 협력하여 호수를 정화시키고, 니카라과의 수도 옆에 위치한 불모지를 도시 계획 모델로 변화시키기 위한 운동을 지휘하는 방안에 대해 얘기를 나누었다.

스테판도 자신의 생각을 얘기했다.

"미국 정부가 미사일과 탱크를 생산하는 기업에 국방 예산 중 일부를 나눠 주고 이 호수를 정화하는 데 사용할 장비를 생산하도록 한다면 어떤 일이 일어날지 상상해 보세요."

스테판의 제안은 매우 흥미로운 것으로 다른 산업에도 똑같이 접목시킬 수 있는 것이다. 예를 들어 돌, 치키타, 카길, 크라프트 등 농업 기업들에게 세금의 일부를 지원하여 현지에서 식량을 생산, 저장,

유통할 수 있는 더 나은 방법을 개발하는 등 전 세계에서 굶주림에 허덕이고 있는 사람들이 굶지 않고 살아갈 수 있도록 돕기 위한 방법을 찾아낼 것을 요구하면 어떤 일이 일어날까? 이런 방안을 도입하면 그 누구의 일자리도 빼앗을 필요가 없다. 그저 담당 업무가 바뀌는 것뿐이다. 제너럴 다이나믹스, 레이시온, 그루먼 등에서 잠수함이 아니라 오염된 강을 정화시킬 배를 만드는 인재들에게 급여를 제공하는 것이다. 치키타, 돌, 크라프트 등에게 바나나 농장 경영에서 손을 떼는 대신, 망가진 땅을 되살리고 빈곤에 허덕이는 시골 지역에 적합한 식품 저장 시스템을 구축하는 데 도움이 될 만한 시설을 개발할 것을 요구할 수 있다.

스테판이 말을 이었다.

"월마트를 거닐다 보면 이 세상이 그 누구도 필요로 하지 않는 쓰레기로 가득 차 있다는 사실을 깨닫게 될 겁니다. 슈퍼마켓에서 상품 진열대 사이를 누비면서 우리는 수많은 결정을 내리게 됩니다. 콘플레이크를 생각해 보죠. 설탕이 함유된 걸 사야 할까, 무가당 제품을 사야 할까? 혹은 꿀이 들어있는 걸 사야 할까? 건포도가 들어 있는 걸 살까, 없는 걸 살까? 건조 딸기가 들어있는 제품이 나을까? 어떤 브랜드 제품을 살까? 커다란 노란 상자에 들어 있는 걸 살까, 아님 더 커다란 오렌지색 가족용 콘플레이크를 살까?"

"우리는 이런 고민을 하지만 이 세상에서 굶주림에 허덕이는 사람이 10억 명도 넘지요."

우리는 콘크리트 덩어리가 흩어져 있는 길을 따라 걸었다. 아마도 몇 년 전 누군가 호숫가를 따라 보도를 만들려고 한 흔적인 듯했다.

혹은 내가 모르는 무언가를 만들려고 한 것일 수도 있다. 어쨌든 바닥에 깔려 있는 콘크리트는 모두 엉망이 되어 있었다. 지금 현재 세계 경제 중 얼마나 많은 부분이 전혀 유용하지 않은 쓰레기를 바탕으로 하고 있는지 생각해 보았다. 버려진 플라스틱과 금속. 영양 성분이라고는 전혀 없으면서 겉보기에만 그럴듯한 낭비적인 포장재에 담겨 있는 식품으로 가공된 곡물. 출시된 지 몇 달이 지나면 구식 모델 취급을 받으며 굶주림에 허덕이는 아프리카 사람들이 채굴한 콜탄이라는 희귀한 광물을 핵심 원료로 사용하는 휴대 전화, 노트북, 기타 가전제품. 인도, 네팔, 인도네시아, 아이티에서 만나 보았던 사람, 텔레비전에서 보았던 사람 등 굶주림에 허덕이는 사람들의 얼굴과 삐쩍 마른 몸이 떠올랐다. 그들의 얼굴을 떠올리며 암울한 기분을 느끼지 않으려고 노력했다. 대신 사람들이 실제로 필요로 하는 제품, 지구에 도움이 되고 미래를 위한 희망을 제시하는 재화와 상품을 생산하기 위한 활동을 기반으로 하는 신경제를 구축할 가능성에 대해 곰곰이 생각해 보았다.

스테판에게 혁명이 지구 남반구를 휩쓸고 있다는 개인적인 생각을 전해 주었다. 니카라과는 민주적인 방식으로 새로운 부류의 대통령을 선출한 남미 10개국 중 하나이다. 남미 인구 중 80퍼센트 이상이 밀집해 있는 이 국가들이 지난 몇 년 동안 선출한 대통령들은 전 세계에 중요한 메시지를 전달하고 있다. 이들은 수백 년 동안 자국 국민들을 노예 상태로 몰아넣었던 식민주의 정책을 과감하게 거부했다. 또한 이들은 흔히 '워싱턴 합의', '신식민지주의', '신자유주의' 등으로 불리는 약탈 자본주의도 단호하게 거부했다. 게다가 남미에서 민주적으로 선출된 대통령은 자국 국민들을 세계은행과 국제 통화 기금의 빚 속에 허덕이게 만들었던 장벽을 무너뜨릴 것을 요구했다. 뿐만 아니라 이들은 더 이상 다국적 기업의 자원 강탈, 공공 부문 민영화를 용인하지 않을 거라고 공개적으로 선언했다.

아르헨티나, 볼리비아, 브라질, 칠레, 에콰도르, 니카라과, 파라과이, 엘살바도르, 우루과이, 베네수엘라 등 민주적으로 새로운 부류의 대통령을 선출한 모든 국가들은 내가 이 세상에 태어난 이후 상당 기간 동안 억압적인 정권과 잔혹한 독재자의 지배를 받았다. 미국 CIA가 독재 정권을 지지하는 경우도 있었다. 과거 선거가 아닌 다른 방법으로 정권을 장악했던 남미 국가 대통령들은 기업 정치가 자국의 자원을 마음껏 유린할 수 있도록 적극 지원했다. 하지만 채 십 년의 시간이 흐르기도 전에 모든 것이 변했다. 남미 국민들이 자신의 의견을 소리 높여 말하기 시작했다. 남미 사람들은 민주적인 선거를 통해 평화로운 방법으로 자원의 가치, 자국 영토 내에 있는 자원에 대한 국민의 권리, 미래 세대에 도움이 되는 방향으로 자원을 활용할 책임 등의 가치를 인정하는 것이 변화의 핵심이라는 사실을 이해하는 대통령을 선출했다. 뿐만 아니라 남미 여러 나라에서 민주적으로 선출된 지도자들은 기업의 힘을 잘 이해하고 있다. 이들은 자국 국민들의 목표 달성을 위해서는 가장 기본적인 목표를 수정하도록 기업을 격려(혹은 압박)해야 한다는 사실을 잘 알고 있다.

선거를 통해 선출된 남미의 새로운 지도자들은 신경제를 받아들이고 있다. 이들은 그 과정에서 세계 모든 사람들에게 이 세계가 진정으로 필요로 하는 것을 생산하는 자본주의와 이윤 창출이라는 목표를 결합시키는 동시에 지속 가능하고, 공정하며, 평화로운 세상을 건설해 나가는 방법을 보여 주고 있다.

바람이 불어와 마나과 호수를 휘감고 지나갔다. 오염된 물에서 풍기는 악취를 더는 참을 수가 없었다. 스테판과 나는 호숫가를 떠나 차를 세워 둔 곳으로 되돌아왔다. 우리 두 사람은 울퉁불퉁한 콘크리트 위를 걸어가며 우리가 살아 있는 동안 발생한 끔찍한 환경 파괴를 한탄했다.

마나과 거리를 지나 호텔로 향하는 길에 우리에게 진정으로 필요한 것은 지금 우리 경제가 갖고 있는 극단적인 물질주의와 군국주의를 넘어서는 것이라는 사실을 끊임없이 떠올렸다. 새로운 경제가 어떤 형태를 띠어야 할지를 보여 주는 몇 가지 훌륭한 모델이 이미 등장했다는 생각이 들었다. 그중 하나가 안데스 산맥에서 등장했다. 시카고, 덴버, 샌프란시스코, 시애틀, 워싱턴 D. C. 등 미국 영토 내에서 등장한 것들도 있다.

21장 | 그린 마켓

오타발로는 안데스 산맥 고지대에 자리한 엽서처럼 완벽한 풍광을 자랑하는 마을이다. 해발 8000피트에 위치한 오타발로는 적도에서 불과 몇 마일 정도 떨어져 있으며 에콰도르 현지인들이 두려워하는 세 개의 화산으로 인해 형성된 계곡에 자리를 잡고 있다. 오타발로는 잉카 제국 이전부터 존재했으며 음악적 재능, 베 짜는 솜씨, 샤먼 문화 등으로 유명한 토착 부족 오타발로족의 본거지이다.

호르헤 타마요는 오타발로 부족의 주술사 중 한 명이자 나의 친구이며, 내 대자代子의 아버지이기도 하다. 햇살이 좋은 어느 날, 호르헤와 함께 오타발로 마을의 시장을 거닐었다. 안데스 산맥을 둘러싼 공기 속에서 나무 장작을 땐 후의 연기와 비슷한 냄새가 옅게 묻어났다. 가판대 내부와 여러 가판대를 연결하는 팽팽한 줄에 마치 무지개를 연상케 하는 형형색색의 스웨터, 숄, 판초, 태피스트리를 걸어 놓고 손님을 끌기 위해 소리를 질러 대는 행상들과 마치 경쟁이라도 하듯 에콰도르 악단이 연주하는 음울한 팬파이프, 플루트, 드럼 소리가 시장 구석구석으로 퍼져 나갔다.

호르헤는 시장에서 판매되고 있는 물건들에 대해 설명해 주었다.

"우리가 직접 기른 양과 라마에서 실을 얻지요. 모든 것이 오타발로에서 살아가는 주민들의 집에서 만들어지지요."

호르헤는 걸음을 멈추고 한 노파와 얘기를 나누었다. 노파는 용설란에서 얻은 섬유 조직으로 만든, 신발에 닿을 만큼 기다란 짙은 푸른색 에콰도르 전통 치마와 빨간색과 녹색 꽃 모양이 수놓아져 있는 하얀색 블라우스를 입고, 금으로 만든 목걸이를 여러 겹 목에 휘감고 있었다. 호르헤는 끝 부분을 붉게 물들인 푸른색 판초를 집어 들고서 잘 살펴보라며 내게 내밀더니 노파에게 물었다.

"이 판초 직접 만드신 건가요?"

노파의 주름진 얼굴에 미소가 번지면서 금니가 드러났다. 할머니는 자랑스럽게 얘기했다.

"내 딸이 한 거라오. 내가 요즘 눈이 별로 안 좋아요. 그래서 파는 일을 주로 내가 맡고 있지요. 우리 아이들과 손자 녀석들이 가축도 돌보고 옷도 만들지요."

노파가 팔고 있던 판초는 내가 친구에게 선물하려고 찾아 헤매던 바로 그 물건이었다. 호르헤가 노파와 흥정을 마친 후 나는 판초를 구매했고, 우리는 발걸음을 옮겼다. 호르헤는 "미국을 방문할 때면 오타발로 시장이 생각나곤 한다."고 얘기했다. 호르헤는 미국 비자를 갖고 있었다. 뉴잉글랜드에서 주술사의 능력을 갖고 있는 동시에 안데스 전통에 대해 잘 알고 있는 호르헤를 필요로 했기 때문에 종종

뉴잉글랜드를 방문하곤 했다.

"미국에서 만나는 모든 사람들은 환경에 대해 언급하면서 학대받는 사람들이 생산한 물건을 사지 말라고 얘기합니다."

호르헤는 걸음을 멈추고 주변을 둘러보았다.

"여기 이 시장에서는 그런 걱정을 할 필요가 없어요."

나는 호르헤에게 나도 같은 생각이라고 얘기했다. 1969년 오타발로를 처음 방문한 후부터 오타발로 시장에서 판매되는 상품의 품질이 우수하며 모든 제품이 현지에서 나는 재료를 이용해 현지인들이 직접 만든 것이라는 사실에 깊은 감명을 받았다. 하지만 최근 들어 상황이 변화하기 시작했다. 페루, 아시아 등지에서 수입한 제품을 판매하는 상인이 등장한 것이다. 하지만 그와 동시에 미국에서도 변화가 나타나기 시작했다. 추가 이전과는 다른 방향으로 움직이기 시작한 듯 했다.

"다음에 미국을 방문하시거든 오타발로 시장과 비슷한 곳으로 한번 모시고 갈게요. 시장에 나와 있는 제품이나 판매하는 사람들의 얼굴 생김새는 다르지만 오타발로 시장과 철학적인 면에서 비슷한 시장이 있어요."

나는 호르헤에게 오타발로 시장과 비슷한 미국 시장으로 데려가 주겠다고 얘기하며 매년 시카고, 덴버, 샌프란시스코, 시애틀, 워싱턴 D. C. 등에서 열리는 '그린 페스티벌'을 떠올렸다.

그린 페스티벌은 글로벌 익스체인지와 그린 아메리카가 공동으로 진행하는 프로젝트이다. 유기농 바디케어 로션에서부터 테니스 화, 의류, 공정 거래 식품, 재생 가능 자원으로 만든 가정용품 및 정원 용품 등을 판매하는 총 350개가 넘는 기업이 매년 열리는 이 페스티벌에 참여한다. 그린 페스티벌에 참여하는 업체를 선정할 때는 지속 가능한 비즈니스 관행을 얼마나 적극적으로 도입하고 있는지를 기준으로 한다. 각 도시에서 그린 페스티벌이 열리는 장소를 방문하는 사람 수는 2만 5000명이 넘는다. 그린 페스티벌에 참여하면 가판대에서 물건을 구매할 수 있을 뿐 아니라 재계 유명 인사, 작가, 교육자의 강연을 듣고, 체험장에서 직접 체험을 하고, 영화를 감상할 수 있다. 뿐만 아니라 그린 페스티벌에서는 어린이를 위한 각종 활동, 유기농 맥주와 와인, 유기농 요리, 라이브 음악 등을 즐길 수 있다.

『우리 문명의 마지막 시간들*The Last Hours of Ancient Sunlight*』, 『토머스 제퍼슨의 선택*What Would Jefferson Do*』, 『한계점』 외에 십여 권이 넘는 책을 집필하였으며 라디오 방송국 에어 아메리카에서 프로그램 진행을 맡고 있는 톰 하트만도 최근 그린 페스티벌에서 강연을 했다. 하트만의 강연 중 내게 깊은 감명을 준 부분이자 『한계점』에도 소개되어 있는 내용을 소개하면 다음과 같다.

> 어떤 차원에서 보면, 우리가 살아가는 현대 소비자 사회는 진실과 거짓을 바탕으로 한다. 여기서 진실이란 안전과 안정성이 한계점 이하인 삶을 살아가고 있을 경우 약간의 '물질'만으로 정신적, 감정적 상태, 그리고 삶의 질에 엄청난 변화를 가져올 수 있다는 것이다. (중략)
> 여기서 거짓이란 우리 문화에 대한 유혹적인 말을 뜻한다. 사람들은 '그 정도의 물질만으로도 짧은 시간 내에 그렇게 많은 행복을 얻을 수 있다면, 열 배 정도 많은 물질을 얻게 되면 열 배가량 더 행복해질 것'이라고

거짓말을 한다.[1]

연설 중 톰 하트만이 언급한 내용은 남반구에 위치한 빈국의 시장과 부유하고 매우 물질적인 미국 도시에 위치한 시장 등 서로 다른 두 부류의 시장을 바라보는 아주 적절한 시각이라고 여겨진다.

그린 페스티벌에서 직접 연설을 하기도 한다. 연설을 끝내고 나면 시장 내에 있는 서점으로 떠밀려 간다. 여러 명의 다른 작가들과 함께 기다란 테이블에 앉아 책에 사인을 한다. 그곳에서 다른 사람들과 많은 대화를 나눈다. 사람들은 질문을 던지고 내게 마음을 꺼내 보이기도 한다. 톰 하트만과 같은 생각을 갖고 있는 사람도 있다. 많은 사람들이 '우리 미국인들은 지금보다 훨씬 적은 것만 갖고서도 얼마든지 살아갈 수 있으며 지구상에서 살아가는 수많은 사람들이 지금보다 훨씬 많은 것을 필요로 한다.'는 사실을 깨달아야 한다고 주장한다. 즉 굶주림에 허덕이며 힘든 삶을 살아가는 사람들에게 합당한 몫이 주어져야 한다는 것이다.

저자 사인회가 모두 끝나고 나면 시장을 거닌다. 가판대에 나와 있는 식품과 의류, 신발, 기기 등을 볼 때마다 항상 사람들의 독창성에 감명을 받는다. 그린 페스티벌을 비롯해 각지에서 열리는 박람회, 시장 등을 통해 신경제가 탄생하고 있다는 사실은 전혀 의심할 필요가 있다. 우리는 지금 엄청난 의미를 갖고 있는 세계적인 시장을 구축해 나가고 있다.

그린 아메리카의 창시자 데니스 햄러, 알리사 그라비츠, 폴 프룬

디치, 글로벌 익스체인지를 설립한 케빈 대나허, 미디 벤자민, 코스틴 몰러, 세계 각지에서 그린 마켓을 조직하는 수천 명의 사람 등 우리 같은 일반인들이 이런 일을 해내고 있다는 사실을 종종 떠올린다. 새로운 형태의 사고와 독창성이 이 세계에 침투하고 있다. 상하이 고속 도로 주위에 늘어서 있는 나무, 기름 소모량이 많은 자동차를 전기 자동차로 대체하기 위한 중국 정부의 노력 등을 볼 때 이런 변화가 나타나고 있는 것이 분명하다. 로스앤젤레스 항에서 혁신적인 무공해 전기 차량 제조업체 발콘 코퍼레이션에서 개발하였으며 무게가 6만 파운드에 이르는 운송 컨테이너를 끌어당길 수 있는 전기 트럭을 구매했다는 사실을 통해서도 이러한 사실을 분명하게 확인할 수 있다.[2] 방글라데시를 세계 최초의 태양 에너지 기반 경제로 탈바꿈시키려는 그라민 샥티 코퍼레이션의 노력, 쿠키, 사탕 봉지, 포테이토칩 포장재, 음료 포장재, 기타 각종 '쓰레기'를 이용해 테라 사이클이 만들어 내는 제품 등을 통해서도 변화를 확인할 수 있다. 제이드 플래닛이 버려진 비닐 봉투를 이용해 만들어 내는 고급 지갑과 신발, 놀라울 만큼 빠른 속도로 우리 경제에 편입되고 있는 수많은 재화 및 서비스도 그 근거가 될 수 있다.

워싱턴 대학의 한 학생은 최근 자동차가 처음 대중에게 보급될 당시 미국 내 각 도시의 도로는 말똥으로 넘쳐 났고 도시 부근에서 농부들은 말에게 먹일 사료를 구하기 위해 안간힘을 다하고 있었다는 사실을 일깨워 주었다.

"자동차는 우리를 오염과 식량 부족으로부터 구원해 줄 구세주로 환영받았습니다. 하지만 그 어떤 해결책도 영원하지 않지요."

한 여학생은 학생 대출을 갚기 위해 졸업 후 몇 년간은 대기업에서 일을 할 수밖에 없을 거라고 얘기했다. 여학생은 환한 미소를 지으며 말을 이었다.

"하지만 대출을 모두 갚고 나면 이 년 전 태평양에서 보았던 떠다니는 쓰레기 섬을 청소하여 이윤을 얻는 회사를 만들 겁니다."

지난 몇 달 동안 에콰도르, 아이슬란드, 파나마, 중국에서 같은 목소리를 들을 수 있었다. 미국에서도 마찬가지다. 지난해에는 세계 여러 나라에서 같은 목소리가 들려왔다. 내 귓가에 들려온 목소리는 우리 경제가 약탈 자본주의에서 벗어나 생기가 넘치는 새로운 형태의 자본주의로 변화할 수 있도록 노력을 아끼지 않는 사람들에게서 울려 나오는 미래의 목소리이다.

신경제가 건설되면 그동안 무기 제조에 투입되었던 자본이 이 지구를 조화롭게 만들 재화와 서비스를 만들어 내는 기업으로 흘러들어 갈 것이다. 뿐만 아니라 화학 비료, 살충제, 유전자 조작에 사용되었던 자본이 세계 각국에서 유기 농법을 장려하고 굶주림에 허덕이는 사람들에게 자급자족할 수 있는 힘을 안겨 주는 시스템에 투입될 것이다. 또한, 신경제 아래서는 니카라과의 오염된 호수를 정화시키고, 파괴된 보르네오의 숲에 다시 나무를 심고, 신재생 에너지를 활용하기 위한 신기술을 개발하는 기업에 보상이 주어질 것이다. 소수의 부유한 CEO에게 더 커다란 부를 안겨 주는 것 외에 아무런 역할도 하지 못하는 싸구려 장신구, 각종 기기 등 불필요한 물건들이 시장에서 사라지고 삶의 질을 개선하는 데 도움이 되는 제품들이 그 자리를 메울 것이다. 또한 신경제는 다른 사람을 착취하도록 부추기는 미숙한 태도에서 벗어나 우리 모두가 지구라는 손상되기 쉬운 행성 위에서 다 함께 살아가는 존재라는 성숙한 생각을 받아들이는 계기가 될 것이다. 신경제가 건설되면 재화와 서비스가 좀 더 효율적으로 분배되는 동시에 지금 우리 모두가 겪고 있는 폭력의 근간에 놓여 있는 끔찍한 고통의 흔적은 모두 사라질 것이다.

이와 같은 신경제를 움직이는 사람들은 지금의 기업가들이다. 그들은 앞으로도 윤택한 삶을 살아가게 될 것이다. 선한 청지기의 역할을 하는 기업가들은 미래의 영웅이 될 수 있다.

22장 | 선한 청지기, 새로운 우상

뉴햄프셔에서 성장기를 거치는 동안 나는 주변 친구들과 마찬가지로 우리 후손들을 위해 더 나은 세상을 만드는 데 기여한 사람들을 영웅으로 여겼다. 친구들과 나는 조지 워싱턴, 토머스 제퍼슨, 톰 페인, 해리엇 터브만, 토머스 에디슨, 랠프 월도 에머슨, 해리엇 비처 스토우, 플로렌스 나이팅게일, 엘리자베스 케디 스탠턴, 수잔 B. 앤서니, (군인 중에서는) 드와이트 D. 아이젠하워와 같은 삶을 살고 싶어 했다. 우리가 그들을 존경했던 이유는 그들이 대저택에 살아서도 아니고 많은 부를 축적해서도 아니었다. 우리가 그들을 존경했던 진짜 이유는 그들이 숭고한 대의를 이루어 내기 위해 노력했기 때문이다.

역사 수업 시간에 존 D. 록펠러, J. P. 모건 등이 산업화의 길을 닦은 인물이라는 내용을 배웠다. 하지만 그렇다고 해서 그들을 닮고 싶다는 생각은 해 보지 않았다. 사실 역사 교과서에도 록펠러나 모건은 탐욕스럽고, 야비하고, 이기적인 사람들로 묘사되어 있다.

애슈턴 교수님을 비롯한 경영 대학원 교수님들은 1960년대 말 기업 경영진들이 장기적인 기업 이익을 보호할 책임을 갖고 있는 청지기와 같다는 말씀으로 내 생각이 옳았다는 확신을 안겨 주었다. 대공황 이후 제정된 각종 법률에도 이런 생각이 반영되어 있다. 만일 미국이 최근까지도 이런 생각을 존중하고 따랐더라면 지금과 같은 경제적인 재앙을 겪지는 않았을 것이다. 하지만 안타깝게도 권력자들과 이익 단체들은 우리들을 반대 방향으로 내몰았고, 우리는 기꺼이 그들이 요구하는 방향으로 움직였다.

우리는 그동안 텔레비전 프로그램에서 사람들을 해고하고 창피를 주는 행위를 공공연하게 미화하는 무자비한 부동산 개발업자 도널드 트럼프, 자신은 수백만 달러의 연봉과 보너스를 챙겨 가면서 회사 직원 중 4분의 1을 해고한 사실과 이산화탄소를 내뿜는 산업이 환경에 심각한 영향을 미친다는 것을 부인했다는 사실을 자랑스럽게 떠벌리는 GE의 전 CEO 잭 웰치와 같은 사람들을 우상으로 여겼다. 잡지 표지에 억만장자들의 얼굴을 떡하니 싣고서 자선 단체에 많은 금액을 기부했다는 칭송을 늘어놓으면서 이들이 경쟁 업체를 몰락시켜 기부금보다 몇 배나 많은 돈을 벌어들였다는 사실은 언급조차 하지 않는다. 뿐만 아니라 우리는 부자와 유명인들이 등장하는 텔레비전 쇼를 넋을 잃고 바라본다. 부모의 이런 행동을 지켜보는 아이들은 이 사회와 환경에 얼마나 많은 문제가 발생하건 무조건 대저택에서의 삶과 전용 비행기를 타고 세계를 누비는 삶을 염원하는 것이 옳다고 믿게 된다. 우리는 자동차 범퍼에 '죽을 때 가장 많은 장난감을 갖고 있는 사람이 승자'라는 문구가 적힌 스티커를 붙여 둔다.

지난 사십여 년 동안 우리는 현대판 악덕 자본가들에게 강력한 지지의 메시지를 보내왔다. 우리는 기업 경영진들에게 저렴한 물건을 공급하고 주식 수익률을 높여 줄 것을 요구했다. 그리고 어떤 비용이 발생하든 이윤을 극대화시키는 CEO에게 보상을 제공했다.

과연, 이것이 우리가 진심으로 원하는 것일까?

그렇지 않다는 증거는 어디에서나 쉽게 찾아볼 수 있다. 적어도 더 이상은 그렇지 않다. 2008년 대선이 대표적이다. 독립적인 성향을 갖고 있으며, 아버지가 미국 해군 장성이었던 덕에 얼마든지 전우들보다 앞서 풀려날 수 있는 상황이었음에도 불구하고 베트남 전 당시 북베트남군의 전쟁 포로로 남아 있는 쪽을 택할 만큼 훌륭하고, 솔직하고, 이타적인 사람이라는 사실이 존 매케인이 공화당 후보로 공천을 받을 수 있었던 중요한 이유 중 하나였다. 대통령 선거 운동이 진행되는 동안 많은 사람들이 오바마가 당선되면 나라가 어려운 상황에 빠질 거라고 얘기하도록 매케인을 설득하려 했다. 하지만 매케인은 단호하게 거절했다. 결국 공화당과는 다르고 한층 너그러운 관점을 제시한 덕에 오바마는 승리를 거머쥘 수 있었다.

최근 몇 년 동안 수많은 고무적인 추세가 등장했다. 소비자들은 과거의 방식을 거부한다는 메시지를 전달하고 있다. 우리 국민들은 기업 경영진들이 이윤이 아닌 다른 것들도 함께 고려하고, 더 나은 세상을 만드는 데 도움이 되는 재화와 서비스를 제공해 주기를 원한다고 소리 높여 이야기한다. 많은 기업들이 소비자들의 요구에 반응을 보이고 있다.

홀 푸즈와 같은 기업, 슈퍼마켓 체인 퍼블릭스의 그린와이즈 매장 등을 보면 유기 농법으로 키운 식품을 판매해도 얼마든지 이윤을 얻을 수 있다는 사실을 알 수 있다. 덴마크의 제약 업체 노보 노르디스크의 사후 관리는 이 지구상에서 당뇨병을 뿌리 뽑겠다는 사명감을 갖고 있다. 칠레의 그루뽀 누에바는 지속 가능한 남미를 건설하겠다는 목표를 갖고 있다. 160억 달러 규모의 다국적 요구르트 제조업체 그룹 다논과 노벨 평화상 수상자 무하마드 유누스가 설립한 소액 대출 전문 은행 그라민 은행에서 분리되어 나온 그라민 그룹이 오십 대 오십으로 출자하여 설립한 합작 회사 그라민 다논 푸즈는 영양실조에 걸린 방글라데시 아이들에게 저렴한 가격에 영양가 있는 음식을 제공하며 굶주리는 아이들의 부모들에게 일자리를 제공한다. 구글은 '영리 자선' 활동을 선보이고 있다. 최근 세계 각지에서 조합원 소유의 협동조합이 늘어나고 있다. 1980년대와 비교했을 때, 협동조합의 조합원 수가 두 배로 늘어나 8억 명을 넘어서고 있다.

지금 우리는 새로운 시대를 살아갈 준비를 모두 마쳤다. 점차 많은 사람들이 탐욕스럽고 물질을 중요시하는 마음가짐을 버리지 못하는 사람들을 더 이상 존경하지 말고, 그런 사람들의 얼굴을 표지에 싣는 잡지를 더 이상 구매하지 않고, 자원을 낭비하는 행태를 존경해야 한다는 메시지를 담은 프로그램이 방송되거든 텔레비전을 꺼 버려야 할 때가 되었다는 사실을 깨닫고 있다.

《포천》에서 선정하는 500대 기업의 목록을 지구와 미래 세대에 가장 도움이 되는 방향으로 활동하는 기업과 비정부 기구의 목록으로 바꾸어 나가야 할 때가 되었다.

2005년 경영 대학원에서 강연을 하기 전 MBA 학생들과 식사를 하며 목표가 무엇인지 물어보곤 했었다. 거의 모든 학생들이 돈을 벌고 권력을 얻는 것이 목표라고 답했다. 2008년 가을, 그리고 2009년 상반기에는 돈과 권력이 목표라고 답하는 학생이 단 한 명도 없었다. 적어도 스탠포드, 콜롬비아, 와튼, 미시건 대학, 오하이오 주립 대학, 보스턴 대학, 하버드, 안티오크, CEIBS의 MBA 학생 중에는 위와 같은 대답을 내놓는 사람이 단 한 명도 없었다. 올리벳 대학, 레지스 대학, 세인트 존 대학, 윌리엄 패터슨 대학, 윌밍턴 대학의 학부생 가운데도 돈과 권력이 목표라고 답한 학생은 단 한 명도 없었다. 단 삼 년 만에 학생들의 태도가 변한 것이다. 나와 함께 저녁 식사를 하거나 만남을 가졌던 학생 중 그 누구도 부를 축적하거나 권력을 얻는 것이 목표라고 대답하지 않았다. 대신 학생들은 한결같이 이 세상을 더 나은 곳으로 만드는 데 일조하고 싶다고 답했다.

많은 학생들이 황금 시간대에 비영리 단체를 설립하고 운영하는 사람들에 관한 텔레비전 프로그램을 더욱 많이 방영해 줄 것을 요구하지 않는 까닭이 무엇이냐고 물어 왔다. 학생들은 이국적인 장소에서의 모험, 사무실에서 진행되는 흥미진진한 일들, 로맨스, 성, 도널드 트럼프보다 훨씬 재미있고 특이한 사람들에 관한 이야기를 프로그램에 포함시키면 좋을 것 같다고 제안했다. 여러 학생들이 최근 쏟아져 나온 「아메리칸 아이돌」과 같은 프로그램이 인기를 끄는 이유가 평범한 사람들에게 많은 가치를 부여해 1940~50년대에 많은 인기를 끌었던 테드 맥의 「오리지널 아마추어 아워」, 아더 갓프리의 「탤런트 스카우트」 등과 같은 방식으로 재능이 있는 일반인들을 미화하기 때문이라고 지적했다. 많은 학생들이 평화 봉사단이나 아메리코에 가입해서 활동하는 방안이나 1~2년 동안 비영리 단체에서 봉사 활동을 하는 방안을 생각 중이라고 얘기했다.

한 나라의 가치관은 그 나라에서 우상으로 떠받드는 존재의 이미지에 잘 반영되어 있다. 제2차 세계 대전 이후 청부 살인자, 거물 목장 주인들로부터 스스로를 보호하지 못하는 사람들을 보호해 주었던 카우보이 영웅들이 많은 인기를 끌었던 사실이 이를 반증해 준다. 유명한 경제 이론가가 기업의 유일한 목적이 이윤의 극대화라고 정의한 시기에 사람들이 부를 축적하는 데 집착한 것도 같은 맥락이다. 결국 우리가 선택한 영웅들이 우리의 젊은이들이 자신의 삶에 대한 결정을 내리는데 영향을 미치는 것은 너무도 당연하다. 둘 중 하나, 혹은 둘 다가 사실이라고 가정할 경우, 지금과 같은 역사적 시점에서 세상을 바라보는 연민 어린 시각을 대변하는 사람들을 존경하는 것이 얼마나 중요한지 이해할 수 있다.

남미를 지금과 같은 새로운 시대로 인도한 여러 대통령 중 두 명(아르헨티나와 칠레)이 여성 대통령이었다는 사실, 남성 대통령 중 상당수가 정부 관료 중 상당수를 여성으로 채우려 했다는 사실, 2008년 미국 대통령 선거 당시 힐러리 클린턴이 민주당의 경선 후보였으며 사라 페일린이 공화당의 부통령 후보였다는 사실은 중요한 의미를 가진다. 통계 자료를 보면 대부분의 경우 여성들은 권력을 얻게 되면 사회 곳곳을 돌보기 위해 더욱 노력하는 반면 군사력 강화에는 상대적으로 적은 관심을 보인다. 치안 및 국방에 할당되는 예산이 줄어들고, 따라서 폭력이나 범죄 발생률도 줄어든다.

주디스 핸드 박사는 저서 『여성, 권력, 그리고 평화의 생물학*Women,*

Power, and the Biology of Peace』에서 남성들은 생물학적으로 정자를 퍼뜨리는 걸 중요하게 여기며 전쟁을 정자를 퍼뜨릴 기회로 받아들이기도 한다고 지적했다. 반면 여성들은 전쟁을 가정, 안정성, 자녀 양육을 위협하는 요인으로 받아들인다고 한다. 여성들은 평화와 안정성을 원한다. 핸드 박사는 좀 더 평화로운 사회를 구축하기 위해서 여성들이 의사 결정 과정에서 좀 더 중요한 역할을 해야 한다고 주장한다.

리안 아이슬러 박사는 자신의 저서 『국가의 진정한 부*The Real Wealth of Nations*』에서 일부 북유럽 국가와 같이 여성이 리더로 존경받을 뿐 아니라 공무원 중 상당 부분을 차지하는 사회에서는 그렇지 못한 사회와 비교했을 때 의료, 양질의 보육, 교육, 유급 육아 휴가 등에 더 많은 예산이 할당된다는 결론을 내렸다. 아이슬러 박사는 저서에서 다음과 같이 설명한다.

"여성의 지위와 권력이 높아지면, 그 국가의 삶의 질도 높아진다. 반면 여성이 누리는 지위와 권력이 낮아지면 그 국가의 국민들이 누리는 삶의 질도 낮아진다."[1]

물질적인 부와 이윤에 대한 집착을 버리고 다른 사람의 입장을 좀 더 적극적으로 배려하는 세계관을 가지려면 평화로운 지역 사회, 지속 가능한 경제를 조성해 나가는 데 도움이 되는 여성적인 특성을 받아들여야 한다. 미래에는 우리 사회에서 문화적인 우상으로 받들어지는 사람들 가운데 리더십의 여러 특성 중 사회를 따뜻한 시각으로 바라보고 보듬는 특성을 갖고 있는 여성과 남성이 차지하는 비중이 한층 늘어날 것이다.

우리 사회를 감염시킨 돌연변이 자본주의에서 파생되어 나온 일련의 과정들을 되돌리는 일은 우리 손에 달려 있다. 리더들에게 우리가 진정으로 원하는 것은 건강에 유익한 음식, 깨끗한 물과 공기, 손쉽게 이용할 수 있는 보건 시스템, 퇴직 후에도 삶을 영위해 나갈 수 있을 거라는 확신, 우리들과 우리의 권리를 보호해 주는 법률 시스템이라는 사실 즉 평화롭고, 정의롭고, 지속 가능한 사회라는 사실을 알려 주는 등 최근 새롭게 등장하고 있는 추세에 한층 더 힘을 실어 주는 것은 우리의 몫이다. 우리는 우리 자신, 우리의 자녀들, 이 지구상에서 살아가는 우리 모두를 위해서 이런 세상을 원한다. 이런 목표를 달성하기 위해 노력하는 사람들을 존경하고, 그들에게 보상을 제공해야 할 때가 되었다.

이런 부류의 리더들은 지금의 경제 위기를 초래한 문제들로부터 국민들과 사회를 보호하기 위한 규칙을 다시 제자리로 돌려놓아야 한다는 사실을 이해하게 될 것이다. 뿐만 아니라 이들은 다시 필요한 규칙을 제자리로 돌려놓는 단계에서 한 걸음 더 나아가 역사상 처음으로 미래를 위해 지속 가능한 환경, 공정하고 평화로운 세상을 구축하는 데 도움이 되는 규제 방안을 우선시할 필요가 있다는 사실을 깨닫게 될 것이다.

23장 | 기업과 정부에 적용되는 새로운 규칙

샤카임과 트위사라는 두 명의 슈아르족 남성들과 함께 쿠투쿠 산을 올랐다. 진흙투성이인 비탈을 지나, 수위가 어깨에 다다르는 강을 건너, 쓰러진 채로 오솔길을 가로막고 있는 거대한 판야 나무에서 뻗어 나온 기다란 가지들을 쳐내며 길을 걸었다.

험난한 길을 걸어 올라간 끝에 마침내 신성한 폭포에 다다를 수 있었다. 엷은 안개에 둘러싸인 폭포가 아래로 떨어지면서 무지개가 생겨났다. 슈아르족의 전설에 의하면 신성한 폭포가 만들어 내는 무지개에서 최초의 남자와 여자가 탄생했다고 한다. 그날 오후 늦게 샤카임과 트위사는 폭포에 대한 공경의 마음을 표시하기 위한 전통 의식을 소개해 주었다. 그날 밤 우리는 임시로 만든 간이 숙소 아래에서 담요를 두른 채 숨을 죽이고 근처를 지나던 재규어가 으르렁거리는 소리에 가만히 귀를 기울였다.

다음 날 오후, 산에서 내려오던 중 슈아르족 마을과 불과 한 시간

남짓 떨어진 지점에서 샤카임은 팔을 들어 올려 우리 일행에게 멈출 것을 지시했다. 샤카임과 트위사는 오솔길을 벗어났다. 두 사람은 작은 식물 옆에 쪼그리고 앉아 자세히 관찰하더니, 몇 마디 말을 나누었다.

샤카임은 식물을 감싸듯 두 손으로 모아 쥐더니 그 속으로 부드럽게 바람을 불어넣었다. 트위사는 고개를 들어 나를 바라보았다.

"이 식물은 지금 아프답니다."

트위사는 식물의 잎사귀를 가리키며 설명했다.

샤카임이 덧붙여 설명했다.

"어제 우리가 이 길을 따라 걸어 올라갈 때만 해도 이 식물은 건강했어요. 이 사실을 부족 원로들께 보고드려야 해요."

샤카임과 트위사는 다시 길을 걷기 시작했다. 나는 식물에 눈을 고정시킨 채 한동안 멍하니 서 있었다. 내 눈에는 식물에 아무런 문제가 없는 것처럼 보였다. 샤카임과 트위사가 식물에 문제가 생겼다고 판단한 이유를 알 수가 없었다. 잎사귀 몇 개가 갈색으로 변한 채 땅에 떨어져 있긴 했지만 그게 그리 걱정할 만한 일은 아닌 듯했다.

그날 밤, 나는 가르침을 얻었다.

샤카임과 트위사, 그리고 두 남자의 가족들은 다른 슈아르족 사람들과 함께 모닥불을 둘러싸고 자리에 앉았다. 샤카임과 트위사는 우리가 폭포로 올라가던 아침에 식물의 상태가 어떠했는지, 이후 서른여섯 시간 동안 그 식물에게 어떤 변화가 나타났는지 자세히 설명했다. 샤카임과 트위사가 식물의 상태에 대한 설명을 마치자 길고 긴 토론이 이어졌다. 모닥불을 둘러싸고 자리에 앉아 있는 사람들은 치료

성능이 있는 약초를 다룰 줄 아는 능력을 지닌 덕에 부족 사람들로부터 존경을 받는 한 노파에게 지대한 관심을 보였다. 노파는 그 식물이 "오솔길이 과도하게 사용되고 있다."는 메시지를 전달하는 거라고 설명했다.

투표가 진행되었다. 식물이 다른 이유로 인해 시들어 가는 것일 수도 있다는 주장을 펼친 사람들도 있었지만 모두가 만장일치로 노파의 의견을 따랐다. 사람으로 인해 문제가 생겼을 가능성이 있다면 사람이 치료를 위한 행동을 취해야만 했다. 슈아르족 전체가 지켜야 할 새로운 규칙이 도입되었다. 오솔길 자체가 전면 폐쇄되었던 것이다.

샤카임과 나는 투표가 진행된 오두막 밖 공터에 서서 별이 반짝이는 하늘을 올려다보았다. 샤카임은 내가 마음속에 품고 있던 질문을 입 밖으로 채 꺼내기도 전에 마치 내 마음을 꿰뚫어보기라도 한 양 얘기를 했다.

"우리가 규칙을 정하는 방식이 당신네 방식과 매우 달라서 참 흥미롭지요? 성관계를 가질 수 있는 사람에 대한 규칙은 사제가 정합니다. 학교에서는 아이들이 신발을 반드시 착용해야 한다는 법률을 정합니다."

샤카임은 잠깐 말을 멈추었다.

"하지만 짝짓기 계절에 새를 죽여서는 안 된다던가 식물이 병이 들면 그 오솔길을 더 이상 사용하지 말아야 한다든가 하는 문제에 관해서는 일절 언급하지 않습니다."

샤카임은 손을 들어 하늘을 가리켰다.

"별을 저기 하늘에 심어 놓은 신이 사제와 학교만큼 근시안적이었다면 저 별이 얼마나 오랫동안 존재할 수 있을까요?"

한 달 후 미국에서 정치인들과 각종 언론 매체에서 기업의 온실가스 배출에 규제를 가하는 방안에 대한 논의를 벌이는 모습을 지켜보면서 슈아르 부족이 보여 준 모습이 떠올랐다. 규제 도입에 반대하는 사람들은 이산화탄소가 지구 온난화를 초래한다는 명백한 증거가 없다고 주장했다. 슈아르족의 환경 문제 대처 방식과 미국을 이끄는 지도자들의 대처 방식 간의 차이는 너무도 극명했다. 열대 우림 속에서 '원시적인' 모습으로 살아가는 슈아르족은 100퍼센트의 확실성을 요구하지 않았다. 슈아르족은 오솔길을 이용하지 못하도록 금지하는 방안으로 인해 발생할 단기간의 불편함에 대해 모호한 말을 늘어놓지도 않았고, 단기간 동안 불편함을 감안해야 한다는 사실이 논의를 방해할 여지도 주지 않았다. 슈아르족은 지금의 행동이 미래 세대를 위협할 수도 있다고 판단하면, 주저 없이 그런 행동들을 규제했다.

인구가 증가하고 경제 규모가 늘어나고 있는 만큼 환경과 인간, 사회와 인간 간의 관계에 관한 법이 한층 엄격해질 거라고 생각하는 사람이 많다. 자원에 대한 수요가 늘어나고 있는 점을 미루어 볼 때 일부 국제기구에 자원을 현명하게 분배할 책임을 맡길 필요가 있다. 합리적인 관점에서 생각해 보면, 인간의 삶에 반드시 필요한 자원을 악의적으로 파괴하고 고갈시키지 못하도록 방지하는 것이 무엇보다 중요하다. 하지만 정확히 이와 반대되는 일들이 벌어지고 있다.

엔론, 버나드 메이도프를 비롯해 금융계 곳곳에서 최근 발생한 각종 스캔들은 우리가 가장 존경하는 사업가 중 상당수가 무책임하게 행동한다는 근거나 다름없다. 일련의 금융 스캔들과 그와 동시에 발생한 경제 위기를 볼 때 우리의 자원, 그리고 우리 자녀들의 미래를 아무런 규제도 받지 않는 용병들의 손에 맡겨서는 안 된다. 한때 공익 보호의 기능을 담당했던 조직과 법의 역할을 축소시킨 탓에 재앙과도 같은 결과가 나타났다. 이 책의 앞부분에서 살펴본 가장 명백하고 골치 아픈 사례를 몇 가지만 다시 정리해 보면 다음과 같다.

- 에너지, 운송, 통신, 은행, 금융, 보험 업계의 규제 완화
- 고리채 규제 폐지
- 외부 효과를 배제한 잘못된 회계 기준 도입
- 북미 자유 무역 협정, 중국 아세안 자유 무역 협정, 세계 곳곳에 설립되어 기업들에게 공식적인 약탈의 권한을 제공하는 '자유 시장' 구역 등 각종 국제 협정 체결
- 다른 나라에 구조 조정 프로그램을 적용하여 해당 국가의 자원을 민영화하는 행위

슈아르족의 방식대로 표현을 하자면 위와 같은 행위들은 짝짓기를 하는 새를 죽이고 생태계를 파괴시키는 오솔길을 계속해서 사용하는 행위나 다름없다.

다행스럽게도 위와 같은 행동으로 인해 나타난 처참한 결과로 인해 우리 인간들은 우리의 어리석음을 깨닫게 되었다. 심지어 가장 보수적인 성향을 갖고 있는 경제학자 중 일부도 규제 완화를 비롯한 각종 전략을 통해 기업에 무제한의 자유를 준 것이 1930년대 이후 최악의 불황을 초래한 중요한 원인이었으며, 기업 관련 규제들이 중요한

역할을 한다는 결론을 내리고 있다. 규제 기관의 목적은 경제 성장을 억제시키는 것이 아니라 장기적인 성장을 위해 필요한 요인들을 정립하는 것이다.

지금까지 경영진도 인간에 불과하며 자신의 권력을 남용하고자 하는 욕망에 굴복할 수 있다는 사실을 직접 확인했다. 반면 역사를 돌아보면 공익에 도움이 되는 규칙을 마련해 두면 기업과 경영진들도 공익을 위해 노력한다는 사실을 확인할 수 있다.

유명 인사 중 이러한 사실을 가장 잘 알고 있는 사람은 단연 테디 루스벨트였다. 루스벨트는 기업의 잘못된 행동, 대기업 간의 합병, 규제 완화를 추구하고 규제를 완화시키는 데 성공한 악덕 자본가로 인해 야기된 금융 위기가 미국을 한차례 휩쓸고 지나간 1901년 대통령에 당선되었다. 루스벨트 대통령은 독점적인 기업을 해체시키고 철도 및 각종 산업을 규제하는 법안을 통과시켰다.

루스벨트 대통령은 공익에 기여하지 않는 재계 인사 및 정부 관료들에게 조금의 관용도 베풀지 않았다. 1903년 노동절에 루스벨트 대통령은 다음 내용을 담아 연설을 했다.

> 빈부의 격차를 떠나 모든 시민들을 공정하게 대하기 위해 노력하기보다 특수한 계층을 대변하고 공익이 아닌 특수한 계층의 이익만을 위해 노력하는 사람들의 손에 실질적인 권한이 주어지자마자 공화국의 멸망을 예고하는 조종弔鐘이 울렸다.[1]

루스벨트 대통령은 아무런 규제도 받지 않는 기업, 더 많은 권력과 이윤을 손에 쥐는 것을 목표로 앞만 보고 달려가는 경영진의 위험성을 인정했다. 루스벨트 대통령의 일대기를 발표하고서 퓰리처상을 수상한 에드먼드 모리스는 루스벨트 대통령이 지금 백악관의 주인 자리에 앉아 있다면 어떤 행동을 취했을지 나름대로의 의견을 제시했다.

> 루스벨트 대통령은 정계에 입문한 그 순간부터 독점 기업을 없애기 위해 노력을 기울인 인물이다. 따라서 루스벨트가 지금 대통령 자리에 앉아 있다면 마이크로소프트에 관한 해결 방안을 모색하려 들었을 것이다. 100여 년 전에는 지금 빌 게이츠가 설립한 제국만큼 거대하고 독점적인 영향력을 휘두르는 단일 기업은 존재하지 않았다. 하지만 1901년 합병을 통해 설립된 지주 회사 노던 시큐리티즈는 시카고에서 중국에 이르는 세계 곳곳에서 이루어지는 교역 활동을 통제하는 세계 최대의 운송 업체가 되었다.
>
> 루스벨트 대통령은 노던 시큐리티즈를 해체시켰다. 그 과정에서 루스벨트 대통령은 자신을 '엄청난 부를 축적하는 사악한 기업'에 대비되는 개념으로 미국의 개별 기업을 옹호하는 사람으로 묘사했다.[2]

하지만 루스벨트 대통령은 탐욕스러운 기업 운영자들을 탄압하는 것은 첫걸음에 불과하다는 사실을 잘 알고 있었다. 규제를 위해서는 단순한 탄압 이상의 노력이 필요했다. 루스벨트 대통령은 미국의 경제 문제를 치료하기 위해 어떤 문제를 먼저 해결해야 할지 우선순위를 정하기 위해 노력했다. 뿐만 아니라 정부는 미래 세대를 보호해야 할 의무가 있다는 확고한 믿음을 갖고 있었다. 루스벨트 대통령은 전

미 보건 계획을 요구하는 한편 미국 천연자원의 혜택이 모든 시민들에게 골고루 돌아갈 수 있도록 보장하는 전략을 적극 지지했다. 루스벨트 대통령은 슈아르족이 적극적으로 칭송했을 만한 조치를 취했다. 산림국을 신설하고 다섯 개의 국립 공원을 신설하고, 열여덟 개의 천연기념물, 수백만 에이커의 국유림을 지정했다.[3]

당시 루스벨트 대통령은 심각한 경제 위기를 이겨 내기 위해서는 혁신을 위한 장기적인 노력이 필요하다는 사실을 잘 알고 있었다. 물론 지금 우리도 그러한 사실을 잘 알고 있다. 따라서 경제적인 문제를 해결하기 위해서는 앞으로 수십 년 동안 지속할 만한 대응 방법이 필요하다.

1929년의 대공황과 같은 끔찍한 사태가 재발하지 않도록 오십여 년 이상 우리를 보호해 주었던 각종 규제를 원래대로 돌려놓는 것이 무엇보다 중요하다. 하지만 그것만으로는 충분치 않다. 대공황 발생 이후 이 세상은 급격하게 변해 왔다. 세계 인구는 세 배 이상 늘어났고, 환경이 오염되고, 독성이 퍼져 나가고, 수많은 종이 멸망함에 따라 자원이 빠른 속도로 고갈되고 있다. 선원들은 대양을 항해하던 중 바다 한가운데 거대한 쓰레기 더미가 떠다니는 모습을 발견하곤 한다. 우주 비행사들은 우주 공간에서 떠다니는 쓰레기를 발견한다. 모든 생명계가 퇴락의 길을 걷고 있으며, 모든 생명체가 점차 빠른 속도로 쇠락해 가고 있다. 오늘날 우리가 살아가고 있는 이 세계에는 너무도 심각한 문제들이 산적해 있다. 그 문제들로 인해 우리는 지금 재앙의 낭떠러지 끝에서 아슬아슬한 삶을 이어 가고 있다.

글래스 스티걸 법, 은행 지주 회사법 등 1980년 이후 폐지된 각종 규제 방안들을 지금 상황에 맞게 재도입할 필요가 있다. 하지만 거기서 멈추어서는 안 된다. 지금 미국은 나의 손자 그랜트, 그리고 세계 곳곳에 흩어져 있는 그랜트의 형제자매들에게 지속 가능하고, 공정하고, 평화로운 세상을 선물하는 데 도움이 되는 새로운 규칙과 규제를 필요로 한다. 뿐만 아니라 미국은 외부 효과를 반영한 회계 시스템을 갖출 필요가 있다. 이런 환경이 조성되면 사회적, 환경적으로 가장 책임감 있게 행동하는 기업들이 경쟁 업체들에 비해 경쟁 우위를 갖게 된다.

단순히 은행, 보험, 자동차 업계가 안고 있는 문제를 해결한다고 해서 이번 경제 위기를 초래한 종양이 치유되는 건 아니다. 폐암 환자가 폐를 들어낸 후 건강한 삶을 살기를 원한다면 더 이상 담배를 피우지 말아야 한다. 마찬가지로 근본적인 문제를 해결해야 장기적으로 건강한 삶을 누릴 수 있다. 환경적, 사회적 비용과 무관하게 무작정 이윤의 극대화만을 추구하는 행태가 더 이상 용납되어서는 안 된다.

버락 오바마가 대통령으로 당선되었다는 것은 곧 유권자 대다수가 삼십 년이 넘는 시간 동안 미국의 정책을 결정해 왔던 원칙에 반대한다는 것을 의미한다. 오바마 대통령은 신용 카드 업계에 한층 엄격한 규제 방안을 접목하기 위해 '신용 카드 보유자 권리 장전'을 지지하는 동시에 자동차의 배기가스 배출량, 연비를 규제하기 위한 엄격한 규제 방안, 은행, 주택 담보 대출 제공 업체, 뮤추얼 펀드 등 금융 상품 및 서비스를 감독하기 위한 규제 기관 신설 등을 요구하고 있다. 이 모든 것들이 중요한 철학적 변화를 의미한다.

지금의 경제 위기와 관련된 각종 주제에 대해 열띤 토론을 벌이느라 조직적인 문제를 해결해야 한다는 사실을 잊게 될 위험도 있다. 당파 정치와 특수한 이해관계로 인해 돌연변이 바이러스를 없애고 건강한 형태의 자본주의를 제시하는 데 도움이 되는 법안을 제정하지 못하게 될 가능성도 있다.

이런 일이 일어나도록 내버려 두어서는 안 된다. 우리에게는 자기만족에 빠져들 여유가 없다. 혹은 일시적인 주가 상승, 유가 하락, 구제 금융을 받은 은행의 부채 상환과 같은 '좋은 소식'에 마음을 빼앗겨 경제 상황이 '정상'으로 돌아오고 있다고 믿어서도 안 된다. 우리가 '정상'이라고 생각했던 것들로 인해 지금의 재앙이 초래되었으며, 단기적인 회복의 가능성이 있긴 하지만 근본적인 변화가 없는 일시적인 개선 효과를 '정상'이라고 믿을 경우 더욱 심각한 재앙이 초래된다는 사실을 항상 기억해야 한다. 세계 인구 중 5퍼센트에 해당하는 사람이 전체 자원 중 25퍼센트를 소비하고 세계 인구 절반이 굶주림에 허덕이는 과거의 '정상'을 더 이상 용인해서는 안 된다. 과거의 '정상'을 대체할 만한 진정한 방안이 필요하다. 이 지구는 우리에게 좀 더 대담한 방안을 취하라고 소리친다. 유권자, 소비자, 지금 현재 실행되고 있는 정책의 영향을 받으며 살아가야 할 자녀를 두고 있는 부모 등 우리 모두가 우리를 인도하는 지도자들에게 진정한 인도를 위한 용기를 보여 줄 것을 한목소리로 요구해야 한다.

사람들은 대부분 규칙과 규제 방안을 제정하는 것이 선거를 통해 선출된 정부 관료의 몫이라고 여긴다. 엄밀히 따져 보면, 틀린 말은 아니다. 하지만 정책을 결정하는 사람들은 우리 같은 일반 국민들이 자신들의 나아갈 길을 인도해 주기를 바란다. 기업들에게 우리가 더 많은 통제권을 원한다는 사실을 알려 주는 건 우리 소비자들의 몫이다. 지금 세계 곳곳에서 너무 많은 고통을 야기하는 악습들로부터 우리 자신과 우리 후손들을 보호하기 위한 법률 제정을 요구하는 것은 우리 유권자들의 몫이다.

우리에게는 그런 일이 일어나도록 만들 만한 힘이 있다. 이를 위해서 우리가 해야 할 일은 개개인이 갖고 있는 열정과 재능에 관심을 쏟는 것이다.

24장 | 열정 존중

폴리티코(미국의 정치 전문 사이트—옮긴이)에 조금 더 많은 공간이 있었더라면 백악관을 방문했을 때 힐러리 클린턴이 들려주었던 다음 일화를 공개했을 것이다. 1934년 노동계 지도자들을 만난 프랭클린 D. 루스벨트 대통령은 네 시간의 회의를 마친 후 이렇게 얘기했다고 한다.

"여러분의 말씀이 옳다는 확신을 심어 주셨어요. 자, 그럼 이제 밖으로 나가셔서 제가 그 일을 할 수 있도록 만들어 주세요."

힐러리는 루스벨트 대통령의 말이 '대통령은 현 상태를 유지해야 한다는 엄청난 압박감을 느끼며 정계와 재계 지도자들의 영향력이 너무도 막강하기 때문에 다른 방향으로 움직이고 싶을 때에도 기존의 세력 못지않게 강력한 목소리를 내서 대통령이 자신이 원하는 방향으로 나아갈 수 있도록 강력하게 밀어붙이는 진보 세력의 도움이 있어야 변화를 추구할 수 있다는 뜻'이라고 설명했다.

출처: "랍비 마이클 러너의 생각" 중 "오바마의 비이데올로기적인 실용주

의는 실패할 것이다",1 2009년 5월 20일 www.Politico.com 사이트에 공개한 글과 관련된 내용.2

이 책에서 반복적으로 얘기하고자 하는 것은 바로 우리 일반 대중이 이런 일이 일어나도록 만들어야 한다는 것이다. 우리는 지속 가능하고, 공정하고, 평화로운 지구를 만들기 위해 우리 스스로 노력을 해야 한다. 힐러리 클린턴이 랍비 마이클 러너에게 했던 이야기도 바로 그것이다. 가만히 뒷짐 지고 앉아서 오바마 대통령, 혹은 다른 누군가가 우리를 구원해 주기를 기대해서는 안 된다. 우리가 소리 높여 원하는 것을 이야기해야 정계 지도자들이 올바른 일을 해낼 수 있다.

링컨 대통령은 게티즈버그 연설에서 '국민의, 국민에 의한, 국민을 위한 정부는 지구에서 결코 사라지지 않을 것'이라는 확신을 심어 주었다. 이런 정부를 구현하기 위해서는 국민들의 적극적인 참여가 필요하다. 그렇지 않으면, 그런 정부는 사라질 수밖에 없다.

이런 원리를 재계 지도자들에게도 똑같이 적용할 수 있다. 기업 경영진들은 다양한 홍보 전략을 활용해 소비자의 구매 습관에 영향력을 행사하려고 노력한다. 하지만 결국 결정을 내리는 사람은 우리 소비자들이다. 기업의 성공과 실패 여부는 우리에게 달려 있다. 노조에게 자신을 압박해 줄(혹은 도와줄) 것을 요구한 루스벨트 대통령의 말을 우리들과 기업 경영진에게도 똑같이 적용할 수 있다. 우리도 경영진의 요구에 귀를 기울여야 한다.

"그 일을 할 수 있도록 만들어 주세요."

이 모든 일을 위해서 반드시 필요한 것이 바로 열정이다. 루스벨트 대통령을 만나 확신을 심어 주기까지 노동계 지도자들은 열정을 바탕으로 많은 노력을 기울여야만 했다. 링컨 대통령은 미국인들의 열정에 불을 지펴야 한다는 사실을 잘 알고 있었다. 링컨 대통령은 열정을 바탕으로 행동을 개시할 것을 촉구하는 말로 게티즈버그 연설을 끝맺었다.

> 우리 앞에 남겨진 미완의 대임大任을 완수해 내기 위해 우리는 지금 이곳에 서 있습니다. 우리는 명예롭게 전사한 전몰장병들이 온몸을 바쳐 지켜 내고자 했던 대의를 지켜 내기 위한 더 커다란 힘을 얻게 되었으며, 그들이 죽음이 헛되지 않도록 최선의 노력을 기울일 각오가 되어 있습니다. 하느님의 가호 아래 이 나라는 새로운 자유의 탄생을 지켜보게 될 것입니다.

역사를 돌아보면 열정은 많은 변화를 가져왔다. 열정이 있었기에 미국은 독립 전쟁에서 승리할 수 있었다. 열정이 있었기에 노르망디에서 승리를 거두고 민권 운동을 벌일 수 있었다. 열정의 정의는 '사랑, 기쁨, 증오, 분노와 같이 강렬하거나 저항하기 어려운 감정'이다(엔카르타 세계 영어 사전). 우리 모두가 개인의 입장에서 기억해야 할 중요한 사항은 자신의 열정을 인식하고 자신이 원하는 결과에 영향을 미칠 수 있는 방향으로 에너지를 쏟아붓는 것이다. 여기서 그 에너지가 사랑, 기쁨과 같은 '긍정적인' 에너지인지 증오, 분노 등과 같은 '부정적인' 에너지인지는 중요하지 않다. 관련 사례를 살펴보자.

열대 우림 행동 네트워크는 뱅크 오브 아메리카, 보이시 캐스케이드, 시티 그룹, 체이스, 홈디포, 킨코스, 스테이플스 등 세계에서 가장 막강한 힘을 갖고 있는 일부 기업들의 벌목 정책을 변화시키는 데 성공했다. 열대 우림 행동 네트워크는 몇 해 전 세계에서 열대 우림을 가장 많이 파괴하는 업체 중 하나로 알려졌던 미쓰비시 그룹과 맞서 싸웠다. 열대 우림 행동 네트워크가 미쓰비시를 비난하며 적극적인 활동을 개시하자 미쓰비시의 한 중역은 열대 우림 행동 네트워크의 설립자 랜디 헤이스에 맞서 싸웠다.

결국 양측 간의 다툼은 열대 우림 행동 네트워크의 승리로 끝이 났다. 미쓰비시 그룹 산하 기업들은 '생태학적인 지속 가능성'을 추구하는 동시에 '사회적 책임'을 다하겠다는 내용을 담은 협정에 서명했으며 약속을 이행하기 위한 열네 개의 구체적인 방안을 실행하기로 약속했다.

그로부터 몇 달이 흐른 후, 캘리포니아에서 열린 주말 컨퍼런스에 참석할 기회가 있었다. 당시 열대 우림 행동 네트워크의 랜디, 랜디에 맞섰던 미쓰비시의 중역도 같은 컨퍼런스에 참석했었다. 다소 경직된 모습으로 인사를 나눈 두 사람은 서로 마주치지 않으려고 노력했다. 토요일 오후 랜디와 나는 태평양이 내려다보이는 절벽 꼭대기에 있는 온천에 몸을 담그고, 맥주를 마시며, 아마존에서의 모험에 관한 이야기를 나누기로 했다. 하지만 그곳에 도착해 보니 그리 반갑지 않은 손님이 먼저 온천을 즐기고 있었다.

랜디와 맞서 싸웠던 미쓰비시의 중역이 욕조를 가득 메운 거품 속에서 어색한 미소를 지으며 맥주를 위로 치켜들더니 함께 온천을 즐기자고 제안했다.

솔직히 말해서 처음에는 마음이 편하지 않았다. 태평양이 내려다 보이는 절벽 위에서 벌거벗은 채 맥주를 홀짝이며 서로 숙적이라 할 만한 두 사내와 함께 뜨거운 탕 안에 몸을 담그는 상황이 편치 않았다. 앞으로 어떤 상황이 전개될지 궁금해졌다.

컨퍼런스에 관해 몇 마디 얘기를 나눈 후, 미쓰비시의 중역이 맥주 캔을 들어 올리더니 랜디에게 감사의 말을 전했다. 미쓰비시의 중역은 자신과 미쓰비시에서 일하는 다른 사람들도 벌목과 관련된 회사의 정책을 바꾸고 싶었지만 일자리를 잃을까 두려워 감히 그러지 못했었다고 설명했다.

"열대 우림 행동 네트워크에서 적극적으로 시위를 벌이고 광고를 해 준 덕에 그 문제가 수면 위로 떠올랐습니다. 지금 현재의 주주를 고려하는 데 그쳐서는 안 된다고 지적하는 사람들이 나타나기 시작했어요. 주주의 자녀들, 우리의 자녀들도 고려해야 한다고 목소리를 높였던 겁니다. 열대 우림 행동 네트워크는 저희에게 기회를 주셨어요. 그 덕에 저희는 우리 자신과 우리 회사가 올바른 일을 할 수 있도록 확신을 심어 줄 수 있었습니다."

온천을 즐기며 대화를 나누는 동안 미쓰비시의 중역은 계속해서 열대 우림 행동 네트워크의 열정에 대해 얘기했다.

"제가 가장 큰 감명을 받았던 건 열대 우림 행동 네트워크의 열정이었습니다. 나이를 불문하고 열대 우림 행동 네트워크 구성원들이 보여 준 그 놀라운 열성과 열렬한 의지 말입니다. 저희 모두가 그걸 느꼈습니다. 열정은 무척 전염성이 강했어요."

열대 우림 행동 네트워크에서 활동하는 많은 자원봉사자들은 미쓰비시의 벌목 행태에 매우 분노했다. 하지만 이들은 자신들이 느끼는 '부정적인' 에너지를 파괴적인 행동(예: 회사 본사에 화염병 투척)이나 자기 파괴적인 행동(예: 약물 중독, 알코올 중독)에 쏟아붓는 대신, 자신들이 갖고 있는 집합적인 감정을 활용해 원하는 결과를 도출해 냈다. 세계에서 가장 강력한 대기업 중 한 곳이 이들의 열정에 설득당해 정책을 바꾸었다.

그 이후에도 비슷한 이야기를 수없이 전해 들었다. 한 사람의 열정이 다른 사람의 행동을 변화시킬 수도 있다. 혹은 기업의 중역이 열정을 갖고 있는 경우라면 기업 전체에 영향을 미칠 수도 있다. 상대방이나 기업 중역이 가슴 깊은 곳에서부터 변화를 원하고 있다는 사실을 인지하고 있는 경우에는 특히 커다란 영향을 미칠 수 있다. 우리 모두는 지금 우리가 약탈 자본주의 세상과는 판이하게 다른 무언가를 원하고 있다는 사실을 잘 알고 있다. 미국 대통령 집무실이건 기업 이사회실이건 의사 결정을 내려야 하는 위치에 있는 사람 중 기후 변화로 인해 플로리다가 수면 아래로 가라앉기를 원하는 사람은 아무도 없다. 마찬가지로 오염, 악의적인 자원 고갈, 비인간적인 노동 관행으로 인한 후유증을 원하는 사람도 없다. 하지만 의사 결정을 내려야 하는 입장에 놓여 있는 사람들은 외부의 압력이 주어지기 전까지 자신들이 무력하다고 생각한다. 소비자와 활동가의 진심 어린 노력이 행동을 유발하는 전환점이 될 수 있다.

린 트위스트는 우리 일행에게 열정이 자신의 삶을 바꾸어 놓았다고 얘기했다. 자신이 가장 열정을 갖고 있는 가치관에 맞추어 재원을 확보하고 재원 할당을 조정할 수 있도록 사람들에게 권한을 부여하는 것을 목표로 하는 재단인 '돈의 영혼' 설립자이자 베스트셀러 『돈 걱정 없이 행복하게 꿈을 이루는 법*The Soul of Money*』의 저자인 린은 자신의 열정을 따라 2008년 초 남편 빌과 함께 에콰도르로 이사했다. 1990년대 초 나는 린과 빌 부부를 에콰도르로 데려갔다. 에콰도르 방문 후 린 내외는 에콰도르 토착 주민들과 긴밀하게 협력하고, 지구상의 열대 우림 보존을 위해 노력하며, 세상 모든 사람들에게 평등과 지속 가능성이라는 새로운 비전을 제안하는 비영리 단체 파차마마 얼라이언스를 설립했다. 린과 빌, 그리고 에콰도르에서 활동하는 파차마마 얼라이언스 직원들은 에콰도르 정부, 다른 비정부 기구 등과 함께 캠페인을 벌여 에콰도르의 새로운 헌법에 자연과 자연 환경의 근본적인 권리를 인정하는 혁신적인 법률 개념을 포함시키는 데 성공했다.

그로부터 넉 달이 흐른 후, 린은 아추아르족과 함께 새해를 축하하기 위해 파차마마 얼라이언스 후원자들을 아마존 깊숙이 끌고 들어갔다. 그곳에서 우리는 강을 따라내려 가며 배 주위를 헤엄치면서 사람들을 관찰하는 분홍색 돌고래 떼를 볼 수 있었다.

린은 말을 이었다.

"많은 에콰도르인들이 열정을 갖고 있었기에 이런 놀라운 헌법이 탄생할 수 있었습니다. 라파엘 코레아 대통령이 갖고 있는 열정과 추진력, 재능이 토착 부족 지도자들의 열정과 추진력, 재능과 더해져 진정한 기적이 탄생한 겁니다. 그 기적은 앞으로 다른 나라와 우리 후손들에게 훌륭한 본보기가 될 겁니다."

사실 모든 중요한 일의 뒤에는 열정이 숨어 있다. 열정이 바로 역사의 원동력이다. 하지만 열정이 진정한 효과를 발휘하기 위해서는 린이 언급했던 '재능'이 필요하다. 우리 모두가 열정을 갖고 있는 것처럼, 우리 모두는 특별한 재능, 즉 수년 동안 개발되어 온 성격적 특색, 기술, 기타 능력 등을 갖고 있다. 이 세상을 변화시키려면 혹은 어떤 일을 하든 성공하려면 자신의 열정을 충족시킬 수 있는 방향으로 자신의 재능을 활용해야 한다.

나의 개인적인 경험을 예로 들어 볼까 한다. 우리 가족이 살았던 뉴햄프셔 시골 마을에는 나를 제외하곤 아이가 단 한 명도 없었다. 그래서인지 외로움을 달래기 위해 어릴 때부터 글쓰기에 대한 열정을 갖게 되었다. 페인, 재퍼슨, 소로, 신문에 글을 기고하는 칼럼니스트 등 명확한 입장을 갖고 글을 쓰는 작가들을 마음속 깊이 존경했다. 고등학교 시절에는 학교 신문 편집장을 맡았었다. 당시 학교 측의 엄격한 정책을 변화시키기 위해 많은 노력을 기울였다. 내가 다니던 학교를 비롯해 남아프리카 공화국, 셀머, 앨라배마, 인디언 거주지에서 행해지는 각종 부당한 일에 대해 느끼는 분노를 글 쓰는 행위로 승화시킬 수 있었다. 자기 파괴적인 행동 대신 변화를 야기하는 행동을 하게 되었던 것이다. 작가가 된 지금은 가치 있는 대의명분을 위해 글을 쓸 때 가장 큰 행복을 느낀다.

열정은 강력한 힘을 갖고 있으며 전염성이 강하다. 또한 열정은 세상을 움직이는 원동력이다. 한 사람의 열정은 빠른 속도로 퍼져 나간다. 문학, 음악, 그림, 연극, 스포츠, 정치 등 어떤 분야라도 좋다. 자신에게 영향을 미친 사람들의 이름을 되뇌어 보자. 아마 그 사람들이 자신의 열정을 활성화시킬 수 있는 방식으로 자신의 재능을 활용했다는 사실을 발견하게 될 것이다.

평범한 사람이라 하더라도 열정을 갖게 되면 비범한 일을 해낼 수 있다. 뉴햄프셔에서 성장기를 보내는 동안에는 미국 내 일부 지역에서 흑인들이 버스 앞쪽 좌석에 앉는 것을 금지한다는 사실을 전혀 몰랐다. 로사 팍스가 시작한 민권 운동이 세계적으로 퍼져 나간 후에야 흑인에 대해 여전히 인종 차별이 이루어지고 있다는 사실을 깨달을 수 있었다. 레이첼 카슨이 『침묵의 봄*Silent Spring*』을 발표하기 전까지는 모기를 없애기 위해 집 뒤쪽에 있는 늪지에 뿌려 대곤 했던 살충제 DDT로 인해 물고기와 새, 그리고 다람쥐까지도 목숨을 잃게 된다는 사실을 전혀 몰랐다. 3학년이 되어서 담임 선생님이었던 슈나르 선생님이 가만히 당하지만 말고 맞서 싸우라고 얘기해 주시기 전까지는 그저 괴롭힘을 당하고만 있었다. 하지만 선생님의 가르침 덕에 나는 용기를 얻게 되었고 다른 사람이 나쁜 행동을 하고도 벌을 받지 않고 지나가도록 내버려 두어서는 안 된다는 사실을 깨닫게 되었다. 고등학교 시절 리차드 데이비스라는 영어 선생님을 만나기 전에는 톰 페인의 저서 『상식*Common Sense*』이 식민 지배를 받고 있던 미국인들에게 얼마나 강력한 영향을 미쳤는지 제대로 이해하지 못했었다. 또한 잭 우드베리라는 역사 선생님의 설명을 듣기 전까지는 미국이 독립 전쟁에서 실패했더라면 식민지 내에서 가장 부유했던 조지 워싱턴과 존 핸콕이 반역자로 몰려 교수형에 처해졌을 거라는 사실도 전혀 몰랐다.

위에서 언급한 모든 사람들은 각자 자신의 길을 걸었다. 이들이 갖고 있는 유일한 공통점은 모두가 열정을 갖고 있었으며 모두가 어떤 식으로든 재능을 갖고 있는 스승이었으며 다른 사람들에게 영향을 끼쳤다는 점뿐이었다. 어떤 사람들은 역사책에 이름이 등장할 만큼 유명한 사람들이다. 슈나르 선생님, 데이비스 선생님, 우드베리 선생님의 이름은 역사책에서 찾아볼 수 없다. 하지만 이들이 없었더라면 이 글을 쓰지 못했을 것이다.

우리는 페인이 군대를 이끌려고 하지 않았다는 점, 워싱턴이 글을 쓰려 하지 않았다는 점을 감사하게 여겨야 한다. 페인은 글을 쓰는 일에 열정과 재능을 모두 갖고 있는 사람이었고 워싱턴은 사람들을 이끄는 일에 열정과 재능을 갖고 있는 사람이었다. 마사 워싱턴과 같이 열정적인 여성들은 최전방에 모여 군인들에게 군복을 만들어 주었다. 사냥꾼들은 명사수가 되었고 어부들은 새롭게 창설된 해군에 입대했다. 개개인의 노력은 다른 사람들에게 동기를 부여했다. 모두가 스승이었고 모두가 미래 세대에 영감을 불어넣어 주었다.

여러분에게도 열정과 재능이 있다. 여러분도 누군가에게 스승이 될 수 있고, 영감을 불어넣어 줄 수 있다. 여러분이 누군가와 대화를 나눌 때, 무언가를 구매할 때(혹은 무언가를 구매하지 않는 쪽을 선택할 때), 이메일을 보낼 때마다 이런 기회가 생겨난다. 여러분은 말과 행동으로 다른 사람에게 가르침을 줄 수 있다.

여러분에게 다음과 같은 질문을 던지고 싶다. 어떤 일에 열정을 느끼는가? 어떤 재능을 갖고 있는가? 어떤 일을 했을 때 가장 커다란 성취감을 느끼는가? 어떤 일을 했을 때 가장 커다란 만족감과 기쁨을 느끼는가?

여러분은 학생일 수도 있고, 치과 의사일 수도 있다. 배관공, 가정

주부 등 어떤 일을 하는 사람이어도 상관없다. 지금 현재 어떤 일을 하고 있건 이런 문제를 여러분의 친구, 가족, 고객에게 알리고, 자신의 열정과 부합하는 일을 하는 조직에 가입하고, 이메일을 보내고, 환경적, 사회적으로 책임감 있는 재료를 활용하고, 미래 세대에 도움이 되는 방향으로 행동을 하는 정치인을 후원하고, 시장에서 올바른 일을 하는 기업에게 표를 던지고, 지금까지 꿈만 꾸었던 목표를 달성할 수 있다.

이 모든 일은 자신의 힘을 깨닫는 데서 시작된다. 버스의 앞자리에 앉고, 어린 학생이 불량배에게 맞서도록 용기를 북돋아 주고, 건국의 주역들이 보여 준 용기에 대해 얘기할 수 있는 능력이 있다는 것을 깨닫는 순간 이 모든 일을 시작할 수 있다. 여러분이 영웅으로 여기는 모든 사람들이 그랬던 것처럼 여러분도 이따금씩 망설이고, 머뭇거리고, 실수를 저지르고, 과거의 실수를 통해 교훈을 얻는다. 뿐만 아니라 여러분이 영웅으로 여기는 모든 사람들이 그랬던 것처럼 여러분들도 이 세상을 변화시킬 수 있다. 변화를 위해서는 먼저 자신의 열정을 존중하고 자신의 힘을 인정해야 한다. 여러분의 열정과 재능이 이 글을 읽는 다른 모든 사람들의 재능 및 열정과 더해지면 기적이 일어날 것이다.

우리 모두가 힘을 더하면 돌연변이 바이러스가 없는 새로운 세상을 만들 수 있다. 팍스, 카슨, 페인, 워싱턴 부부, 슈나르 선생님, 데이비스 선생님, 우드베리 선생님, 사냥꾼, 어부들과 마찬가지로 우리도 각자 다른 길을 걷고 있다. 하지만 우리 모두는 같은 목적지 즉 지속가능하고, 공정하며, 평화로운 세상을 향해 나아가고 있다.

결론

1978년 어느 늦은 저녁 파나마의 대통령궁을 벗어나 해적의 침입으로부터 파나마를 보호할 목적으로 오래전에 지어진 성벽을 따라 거닐던 중 오마르 토리호스 파나마 대통령이 책망하는 어조로 말했다.

"퍼킨스 씨는 그저 아마존을 즐긴 거군요."

토리호스 대통령은 만 건너편을 가리키며 말을 이었다.

"저기 보이는 다리엔 갭(파나마와 콜롬비아 국경에 위치한 늪지대 — 옮긴이)을 힘겹게 지나가 보기 전에는 진정한 정글을 경험했다고 얘기할 수 없지요."

물과 안개가 잔뜩 끼어 있는 해안 저지대 외에는 아무것도 볼 수가 없었다. 하지만 토리호스 대통령이 가리키는 만 너머 내 눈에 보이지 않는 곳에 거대한 식물 군락지가 있다는 사실은 알고 있었다. 당시 다리엔 지역은 콜롬비아와 파나마, 남미와 중미를 가르는 산과 늪지 위로 길게 뻗어 있었다. 내 평생 동안 다리엔 지역에 대해 들은 얘기는 모두 불길한 얘기들뿐이었다. 혹자는 다리엔이 악몽과도 같은 위험이 도사리고 있는 빽빽한 열대 우림이라고 얘기했고, 혹자는 치명적인 독을 갖고 있는 중남미산 독사 부시마스터와 재규어, 악어, 적대적인 원주민만이 생명을 이어갈 수 있는 임자 없는 땅이라고도 했다. 다리엔은 북알래스카와 아르헨티나 남단을 잇는 팬 아메리칸 하이웨이가 유일하게 관통하지 못한 지역이기도 했다.

토리호스 대통령은 파나마의 군사 정보국 책임자 노리에가의 이름을 들먹이며 말을 이었다.

"심지어 노리에가도 다리엔 지역을 두 다리로 걸어갈 만큼 미치진 않았었지요. 노리에가는 다리엔 지역에서 야생 돼지를 사냥하곤 해요. 하지만 절대 땅을 딛진 않아요. 헬리콥터에서 사냥을 한답니다."

토리호스 대통령과 대화를 나눈 지 삼십 년이 넘게 흐른 지금은 한때 '절대로 통과할 수 없는' 지역이었던 다리엔을 자동차로 지나갈 수 있게 되었다. 하지만 자동차를 타고 다리엔을 통과하면서 모든 것이 파괴되어 있다는 사실을 깨닫고 엄청난 충격에 휩싸이고 말았다. 2009년 7월 다리엔 지역을 통과하면서 한때 수만 평방 마일을 뒤덮고 있던 무성한 열대 우림이 모두 사라졌다는 사실을 깨달았다. 한때 울창한 숲이 있던 자리에는 거죽만 남은 소 떼가 풀을 뜯는 목초지가 들어서 있었다. 한때 전혀 오염되지 않은 채 수정처럼 맑은 물을 자랑했던 강에서는 소의 배설물로 인한 악취가 풍겼다. 마구 파헤쳐진 산비탈에서는 진흙이 흘러내렸다. 다리엔 지역에 남아 있는 정글이라곤 12마일에 불과한데, 파나마와 콜롬비아를 잇는 팬 아메리칸 하이웨이가 곧 들어서면 그곳마저도 사라지게 된다는 이야기를 들었다. 나머지 정글은 이미 소 목장주와 벌목 업체로 인해 훼손되어 버린 상태였으며 야생 동물들도 밀렵꾼들의 손에 모두 목숨을 잃어버린 후였다. 토리호스 대통령은 암살을 당했고 노리에가는 미국의 감옥에서 복역 중이었다.

나를 파나마로 초대하고 직접 운전대를 잡은 나단 그레이가 얘기했다.

"지금까지 약간이나마 숲이 남아 있는 건 UN에서 구제역이 남미에서 북미로 퍼져 나가는 걸 막아 줄 유일한 장벽이 그 숲이라고 주장했기 때문이지요."

차창 너머로 남아 있는 숲을 바라보았다. 숲은 마치 신기루처럼 수평선 너머로 사라져 버렸다.

"약탈 자본가들이 만든 세상을 그대로 축소시켜 둔 것이로군요."

나는 홀로 중얼거렸다.

나단은 진흙투성이의 비포장 길을 따라 사륜 픽업트럭을 운전하면서 나를 힐끗 바라보았지만 아무 말도 하지 않았다. 내 옆에 앉아 있는 나단은 약탈 자본가들과는 정반대되는 인물이라는 사실이 생각났다. 나단 그레이는 지금 우리를 경제 붕괴의 벼랑 끝으로 몰고 온 돌연변이 바이러스로부터 멀리 떨어진 안전한 곳으로 우리를 인도하는 새로운 유형의 자본가였다. 나단을 비롯한 새로운 유형의 자본가들은 생태학적으로 지속 가능한 지구를 건설하는 것을 목표로 좀 더 건강한 형태의 자본주의로 이어지는 길을 비추는 횃불을 들고 있다.

오마르 토리호스 대통령과 함께 했던 또 다른 시간이 떠올랐다. 콘타도라 섬에 정박해 있는 요트 난간 위에 선 채로 토리호스 대통령은 우리 경제를 파멸로 이끌고 간 사람들을 대변하는 두 단어를 입에 올렸다. 토리호스 대통령은 약탈 자본가들을 막지 못하면 세계 시장이 쇼크 상태에 빠질 거라며 속임수에 넘어가지 말 것을 당부했다.

나는 그 덫에 빠지고 말았다. 대부분의 사람들이 그랬다. 오직 극소수의 사람들만이 속임수에 넘어가지 않았다. 나단 그레이가 그중 한 명이었다.

나단은 1973년 보스턴에 기반을 두고 있으며 많은 칭송을 받고 있는 국제 구호 단체 옥스팜 아메리카를 설립한 인물이다. 나단은 1990년 청소년 리더십 훈련을 위한 비영리 조직 어스 트레인을 출범시킨 인물이기도 하다. 어스 트레인은 제3세계 국가의 지역 사회 발전을 지원하며 사회적인 의식을 갖고 있는 투자자들로부터 자금을 조성하기 위한 노력의 일환으로 영리 단체와 비영리 단체 간의 협력 관계를 장려하는 단체이다. 2001년 나단은 레인포레스트 캐피탈, LLC(사회적인 의식을 갖고 있는 투자 업체), 쿠나 의회(토착 문화를 대변하는 의회), 다닐로 페레즈 재단(그래미상을 수상한 파나마의 재즈 음악가 다닐로 페레즈가 설립), 파나마의 바이오뮤제오, 수많은 파나마인들과 함께 한때 열대 우림이 자리했던 다리엔 주 경계 지역에 마모니 계곡 보호 구역을 설립했다.

에밀리오 마리스칼이 내 어깨를 톡톡 두드렸다. 나단의 뒷좌석에 앉아 있는 에밀리오는 보호 구역의 산림 농업 감독관이었다.

"저기 보이는 분들이 이곳에서 묘목을 심는 분들입니다."

에밀리오는 저 멀리서 허리를 굽힌 채 땅에 조심스레 묘목을 심고 있는 대여섯 명의 사람들을 가리켰다. 에밀리오는 2002년부터 2007년까지 하버드 대학의 열대 우림 과학 센터, 스미소니언 열대 연구소, 예일 환경 대학원이 공동으로 진행하는 프로그램인 파나마 자생종 재식림 프로젝트의 현장 수석 감독관을 맡았던 인물로 삼림 관리, 지속 가능한 농업 부문에서 매우 존경받는 전문가이다.

에밀리오 옆에 앉아 있던 린 로버츠가 물었다.

"묘목을 심는 분들이 모두 몇 분이나 계신가요?"

린은 1990년대 초 내가 설립하였으며 토착 주민들의 지혜를 보호하고 세계적인 의식을 변화시키는 것을 목표로 하는 비영리 단체 드림 체인지에서 총책임자를 맡고 있다. 린은 아시아, 중남미 등지에서 토착 주민들과 함께 생활하고 일하며, 변화에 관한 워크숍에서 강연을 한다. 또 『좋은 기억*The Good Remembering*』, 『샤먼 레이키 *Shamanic Reiki*』 등 여러 권의 책을 집필한 작가이기도 하다. 나단은 린과 드림 체인지에 어스 트레인에서 파생되어 영적인 기능을 담당하는 부서를 맡아서 이끌어 주고 엠베라족, 쿠나족 등 현지 부족들의 토착 문화를 드림 체인지의 파나마 프로그램에 더욱 적극적으로 포함시켜 줄 것을 부탁했다.

에밀리오가 로버츠의 질문에 답했다.

"지금은 총 열두 분이 계십니다. 올해 총 3만 그루의 나무를 심을 겁니다. 모든 나무들이 이 지역의 자생종입니다. 앞으로 십 년 안팎이면 이곳이 울창한 숲으로 다시 태어날 겁니다."

나단이 자동차 왼쪽 관목이 무성하게 우거진 목초지 위에 움푹 파인 곳을 가리키며 얘기했다.

"저곳은 철새가 찾아오던 습지였어요. 나무들이 다시 살아나면 습지도 살아나고 새들도 돌아오겠지요. 현재 저희가 관리하는 구역이 1만 에이커쯤 됩니다. 하지만 조만간 쿠나 지역에 위치한 생물학적 다양성이 우수한 땅 15만 에이커도 보호 구역 내에 포함될 겁니다."

나단은 내가 파나마를 직접 방문하기 전 전화 통화를 하면서 민간 투자를 받아 토지 구입 비용을 조달한다고 설명했다. 이 보호 구역 프로그램에는 국제 민간 부문 자금 조달, 지역 사회 개발, 환경 연구, 풀뿌리 조직을 창의적으로 연계한 비즈니스 모델이 반영되어 있다.

자동차가 움푹 파인 곳을 지나가는 순간 나단이 말을 이었다.

"우리는 현지 주민들을 이 땅에서 몰아내려 하지 않습니다. 우리는 굳이 농장주들을 상대로 설교를 하지도 않습니다. 다만 소를 기르는 목장주들에게 이 땅이 다시 무성한 열대 우림 지역으로 되돌아갈 수 있도록 노력을 기울이고, 견목, 과일, 야채, 난, 관상용 식물, 지표식물, 친환경 숙박 서비스 등 자연에서 얻을 수 있는 것들을 지속 가능한 방식으로 판매하면 훨씬 더 많은 돈을 벌 수 있을 거라는 사실을 조용히 증명해 보이고 있습니다. 우리가 운영하는 연구 학습 기관 마드로뇨 센터를 통해서 모범을 보이고 있습니다. 뿐만 아니라 저희는 목장주들이 필요로 할 경우 시스템 전환을 위한 자금도 제공합니다. 저희는 토지를 구입하기도 합니다. 소유주는 대개 목장에 나타나지도 않는 사람들이지요. 뿐만 아니라 목장에서 소를 기르지 못하도록 막을 방법이 토지를 구입하는 방법밖에 없을 때 그 방법을 씁니다. 우리의 목표는 모든 사람들이 숲과 분수령을 기반으로 하는 새로운 경제를 구축할 수 있도록 돕는 것입니다."

나단은 언덕 꼭대기에 트럭을 주차시키고서 마모니 강으로 인해 생겨난 아름다운 계곡 아래쪽을 가리켰다.

“저 곳에다가 공연 예술과 시각 예술을 위한 정글우드 센터를 지을 계획입니다.”

어스 트레인, 다닐로 페레즈 재단, 버클리 음대가 공동 설립할 정글우드는 매사추세츠 서부 버크셔 마운틴에 위치한 보스턴 심포니 오케스트라의 여름 별장 탱글우드를 본떠서 만든 것이다.

“많은 음악가들이 다닐로가 이곳에서 열대 우림을 되살리기 위한 발판을 마련하고 이곳을 아동들을 위한 음악 캠프로 변화시키려는 자신의 꿈을 실현할 수 있도록 돕기 위해 노력하고 있습니다. 다닐로의 친구 웨인 쇼터와 허비 핸콕도 많은 도움을 주고 있어요.”

나단은 기어 상태를 사륜구동으로 전환한 뒤 산등성이를 따라 트럭을 몰았다.

“기량이 우수한 예술가와 재능이 있는 아동들이 자연과 어울릴 수 있는 장소를 만들기 위해 최고의 건축가, 장인들과 관계를 맺어 나가고 있습니다. 예술가들은 이곳에서 새로운 작품을 만들어 나가게 될 겁니다. 세계 곳곳에서 찾아온 사람들에게 영감을 부여하고 가르침을 주기도 하겠지요. 뿐만 아니라 이들의 음악은 토착 주민, 현지인과 예술가들을 이어 주는 교량 역할도 할 겁니다. 올해 말에는 제인 구달도 이곳을 방문할 겁니다. 제인은 파나마에 교사를 양성하기 위한 센터를 설립할 계획을 세우고 있습니다. 오늘 저녁에는 미시간 주립대학교의 캐서린 린델 교수를 만나게 될 겁니다. 린델 교수는 이곳을 지표 회복이 조류의 행동에 미치는 영향을 연구하기 위한 살아 있는 실험실로 활용하고 계시지요.”

나단은 환한 웃음을 지어 보였다.

"제 설득에 넘어가 이곳으로 오시게 된 것이 무척 기쁘시지요?"

나단이 설득이라는 표현을 사용한 이유는 이곳을 방문해 달라는 나단의 요청을 거절하려 했기 때문이다. 맨 처음 나단이 전화를 걸어왔을 당시는 8월 말까지 이 책을 완성하는 것을 목표로 막바지 작업을 하고 있을 때였다. 한창 바쁘게 글을 쓰고 있던 중이라 아무리 생각해 봐도 파나마의 정글을 방문할 시간이 없을 것 같았다. 하지만 나단은 일단 파나마의 정글에 발을 디디면 왜 내가 반드시 시간을 내야만 하는지 이해하게 될 거라고 설득했다.

나단과 함께 트럭을 타고 언덕을 달리기 전날 밤, 한때 경제 저격수의 신분으로 많은 시간을 보냈던 파나마라는 나라에 도착하자마자 나단이 옳았다는 사실을 깨달을 수 있었다. 어스 트레인은 린과 나를 위한 환영 파티를 개최했다. 환영 파티는 파나마 시티 식민 구역 내에 위치한 어스 트레인 사무소 옥상 정원에서 열렸다. 어스 트레인의 사무소는 파나마 대통령궁, 토리호스 대통령과 수년 전 함께 거닐었던 성벽에서 불과 몇 블록 떨어진 곳에 위치해 있었다. 다닐로 페레즈, 수많은 고위 관료, 쿠나족 원로, 비정부 기구 지도자 등이 환영 파티에 참석했다. 환영 파티에서 세계적으로 유명한 건축가 프랭크 O. 게리가 설계하고 과거 미군이 점령했던 운하 지역에 속했던 곳 위에 지어질 건축물 내부에 자리를 잡게 될 바이오뮤제오의 '생명의 다리'에 관한 프레젠테이션을 감상했다.

환영 파티장 뒤쪽을 돌아보니 만에 정박해 있는 배에서 불빛이 흘러나오고 있었다. 그 배들은 태평양을 출발해 운하를 지나 대서양으로 나갈 채비를 하고 있었다. 파티 참가자들 앞쪽에 걸려 있는 스크린 위에서는 슬라이드가 넘어가고 있었다. 슬라이드를 넘기며 설명을 하고 있는 박물관 책임자 라이드 수크레는 청중들에게 파나마는 약 300만 년 전 남미와 북미를 연결하는 생명의 다리 역할을 했다고 설명했다. 파나마가 생겨나기 전 태평양과 대서양은 하나로 연결되어 있었다. 하지만 파나마가 생겨나면서 모든 것이 변했다. 커다란 땅덩어리가 만나면서 광활한 대양은 태평양과 대서양으로 나누어졌다. 육지와 바다의 식물, 동물, 환경이 모두 영원한 변화를 맞게 되었다. 해류, 기후의 변화가 전 지구에 영향을 미쳤다.

그날 밤 늦게 오래전에 형성된 구불구불한 길을 따라 숙소로 되돌아가는 길에 쿠나족 원로 중 한 사람이 했던 이야기가 머릿속을 떠나지 않았다.

"위대한 조물주가 여기 파나마에서 대양을 가로지르는 다리를 만드셨지요. 그런데 양키들이 내려와서 운하를 만드는 바람에 그 다리에 구멍이 생겼어요. 그때부터 우리는 분열을 겪었어요. 사람이 자연에게서 분리되고, 사람이 다른 사람에게서 분리되고, 남과 북이 분리되고, 동과 서가 분리되었어요. 모든 것이 미쳐 버린 겁니다. 이제 우리가 새로운 다리를 건설해야 합니다."

나단이 운전하는 픽업트럭은 작은 문을 통과해 마드로뇨 센터로 들어갔다. 마드로뇨 센터에 들어서니 울창한 열대 우림 보호 구역 내에 규모가 작은 몇 채의 야외 오두막과 규모가 큰 몇 채의 회의실이 흩어져 있었다. 샤워를 하고 잠깐 휴식을 취한 후 린, 에밀리오, 나단과 함께 저녁 식사를 하러 갔다. 한 무리의 사람들이 식당에 자리를 잡고 있었다. 식당에 있는 사람들은 마드로뇨 센터에서 활동하는 사람들만큼이나 다양했다. 엠베라족의 젊은 지도자 라울 메주아, 쿠나족의 지도자 토니엘 에드먼도 식당에 자리를 잡고 있었다. 엠베라족과 쿠나족은 원래 서로를 적대시했지만 지금은 위협에 처한 정글과 토착 문화를 보호하기 위해 힘을 모으고 있다. 엠베라족과 쿠나족은 현재 다리엔 생태 보호 구역이 파괴되는 현상을 되돌리기 위해 협력하고 있다. 목장에서 소를 기르다가 환경 운동가로 변신한 로날도 토리비오, 가슴이 뛰는 일을 하기 위해 많은 돈을 포기하기로 결정한 젊은 변호사 카를로스 안드레스, 학생들이 주도하는 세계 최대의 보건 및 지속 가능 개발 조직 글로벌 브리게이즈의 대표 알렌 굴라 등도 식당에 모습을 드러냈다.

식사를 하며 대화를 나누는 동안 린은 전날 저녁 항만이 내려다보이는 옥상에서 열렸던 환영 파티에서 쿠나족 원로가 했던 이야기를 언급했다. 린은 주변 사람들에게 다음과 같이 얘기했다.

"새로운 교량을 짓는다는 개념이 독수리와 콘도르의 예언 중 일부인 것 같네요."

나단은 린에게 독수리와 콘도르의 예언에 대해 좀 더 자세히 얘기해 줄 것을 부탁했다.

"제가 알기로는 이 예언은 2000여 년 전 아마존에서 유래된 것이죠. 아마존에서 시작된 예언이 안데스 산맥을 지나 이 지협을 건너 마야, 아즈텍, 호피, 수많은 북미 부족에게 영향을 미치게 되었지요. 한마디로 설명하자면, 고대에 인간 사회는 두 부류로 나누어져 있었습니다. 콘도르 부족 사람들은 '심장의 길'을 대표했어요. 내재되어 있는 여성성을 이상향으로 받아들이는 한편, 출산을 하고, 가정을 꾸리고, 자연 세계에 관한 지식을 후손에게 전수하는 데 도움이 되는 평화롭고 지속 가능한 환경을 조성하는 생활 방식을 선호했어요. 독수리 부족 사람들은 '마음의 길'을 따랐어요. 흔히 남성적인 특성으로 여겨지는 가치관을 존중하는 한편 다른 부족을 정복하고 자연을 지배하는 기술을 개발하는 사회를 만들어 나갔어요. 독수리와 콘도르의 예언에서는 1490년대부터 시작되는 제4의 파차쿠티 동안 두 개의 서로 다른 길이 하나로 수렴될 거라고 했어요. '파차쿠티'는 500년의 기간을 일컫는 케추아족과 잉카족의 단어지요. 제4의 파차쿠티 동안 전쟁과 끔찍한 폭력이 발생해 독수리 부족이 콘도르 부족을 멸망의 길로 내몬다고 했어요."

린은 테이블 주위를 돌아보았다.

"물론 우리는 콜럼버스가 아메리카 대륙을 발견한 후 독수리와 콘도르의 예언과 정확하게 일치하는 일이 발생했다는 사실을 잘 알고 있습니다. 예언이 실현되었던 거지요. 산업 문화가 사실상 토착 문화를 파괴시켰지요. 독수리와 콘도르의 예언에서는 그로부터 500년 후인 1990년대에 새로운 파차쿠티, 즉 제5의 파차쿠티가 시작된다고 얘기하지요. 제5의 파차쿠티에는 콘도르와 독수리가 다시 결합할 수 있는 기회를 갖게 된다고 합니다. 그건 기정사실이 아닙니다. 우리가 그런 일이 일어나도록 만들어야 하는 거지요. 하지만 독수리와 콘도르, 즉 마음과 심장이 어우러져 같은 하늘을 날아오르며 춤을 추고, 짝짓기를 하고, 균형을 다시 회복시킬 수 있는 기회가 존재합니다."

린은 토니엘과 라울을 바라보더니 팔을 뻗어 테이블에 앉아 있던 모든 사람을 품에 안았다.

"지금 바로 그런 일이 일어나고 있잖아요. 세계 곳곳에서 그런 일이 일어나고 있습니다. 콘도르 사람들은 자신들이 가지고 있는 지혜를 나누고, 독수리 사람들은 우리가 초래한 문제를 바로잡기 위해 노력하고 있어요. 지금 이곳에서 어떤 일이 일어나고 있는지 둘러보세요."

린의 얘기가 끝나자 어스 트레인 간사 크리스틴 델 베키오가 이어 말했다.

"바로 지난 밤 슬라이드 쇼에서 언급했던 그 교량이지요. 우리는 지금 이곳 파나마에서 독수리와 콘도르의 춤을 추고 있잖아요."

베키오의 말이 끝나자 내가 말을 이었다.

"마모니 계곡 보호 구역은 꿈을 키우는 곳입니다. 옛날의 꿈은 자연과 토착민들을 착취하고 정복하는 것이었죠. 새로운 꿈은 조화롭게 살아가는 겁니다."

나는 테이블에 앉아 있는 사람들에게 항상 독수리와 콘도르의 예언이 발전에 관한 것, 즉 인간의 문화를 한 차원 높은 의식 단계로 끌어올려 심장과 마음이 진정으로 통합되는 것이라고 생각해 왔다는 얘기를 들려주었다.

"이번 경제 위기는 결코 우연히 발생한 일이 아닙니다. 우리를 흔들어 깨우기 위해 일어난 일입니다."

마모니 계곡 보호 구역에서 믿기 힘들 만큼 놀라운 일이 벌어졌던 2009년 7월 또 중미 지역의 한 나라는 정치적인 혼란에 휩싸였다. 파나마에서 얘기를 나누었던 모든 사람들이 민주적으로 선출된 마뉴엘 셀라야 온두라스 대통령의 축출로 이어진 군사 쿠데타는 CIA의 도움을 받아 두 개의 미국 기업이 꾸며 낸 일이라는 확신을 갖고 있었다. 2009년 초 치키타 브랜즈 인터내셔널(과거 유나이티드 프루트), 돌 푸드 컴퍼니는 셀라야 대통령이 온두라스의 최저 임금을 60퍼센트 인상하는 방안을 옹호한다며 강력한 비난을 쏟아냈다. 두 업체는 최저 임금이 인상되면 자사의 이윤이 줄어든다며 반발했다.

미국에서는 모든 것들이 쉽게 잊힌다. 하지만 파나마 같은 곳에서는 그렇지 않다. 다리엔 친환경 지구에서 묘목을 심는 사람들, 택시 운전사, 웨이터, 파나마 시티의 가게 주인, 옥상에서 열린 환영 파티에서 만났던 거물 등 그 누구와 이야기를 하든 사람들은 한결같이 치키타가 1954년 CIA와 힘을 모아 민주적으로 선출된 과테말라의 야코보 아르벤스 정권을 무너뜨렸으며 1973년에 인터내셔널 텔레폰 앤드 텔레그래프, 헨리 키신저, CIA가 힘을 모아 칠레의 살바도르 아옌데 정권을 무너뜨린 것은 이미 잘 알려진 사실이라고 얘기했다. 뿐만 아니라 파나마에서 만난 사람들은 아이티의 장 베르트랑 아리스티드 대통령이 온두라스의 셀라야 대통령과 마찬가지로 최저 임금 인상을 주장한다는 이유로 지난 2004년 CIA에 의해 축출되었다고 믿고 있었다.

익명을 요구한 파나마의 한 은행 부행장이 이런 얘기를 했다.

"모든 다국적 기업들은 온두라스가 시간당 임금을 올리면 나머지 남미 국가들과 카리브 해 지역 국가들도 시간당 임금을 올릴 거라는 사실을 알고 있지요. 아이티와 온두라스는 이 지역에서도 임금이 가장 낮은 나라들입니다. 대기업들은 남반구에서 벌어지는 이런 일들을 '좌파들의 반란'이라 칭하며 이런 일들이 더 이상 일어나지 않도록 막으려고 혈안이 되어 있습니다. 셀라야 대통령을 대통령 자리에서 몰아내는 방법을 통해 자국 국민들의 생활 수준을 끌어올리려고 애쓰는 중남미의 다른 대통령들에게 무시무시한 메시지를 보내고 있지요."

남미 수도 곳곳에서 혼란스러운 상황이 연출되는 모습을 상상하기는 그리 어렵지 않았다. 미국에서 버락 오바마가 대통령으로 당선되자 중남미 국가들은 모두 안도의 한숨을 내쉬었다. 마침내 북미 지역에 위치한 거대한 제국이 남쪽에 위치한 이웃 국가들에게 연민의 정을 드러내 보일 거라는 희망, 불공정한 무역 협정, 민영화, 지나치게 엄격한 국제 통화 기금의 구조 조정 프로그램, 군사 개입의 위협이 약화되거나 어쩌면 사라질지도 모른다는 기대가 있었기 때문이다. 하지만 그런 낙관론이 사라지고 있다.

내가 파나마에 도착하고 나서 이삼 일이 지난 후 온두라스에서 군사 쿠데타를 일으킨 지도자들과 기업 정치 간의 유착 관계가 만천하에 드러났다. 영국의 일간지 《가디언》은 다음과 같은 내용이 담긴 기사를 발표했다.

"온두라스 쿠데타 정부의 최고 고문 두 명은 미국 국무 장관과 밀접한 관계를 맺고 있다. 둘 중 한 명은 빌 클린턴 대통령의 개인 변호사를 지냈으며 민주당 경선에서 힐러리를 위해 선거 활동을 했던 인물로 막강한 영향력을 갖고 있는 로비스트 래니 데이비스다. (중략) 클린턴과 밀접한 관계를 갖고 있으며 쿠데타 정부를 위해 활동하는 두 번째 인물은 로비스트 베네트 랫클리프다."[1]

텔레비전과 라디오 뉴스 프로그램 「디마크러시 나우!」는 워싱턴에 위치한. 막강한 법률 회사 커빙턴 앤드 버링 LLP와 컨설팅 회사 맥라티 어소시어츠가 치키타를 대변한다는 소식을 전했다.[2] 오바마 대통령이 임명한 법무 장관 에릭 홀더는 치키타가 콜롬비아에서 '암살단'을 고용한 혐의로 고소를 당했을 때 커빙턴의 파트너였으며 치키타를 변호한 인물이다. (당시 치키타는 '보호 차원'에서 미국 정부에서 테러 그룹으로 지목한 여러 조직에 돈을 주었다는 사실을 인정하여 유죄를 선고 받았으며 2004년에는 2500만 달러의 벌금을 내기로 합의했다.)[3]

조지 W. 부시 대통령 시절 UN 대사를 지냈으며 과거 커빙턴의 변호사였던 존 볼튼은 자국에서 채취한 자원을 통해 얻는 이윤 중 좀 더 커다란 몫을 자국 국민들에게 안겨 주기 위해 노력하는 남미 지도자들에게 강력하게 반발했다. 2006년 관직에서 물러난 볼튼은 새로운 미국의 세기를 위한 프로젝트, 국가 정책 회의 등 온두라스를 비롯한 중남미 국가에서 기업의 패권을 강화하기 위한 각종 프로그램에 적극 참여했다. 맥라티의 존 네그로폰테 부회장은 1981년부터 1985년까지 주 온두라스 미국 대사를 지냈으며, 국무부 차관, 국가정보국장, UN 미국 대표 등을 지냈다. 네그로폰테는 니카라과의 산디니스타 정부에 대항하여 콘트라(니카라과 반정부 세력)가 미국을 등에 업고 벌인 은밀한 전쟁에서 중요한 역할을 했다. 뿐만 아니라 네그로폰테는 민주적으로 선출되어 개혁을 지향하는 남미의 대통령들이 내놓은 정책에 끊임없이 반대를 표시했다.[4] 이런 사람들을 보면 기업 정치의 권력이 서서히 퍼져 나가며, 기업 정치의 구성원은 당을 초월하며, 오바마 행정부도 이미 기업 정치에 물들었다는 사실을 확인할 수 있다.

권력자들은 우리 모두를 지금과 같은 세계적인 위기 앞에 서게 만든 현 상황을 유지하기 위해 노력한다. 홀더, 볼튼, 네그로폰테는 그런 성향을 갖고 있는 권력자들 중에서도 특히 두드러지는 인물들이다. 권력자들과 권력자들을 위해 일하는 사람들은 이란과 인도네시아에서 경제 저격수와 자칼이 활동을 시작했던 때부터 그 자리를 지켜 온 사람들이다. 이들은 조용히 비밀리에 정책을 실행하는 쪽을 선호한다. 하지만 모든 방법이 실패로 돌아가거나 은밀한 접근 방법을 활용할 만한 충분한 시간이 없다고 판단될 때에는 주저하지 않고 군사력을 동원한다. 2009년 7월 23일《로스앤젤레스 타임스》는 이 문제의 핵심을 파고들었다. 다음은 관련 기사에서 발췌한 내용이다.

> 온두라스에서 벌어진 일은 또 다른 의미에서 전형적인 남미식 쿠데타라고 볼 수 있다. 쿠데타를 주도한 로메오 바스케스 장군은 미국의 미주 학교('서반구 안보 협력 기구'로 명칭 변경)를 졸업했다. 미주 학교는 군사 쿠데타를 비롯해 심각한 인권 침해 행위를 저지른 남미의 지도 세력을 배출한 것으로 잘 알려져 있다.5

2009년 7월 다리엔 친환경 지구 내에 있는 조그마한 집에 앉아 온두라스에 관한 기사를 읽으며 오마르 토리호스 대통령이 이런 종류의 은밀한 제국 건설을 얼마나 강경하게 반대했는지 떠올렸다. 토리호스 대통령은 그런 식의 제국 건설이 미국의 질을 떨어뜨린다며 '순 엉터리 민주주의가 되고 말 것'이라고 얘기했다. 토리호스 대통령도 당시 미국이 점령하고 있던 파나마 운하 지역에 위치해 있던 미주 대학을 다녔다. 그 덕에 토리호스 대통령은 미주 대학의 존재 자체가 얼마나 불길한 의미를 갖고 있는지 잘 알고 있었다. 토리호스 대통령은 미주 대학을 '암살범 대학'이라고 칭했다. 파나마의 대통령으로 선출된 후, 토리호스 대통령은 미국 정부에 미주 대학을 파나마에서 철수시켜 줄 것을 요구했다. 미국 국방부는 파나마 운하 조약에 의거해 미주 대학을 조지아 주 포트 베닝으로 이전했다.

어느 날 오후, 정글 속 오솔길을 따라 거닐다 언덕 꼭대기에 있는 빈터에 이르렀다. 마모니 강이 저 아래에 내려다보이는 계곡을 따라 굽이쳐 흐르고 있었다. 통나무에 걸터앉아 존 메이너드 케인스를 지지하는 사람들과 밀턴 프리드먼을 지지하는 사람들을 갈라놓은 전형적인 전쟁에 대해 생각해 보았다. 밀턴 프리드먼을 지지하는 세력이 승리를 하자 세상이 변했고 지금 우리가 직면한 위기가 발생했다. 남미와 북미 중간에 놓여 있는 상대적으로 작은 이 땅에서 새로운 전쟁이 벌어지고 있는 듯한 기분이 들었다.

온두라스에서 벌어진 전쟁은 온 세상에 떠들썩하게 알려졌다. 온두라스에서는 경제 저격수의 뇌물과 협박에 굴복하지 않는다는 이유로 합법적으로 선출된 대통령을 몰아내기 위해 벌이는 군사 쿠데타, 많은 국가에서 민주주의의 이름으로 제국주의를 정당화시키기 위해 사용했던 것과 유사한 홍보 공세, 막강한 권력을 휘두르며 치키타, 돌 등 대기업을 보호하기 위해 법정, 의회, UN을 적극 공략하는 변호사와 로비스트 등 전통적인 기업 정치의 무기를 이용한 전쟁이 벌어졌다. 미국의 텔레비전 방송국과 주요 신문들은 온두라스의 셀라야 대통령이 대통령 임기 연장에 관한 국민의 의견을 묻기 위해 국민 투표를 실시하여 선거 과정을 마음대로 악용하려 했다는 보도를 연이어 내놓았다. 일반 국민들이 온두라스에서 군사 쿠데타가 일어난 진짜 이유를 파악하지 못하도록 막기 위해 언론과 미국 정계에 뿌려진 돈이 수억 달러에 이르렀다. 하지만 쿠데타가 일어난 진짜 이유는 미국 언론의 설명과는 전혀 달랐다. 온두라스의 셀라야 대통령은 자국 농장의 열악한 근로 조건, 우리의 아침 식사를 풍요롭게 해 주는 바나나와 파인애플을 재배하는 노동자를 괴롭히는 고통, 질병, 저임금, 영양실조 등을 공개할 만한 배짱을 갖고 있는 동시에 부패에 굴하지 않고 자국 국민들을 위한 좀 더 나은 무언가를 요구할 만큼 청렴한 사람이었다. 온두라스에서 벌어진 전쟁은 돌연변이 자본주의를 보호하기 위해 벌어진 전쟁이었다.

파나마에서는 씨앗, 괭이, 지속 가능한 농업 기법, 사회적으로 의식 있는 자본, 음악, 오랫동안 전해져 내려오는 지혜와 과학적인 연구의 통합, 과거 소를 길렀던 목장 주인들, 지역 사회 지도자, 생태학자, 예술가, 작가, 비정부 기구, 웹 디자이너, 새로운 부류의 변호사, 혁신적이고 건강한 형태의 자본주의를 만들어 내기 위해 각계각층에서 동참의 뜻을 표시해 온 사람 등 새로운 종류의 무기를 바탕으로 조용한 전쟁이 벌어졌다.

케인스와 프리드먼 사이에서 벌어졌던 전쟁이 마치 과거의 유물, 후퇴, 묘비처럼 느껴질지도 모르겠다. 하지만 기업 정치가 아무것도 하지 않은 채 무덤 옆에 조용히 서 있기만 했던 건 아니다. 기업 정치에서 내세운 후보는 미국 대선에서 승리하지 못했다. 하지만 기업 정치가 지지하는 사람들은 재빨리 백악관, 연방 준비 제도 이사회, 국방부, 국무부 등의 요직에 침투해 들어갔다. 기업 정치에 가담한 은행가들은 월 가로 되돌아가 또다시 불로 소득을 챙겼다. 2000년대 초중반 국제 통화 기금은 오명을 뒤집어쓰게 되었다. 하지만 G20 국가들은 과거보다 세 배나 많은 자본을 국제 통화 기금에 안겨 주었으며 2008~2009년에는 국제 통화 기금에 새로운 권한을 부여했다.

경제 저격수와 자칼들은 후퇴, 그리고 묘비가 단순한 경고일 뿐 진정한 죽음을 상징하지는 않는다는 사실을 전 세계에 알리려는 듯 온두라스에서 경계선을 그어 버렸다.

우리는 모두 그 경계선을 따라 서 있다. 결정은 개개인의 몫이다. 우리는 끝이 없는 식탐을 채우려는 목표를 갖고서 지구상의 모든 자원을 통제하려는 소수의 억만장자들이 지배하는 세상을 원하는가? 우리는 더 많은 부채와 민영화, 악덕 자본가들이 대다수의 국민들에게 적용되는 규칙과 규제를 무시한 채 떵떵거리고 살아가는 시장을 원하는가? 가장 중요한 비용을 외면하는 회계 시스템을 원하는가? 근로자들을 착취하고, 현 상태를 유지하기 위해 변호사와 로비스트에게 거액의 돈을 지불하고, 재산을 해외 조세 피난처로 빼돌리는 '영웅'의 모습을 실은 잡지 표지를 원하는가? 민주적으로 선출된 정부를 전복시키기 위한 자금을 지원하는 기업에서 생산한 물건을 사고 싶은가? 우리 손으로 뽑은 대통령과 선출직 정부 관료들의 기반이 약화되기를 원하는가? 세계 인구의 5퍼센트도 되지 않는 사람들이 전체 자원 중 25퍼센트 이상을 소비하고, 그 5퍼센트 중 10퍼센트에도 못 미치는 사람들이 자산을 지배하고, 세계 인구 중 절반가량이 빈곤한 삶을 살아가는 행성에서 자녀를 키우고 싶은가? 끊임없이 폭력 사태가 벌어지고 미국의 대테러 군사 작전으로 항상 계엄 상태에서 살아가는 삶을 원하는가?

혹은 다른 삶을 원하는가? 그린 페스티벌, 현지 시장, 지속 가능 경영을 중요시하는 매장 및 웹 사이트 등에서 발견한 부류의 조직과 같이 사회적, 환경적인 책임 의식을 갖고 있는 경제를 건설하기 위해 노력하는 조직들이 그려 보이는 세상을 원하는가? 우리의 아이들이 열대 우림과 오염된 호수를 되살리고, 지속 가능한 에너지 사용을 장려하고, 굶주림에 허덕이는 사람들이 배불리 먹을 수 있도록 도움을 주기 위해 노력하는 단체의 설립자와 관리자들을 닮고 싶은 역할 모델로 존경하는 세상을 원하는가? 모든 사람이 치료를 받을 수 있고 생애 마지막 날까지 존엄성 있는 삶을 살 수 있는 세상을 원하는가? 한마디로 요약하자면 과거의 패턴을 없애 버리고, 지금의 문제를 초래한 약탈 자본주의에서 벗어나 진정한 민주주의의 이상향이 반영되는 세상, 우리 모두가 지속 가능하고, 공정하고, 평화로운 사회에서 살아갈 수 있는 세상을 미래 세대에게 물려주고 싶은가?

버락 오바마 대통령에게 선택권이 주어진 것이 아니다. 존 매케인도 물론 아니다. 혹은 그 어떤 정치인도 둘 중 어떤 길을 갈지 임의대로 선택할 수 없다.

오직 우리들만이 선택을 할 수 있다.

감사의 말

다음 분들께 깊은 감사의 뜻을 전한다.

이 책에 관한 아이디어를 제안하고, 아이디어를 구체화시킬 수 있도록 도움을 주었으며, 끝없는 우정을 보여 주고, 언제나 한결같이 열심히 일하며, 항상 현명한 조언을 건네주는 대리인 폴 페도르코에게 무한한 감사의 뜻을 전하고 싶다.

원본 원고가 갖고 있는 복잡한 문제를 해결해 주고, 뛰어난 실력으로 글을 부드럽게 다듬고, 이 책을 정해진 시간 내에 출간할 수 있도록 지루한 편집, 재편집 작업을 하느라 귀중한 휴가를 기꺼이 포기해 준 랜덤 하우스 브로드웨이 북스의 편집자 로저 숄에게도 감사한 마음을 전한다.

이 책의 빡빡한 출간 일정을 맞출 수 있도록 각종 인터뷰와 행사를 지혜롭게 조정해 주었으며 여러 해 동안 아낌없는 지지를 보내 준 홍보 담당자 페그 부스에게 고맙단 이야기를 하고 싶다.

원고의 상당 부분을 꼼꼼하게 읽어 주고, 원고를 개선할 수 있도록 귀중한 조언을 해 주었으며, 나의 배우자, 제시카의 엄마, 그랜트의 할머니로서의 역할을 훌륭하게 해내고 있는 나의 아내 위니프레드에게 무한한 감사의 뜻을 전한다.

개인 웹 사이트를 제작해 주고, 복잡한 인터넷 세상에서 나를 잘 이끌어 주고, 현대 세상에서는 인터넷을 이용한 네트워킹이 구텐베르크의 금속 활자만큼이나 중요하다는 사실을 일깨워 준 사위 다니엘 밀러에게도 고마운 마음을 전한다.

오마르 토리호스 대통령으로부터 처음 들은 단어가 얼마나 커다란 힘을 갖고 있는지 일깨워 주고 그 단어Hoodwinked를 이 책의 제목으로 쓸 것을 제안해 준 캐슬린 맥멀렌 코디도 커다란 도움이 되었다.

최근 중국, 에콰도르, 아이슬란드, 니카라과, 파나마, 티베트를 방문할 수 기회를 만들어 주고 여러 대학, 컨퍼런스, 세미나 등에 초청해 준 모든 분들과 단체에도 감사의 말을 전한다. 이 책에서 언급한 모든 분들과 단체들은 지금 우리가 직면한 문제가 소리 없이 서서히 퍼져 나간다는 사실을 깨닫고 이 책에서 제안한 각종 해결 방안을 모색하는 데 커다란 도움이 되었다.

주석

도입

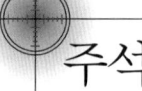

1. For additional information and statistics, see Michael Lewis, "Wall Street on the Tundra," *Vanity Fair*, April 2009, pp.142~147; 173~177; and Ian Parker, Letter from Reykjavik, "Lost: After Financial Disaster, Icelanders Reassess Their Identity," *New Yorker*, March 9, 2009, pp.39~47.
2. Ibid.

1장

1. Rodrigue Tremblay, "The Dance of the Trillions to Shore up Banks, Bankers, and Gamblers," *Global Research*, Centre for Research on Globalization, March 26, 2009, http://www.globalresearch.ca/index.php?context=va&aid=12918.
2. "The Crisis and How to Deal with It," *New York Review of Books*, June 11, 2009, pp.73~76.
3. U.S. Bureau of Labor Statistics Economic News Release: "Employment Situation Summary", May 28, 2009, http://www.bls.gov; Lucia Mutikani, "U.S. Economy Trembles Steeply in First Quarter," Reuters, April 29, 2009(accessed May 27, 2009), http://www.reuters.com/article/newsOne/idUSTRE53S3NK20090429; Democracy Now, *War and Peace Report*, daily TV and radio news program, hosted by Amy Goodman and Juan Gonzalez, Headlines for May 29, 2009, http://www.democracynow.org/2009/5/29/headlines; Benjamin Freedman, "The Failure of the Economy & the Economists," *New York Review of Books*, Vol. 56, no.9, May 28, 2009, p.42;and Bob Willis, "U.S. Economy: GDP Shrinks in Worst Slump in 50 Years(Bloomberg's Update 3)," April 29, 2009(accessed May 27, 2009), http://www.bloomberg.com/apps/news?=pid=20601068&sid=a6WLEZ20yerY; and Democracy Now, *War and Peace Report*, daily TV and radio news program, hosted by Amy

Goodman and Juan Gonzalez, Headlines for June 1, 2009, http://www.democracynow.org/2009/6/1/headlines.
4. Daniel Bases, "UPDATE 1—UN Revises Global Economic Growth Lower for 2009," May 27, 2009, 12:12 P.M. EDT(accessed May 28, 2009), http://www.reuters.com/article/marketsNews/idUSN2713305020090527; and Daniel Bases, "UN Revises Global Economic Growth Lower for 2009," May 27, 2009. 11:06 A.M. EDT(accessed May 28, 2009), http://www.reuters.com/article/bondsNews/idUSN2751739520090527.
5. "Economic Downturn Leaves 26 Million Unemployed in China," *Telegraph*(United Kingdom), February 2, 2009(accessed May 27, 2009), http://www.telegraph.co.uk/news/worldnews/asia/china/4438965/Economic-downturn-leaves-26-million-unemployed-in-china-.html; and "China's Unemployed Migrant Workers Could Top 20 Million," ABC News, March 25, 2009,(accessed May 27, 2009), http://www.abc.net.au/news/stories/2009/03/25/2526402.htm.
6. "U.S. Economy to Contract 2pc This Year, Says Fed," *Telegraph*(United Kingdom), May 21, 2009(accessed May 27, 2009), http://www.telegraph.co.uk/finance/financetopics/recession/5359481/US-economy-to- contract-2pc-this-year-says-Fed.html.
7. "The Crisis and How to Deal with It," *New York Review of Books*, June 11, 2009.
8. Democracy Now, *War and Peace Report*, daily TV and radio news program, hosted by Amy Goodman and Juan Gonzalez, Headlines for May 28, 2009, http://www.democracynow.org/2009/5/28/headlines.
9. Democracy Now, *War and Peace Report*, Headlines for June 1, 2009.
10. "The Crisis and How to Deal with It", *New York Review of Books*, June 11, 2009, pp.73~76.
11. "A Silent War," Jubilee USA Network(accessed July 26, 2007), http://www.jubileeusa.org/resources/deby-resources/beginners-guide-to-debt/a-silent-war.html.

2장

1. Thom Hartmann, *Threshold: The Crisis of Western Culture*(New York: Viking, 2009), Advance uncorrected proof, p. 145.
2. Democracy Now, *War and Peace Report*, daily TV and radio news program, hosted by Amy Goodman and Juan Gonzalez, "Michael Parenti: Economic Crisis the Inevitable Result of 'Capitalism's Self-Inflicted Apocalypse,'" March 12, 2009, http://www.democracynow.org/2009/3/12/parenti.
3. Hartmann, *Threshold*, p. 52.
4. Democracy Now, *War and Peace Report*, daily TV and radio news program, hosted by Amy Goodman and Juan Gonzalez, Headlines for March 16, 2009, http://www.democracynow.org/2009/3/16/headlines.
5. Democracy Now, *War and Peace Report*, daily TV and radio news program, hosted by Amy Goodman and Juan Gonzalez, Headlines for March 4, 2009, http://www.democracynow.org/2009/3/4/headlines.

6. Ibid.

7. Louise Story, "Lawmakers Question Bankers on Bailout," *New York Times*, February 11, 2009, http://www.nytimes.com/2009/02/12/business/12bank.html?scp=4&sq=eight%20bankers&st=cse.

8. "Texas Firm Accused of $8 Billion Fraud," *New York Times*, February 17, 2009, http://www.nytimes.com/2009/02/18/business/18stanford.html?scp=5sq=stanford%20group&st=cse.

9. John Schwartz, "Contrite Over Misstep, Auto Chiefs Take to the Road," *New York Times*, December 2, 2008, http://www.nytimes.com/2008/12/03/business/03jets.html.

10. Democracy Now, *War and Peace Report*, daily TV and radio news program, hosted by Amy Goodman and Juan Gonzalez, Headlines for April 14, 2009, http://www.democracynow.org/2009/4/14/headlines.

11. Ibid.

12. Ibid.

13. Democracy Now, *War and Peace Report*, Headlines for April 15, 2009, http://www.democracynow.org/2009/4/15/headlines.

14. Arianna Huffington, "Why Are Bankers Still Being Treated As Royalty?" Huffington Post, April 30, 2009, http://www.huffingtonpost.com/arianna-huffington/why-are-bankers-still-bei_b_194242.html.

15. Democracy Now, *War and Peace Report*, daily TV and radio news program, hosted by Amy Goodman and Juan Gonzalez, Headlines for May 6, 2009, http://www.democracynow.org/2009/5/6/headlines.

4장

1. For more about Claudine and her disappearance, see John Perkins, *Confessions of an Economic Hit Man*(New York: Penguin Group/Plume, 2004), pp. xiii~xiv;16~21;60~62.

2. For more about Farhad and the escape from Iran, see Perkins, *Confessions*, pp. 6; 137~39.

3. Center for Responsive Politics, OpenSecrets.org, "Stats at a Glance," http://www.opensecrets.org

4. http://thehill.com/business—lobby/companies-hire-washington-lobbyists-before-bad-news-breaks-2006-2006-01-31.html; and Democracy Now, *War and Peace Report*, daily TV and radio news program, hosted by Amy Goodman and Juan Gonzalez, "'Sold Out': New Report Follows Lobbying Money Trail Behind Deregulation That Helped Cause Financial Crisis," March 4, 2009, http://www.democracynow.org/2009/3/4/sold_out_new_report_Follows_lobbying.

5. Wall Street Watch, "$5 Billion in Political Contributions Bought Wall Street Freedom from Regulation, Restraint, Report Finds," March 4, 2009, http://www.wallstreetwatch.org/soldoutreport.htm.

6. Media Reform Information Center, "Number of Corporations That Control a Majority of U.S. Media,"(chart), http://www.corporations.org/media/.

7. Both the power plant and NBC stories are from firsthand accounts by several people who were personally involved and, for obvious reasons, wish to remain anonymous.

8. For more information on Jim Keady and Leslie Kretzu, see John Perkins, *The Secret History of the American Empire: The Truth About Economic Hit Man, Jakals, and How to Change the World*(New York: Penguin Group/Plume, 2007), pp. 39~43; 59~61. See also the website for the Educating for Justice (EFJ) nonprofit organization(headquartrtrd in Asbury Park, N.J.):http://www.educatingforjustice.org.

5장

1. Michael Hennigan, Analysis/Comment:"Executive Pay and Inequality in the Winner-take-all Society," Finfacts.com, Iceland's Business&Finance Portal, August 7, 2005(accessed June 10, 2009), http://www.finfacts.com/irelanbusinessnews/publish/printer_10002825.shtml.
2. Ralph Waldo Emerson, *Wealth* essay, in *The Conduct of Life*, 1860, revised 1876, http://www.emersoncentral.com/wealth.htm.

6장

1. BBC News, "Ecuador Defaults on Foreign Debt," December 12, 2008(accessed June 24, 2009), http://news.bbc.co.uk/2/hi/business/7780984.stm.
2. Anthony Faiolda, "Calling Foreign Debt 'Immoral,' Leader Allows Ecuador to Default," *Washington Post*, December 13, 2008(accessed June 24, 2009), http://www,washingtonpost.com/wp-dyn/content/article/2008/12/12/AR2008121204105. html.
3. To see an award-winning documentary about the Ecuador situation and lawsuit, go to the website http://www.crudethmovie.com.
4. Neil Watkins and Sarah Anderson, "Ecuador's Debt Default: Exposing a Gap in the Global Financial Architecture," *Foreign Policy In Focus*, December 15, 2008(accessed June 25, 2009), http://www.fpif/fpiftxt/5744.
5. Lucy Adams, "Plight of Women Sold into Slavery Revealed," *Herald*(Glasgow, Scotland), April 19, 2008(accessed May 1, 2009,), http://www.theherald.co.uk/news/display.var.2428222.0.plight_of_women_sold_into_slavery_revealed.php.
6. Joel Brinkley, "Vast Trade in Forced Labor Portrayed in C.I.A. Report," *New York Times*, April 2, 2000(accessed May 1, 2009), http://www.nytimes.com/2000/04/02/us/vast-trade-in-forced-labor-portrayed-in-cia-report.html?sec=&spon=&&.
7. Stacey Hirsh, "Reagan Presidency Pivotal for Unions," *Baltimore Sun*, June 8, 2004(accessed June 26, 2009), http://www.baltimoresun.com/business.bal-bz.unions08jun08,0,1761456.story?coll=bal-business-headlines.
8. Julie Hirschfeld Davis, Associated Press writer, "The Influence Game: Payday Lenders Thwart Limits," ABC News, April 2, 2009, http://acbnews.go.com/International/wireStory?id=7242991.
9. Democracy Now, *War and Peace Report*, daily TV and radio news program, hosted by Amy Goodman and Juan Gonzalez, "Ecuadorian President: World Should Consider Abolishing IMF,"

Headlines for June 26, 2009, http://www.demicracynow.org/2009/6/26/headlines.

7장

1. "The Rose and Fall of Dennis Kozlowski: How Did He Become So Unhinged by Greed? A Revealing Look at the Man Behind the Tyco Scandal," *Business Week*, December 23, 2002(accessed July 10, 2009), http://www.businessweek.com/magazine/content/02_51/b3813001.htm.
2. "Inside Stephen Schwarzman's Birthday Bash," *New York Times*, February 14, 2007(accessed July 11, 2009), http://dealbook.blogs.nytimes.com/2007/02/14/inside-stephen-schwarzmans-birthday-bash/.
3. Nelson D. Schwartz, "Wall Street's Man of the Moment," *Fortune*, CNNMoney.com, February 21, 2007(accessed July 11, 2009), http://money.cnn.com/magazine/fortune/fortune_archive/2007/03/05/8401261/index.htm.
4. www.cbsnews.com/stories/2006/06/28/national/main1758528.shtml.
5. CleanUpGE.org, "Toxic on the Hudson: The Story of GE, PCBs and the Hudson River," undated(accessed July 18, 2009), http://www.cleanupge.ogr/pcbartical.pdf.
6. Ibid.
7. "The World's Billionaires," edited by Luisa Kroll, Matthew Miller, and Tatiana Serafin, *Forbes*, March 30, 2009(accessed July 18, 2009), http://www.forbes.com/2009/03/11/world-richest-people-billionaires-2009-billionaires_land.html; and Duncan Greenberg and Tatiana Serafin, "Billionaires List: Up in Smoke," *Forbes*, March 30, 2009(accessed July 18, 2009), http://www.forbes.com/forbes/2009/0330/076-up-in-smoke.html.
8. Warren Vieth, "Most U.S. Firms Paid No Income Taxes in '90s: More Than Half Avoided Levies During Book Years," *Los Angeles Times*, April 11, 2004, http://www.boston.com/business.globe.articles/2004/04/11/most_us_firm_paid_no_income_taxes_in_90s/.
9. David Goldman, "Most Firms Pay No Income Taxes—Congress," CNNMoney.com, August 12, 2008(accessed July 19, 2009), http://money.cnn.com/2008/08/12/news/economy/corporate_taxes.
10. "Who Is Poor?" Institute for Research on Poverty (IRP), posted December 6, 2004(accessed July 13, 2009), http://www.irp.wisc.edu/faqs/faq3.htm. See also Anuradha Mittal, "Hunger in America," CommonDreams.org, December 10, 2004(accessed July 18, 2009), http://www/commondreams.org/views04/1210-22.htm.
11. U.S. Census figures reported by the National Coalition on Health Care(NCHC), "Health Insurance Coverage," Washington D.C., posted 2009(accessed July 18, 2009), http://www.nchc.org/facts/coverage.shtml.
12. G. William Domhoff, "Wealth, Income, and Power," Who Rules American website, September 2005, updated May 2009(accessed July 13, 2009), http://sociology.ucsc.edu/whorulesamerica/power/wealth.html.

8장

1. For details about IPS, its competitors, and its success, see John Perkins, *The Stress-Free Habit: Powerful Techniques for Health and Longevity from the Andes, Yucatan, and Far East*(Rochester, Vt.: Healing Arts Press, 1989); and John Perkins, *Shapeshifting: Shamanic Techniques for Global and Personal Transformation*(Rochester, Vt.: Destiny Books, 1997).

2. 132 *Congressional Record.* S8272~73(daily edition June 24, 1986. Colloquy of Senators Baucus and Packwood).

3. Hervey Wasserman, "California's Deregulation Disaster," *The Nation*, February 12, 2001, http://www.thenation.com/doc/20010212/wasserman.

4. FERC 3—26—03 Docket No. PA02-2-000, "*Staff Report Price Manipulation in Western Markets*,"; and http://www.sfgate.com/cgi-bin/aricle/cgi?f=/c/a/2000/12/08/MN148576.DTL.

9장

1. Daniel Engber, "Why Do Airlines Go Bankrupt: Delta Can't Keep up with JetBlue,", Slate Magazine, September 15, 2005, http://www.slate.com/id/2126383.

2. Thom Hartmann, *Threshold: The Crisis of Western Culture*(New York: Viking, 2009), advanced uncorrected proof, pp. 39;41.

10장

1. "Amazon Crude: Scott Pelley Reports on a Multi-Billion-Dollar Lawsuit over Oil Drilling Pollution" *60 Minutes*, CBS, May 3, 2009, http://www.cbsnews.com/stroies/2009/05/01/60minutes/main4983549.shtml.

2. "Toward a More Sustainable Way of Business," http://www,interfaceglobal.com/Sustainability.aspx.

11장

1. "Suspended Nicaraguan Priest Elected President of U.N. General Assembly," Catholic News Agency, June 6, 2008(accessed June 30, 2009), http://www.catholicnewsagency.com/new.php?n=12862.

2. Structural Adjustment Participatory Review International Network(SARPIN), Washington D.C., letter to James Wolfensohn, President, World Bank, April 165, 2004(accessed June 1, 2009), http://www, developmentgap.org/worldbank_imf/saprin_letter_to_world_bank_president_16april2004.pdf. See also on the organization's website "The Development GAP's Mission and Operating Principles,"; http://www.developmentgap.org/mission%26principales/mission_principles.html.

12장

1. "The Crisis and How to Deal with It," *New York Review of Books*, June 11, 2009, p. 76.

2. Barbara Hagenbaugh, "U.S. Manufacturing Jobs Fading Away Fast," *USA TODAY*, December 12, 2002, http://www.usatoday.com/money/economy/2002-12-12-manufacture_x.htm.

3. Andrew Gumbel, "How the War Machine Is Driving the U.S. Economy," *Independent*(United Kingdom), January 6, 2004, http://www.commondreams.org/views04/0106-12.htm.
4. NPR, *Weekend Edition Sunday*, hosted by Linda Wertheimer, April 5, 2009, http://www.npr.org.
5. "2008 Global Arms Spending Hits Record High," *China Daily*, June 9, 2009, from Reuters and Associated Press, p. 11. See also Democracy Now, *War and Peace Report*, daily TV and radio news program, hosted by Amy Goodman and Juan Gonzalez, "Report: Global Military Spending Rose to $1.46 Trillion in 2008," Headlines for June 8, 2009, http://www.democaracynow.org/2009/6/8/headlines.
6. See the following websites: http://www.gpoaccess.gov/usbudget/fy09/pdf/budget/defense.pdf.; http://www.salte.com/id/2183592/pagenum/all/; http://www.truthandpolitics.org/military-rekative-size.php; http://www.defenselink.mil/comptroller/defbudget/fy2008_weabook.pdf; http://www.globalissues.org/article/75/world-military-spending.
7. See the following websites: http://www.warresisters,org/pages/piechart.htm; http://www.globalissues.org/article/75/world-military-spending; and http://www.salte.com/id/2183592/pagenum/all.
8. See the websites Listed in note 6 above.
9. See the websites Listed in note 7 above.
10. See also Democracy Now, *War and Peace Report*, daily TV and radio news program, hosted by Amy Goodman and Juan Gonzalez, Headlines for May 11, 2009, http://democracynow.org/2009/5/11/headlines.

13장

1. *Encarta*, "Capitalism," MSN Encarta article, http://encarta.msn.com/encyclopedia_761576596/Capitalism.html#s1.

14장

1. Saeromi Shin and Chua Kong Ho, "Fidelity's Ma Says China's Economic Growth May Beat Predictions," Bloomberg Press, June 10, 2009, http://www.bloomberg.com/apps/news?pid=20601080&sid=azvmiXGzTXI8.

17장

1. Robert D. McFadden and Scott Shane, "In Rescue of Captain Navy Kills 3 Pirates," *New York Times*, April 12, 2009, http://www.nytimes.com/2009/04/13/world/africa/13pirates.html?pagewanted=1&sq=somalipercent20pirates&st=cse&scp=2.
2. "Fighting Piracy in Somalia," Editorial, *New York Times*, April 16, 2009, http://www.nytimes.com/2009/04/17/opinion/17iht-edpirates.html?scp=3&sq=reasonspercent20forporcent20Somalipercent20piracy&st=cse.

3. Gwen Thompkins, "In Somalia, Piracy Is An Attractive Career Option," NPR *Morning Edition*, May 6, 2009, http://www.npr.org/templates/story/story.php?storyId=103815312.
4. Organic Consumers Association, "NAFTA: Truth and Consequences of Corn Dumping," http://www.organicconsumers.org/nafta040504.cfm.

19장

1. Thom Hartmann, *Threshold: The Crisis of Western Culture*(New York: Viking, 2009), Advance uncorrected proof, pp. 95~96.
2. Green America, "Sweatshops: Economic Action to End Sweatshop and Forced Child Labor"(accessed April 21, 2009), http://www.coopamarica.org/programs/sweatshops/sneakers.cfm.
3. Green America, Responsible Shopper: Your Guide to Promoting a Responsible Economy, "Nike," August 27, 2008(accessed April 21, 2009), http://www.coopamerica.org/programs/responsibleshopper/company.cfm?id=271.
4. Daniel Goleman, *Ecological Intelligence: How Knowing the Hidden Impacts of What We Buy Change Everything*(New York: Broadway Books, 2009), pp. 64~70.

20장

1. SourceWatch, "Chiquita Brands International, Inc."(accessed May 12, 2009), http://www.sourcewatch.org/index.php?title=Chiquita_Brands_International%2C_Inc.
2. Public Citizen, "Nicaragua"(accessed May 12, 2009), http://www.citizen.org/cmep/Water/cmep_Water/reports/nicaragua/index/cfm.

21장

1. Thom Hartmann, *Threshold: The Crisis of Western Culture*(New York: Viking, 2009), Advance uncorrected proof, pp. 13~14.
2. Renee Montagne, "Cargo Hauling at California Ports Will Go Greener," *Morning Edition*, National Public Radio(NPR), February 26, 2009.

22장

1. Dr. Riane Tennenhaus Eisler, *The Real Wealth of Nations: Creating a Caring Economics*(San Francisco: Berrett-Koehler, 2007), chap. 10, p. 9, galley proofs.

23장

1. Theodore Roosevelt, Labor Day Speech, Syracuse, New York, September 7, 1903(accessed May 19, 2009), http://www.quotationspage.com/quotes/Theodore_Roosevelt.
2. Edmund Morris, "Teddy Roosevelt: With Limitless Energy and a Passionate Sense of the Nation, He Set the Stage for the American Century," The TIME 100, *Time* Magazine, April 13, 1998(accessed May

19, 2009), p. 4, http://www.time.com/time/time100/leaders/profile/troosevelt4.html.
3. "TR's Legacy—The Environment" http://www.pbs.org/wgbh/amex/tr/envir.html(accessed May 19, 2009) and "The Story of Theodore Roosevelt: TR's Legacy—The Environment," *The American Experience*, WGBH/PBS(accessed May 19, 2009), http://www.pbs.org/wgbh/amex/tr/envir.htnl.

24장

1. E-mailed May 20, 2009, 12:09:36 P.M. EDT, To:mailing list; Reply-To rabbilerner@tikkun.org.
2. Michael Lerner, "Barack Obama's Nonideological Pragmatism Will Backfire," Politico, May 20, 2009, http://www.politico.com/news/stories/0509/22707.html.

결론

1. Mark Weisbrot, "Who's Charge of U.S. Foreign Policy? The Coup in Honduras Has Exposed Divisions between Barack Obama and His Secretary of State, Hillary Clinton," *Guardian*(United Kingdom), July 16, 2009(accessed July 23, 2009), http://www.guardian.co.uk/commentisfree/cifamerica/2009/jul/16/honduras-coup-obama-clinton.
2. Democracy Now, *War and Peace Report*, daily TV and radio news program, hosted by Amy Goodman and Juan Gonzalez, "From Arbenz to Zelaya: Chiquita in Latin America," July 21, 2009(accessed July 23, 2009), http://www.democracynow.org/2009/7/21/from_arbenz_to_zelaya_chiquita_in.
3. "Chiquita Admits to Paying Colombia Terrorists: Banana Company Agrees to $25 Million Fine for Paying AUC for Protection," Associated Press, MSNBC, March 15, 2007(accessed July 23, 2009), http://www.msnbc.msn.com/id/17615143.
4. For more information, see Alex Constantine's Blacklist, "AG Eric Holder&Chiquita, Covington, Negroponte, Bolton, Colombian Death Squads," July 20, 2009(accessed July 23, 2009), http://aconstantineblacklist.blogspot.com/2009/07/eric-holder-and-chiquita-covington.html.
5. Mark Weisbrot, "The High-Powered hidden Support for Honduras' Coup: The Country's Rightful President Was Ousted by a Military Leadership That Take Many of Its Cues from Washington Insiders," *Los Angeles Times*, July 23, 2009, http://www.latimes.com/news/opinion/commentary/la-oe-weisbrot23-2009jul23,0,7566740.story.

옮긴이 | 김현정

한양대학교 경영학과를 졸업한 후 삼성경제연구소(SERI)에서 경제 · 경영 전문 번역가로 근무했다. 역서로는 『경제 저격수의 고백』, 『퇴직 후 일자리 찾기』, 『빅 무』, 『아주 단순한 성공 법칙』, 『차이의 전략』, 『승리하는 기업』 등이 있으며 현재 프리랜서 번역가로 활동하고 있다.

경제 저격수의 고백 2

1판 1쇄 펴냄 2010년 10월 4일
1판 5쇄 펴냄 2022년 1월 3일

지은이 | 존 퍼킨스
옮긴이 | 김현정
발행인 | 박근섭
펴낸곳 | ㈜민음인

출판등록 | 2009. 10. 8 (제2009-000273호)
주소 | 135-887 서울 강남구 신사동 506 강남출판문화센터 5층
전화 | **영업부** 515-2000 **편집부** 3446-8774 **팩시밀리** 515-2007
홈페이지 | minumin.minumsa.com

도서 파본 등의 이유로 반송이 필요할 경우에는 구매처에서 교환하시고
출판사 교환이 필요할 경우에는 아래 주소로 반송 사유를 적어 도서와 함께 보내주세요.
135-887 서울 강남구 신사동 506 강남출판문화센터 6층 민음인 마케팅부

ISBN 978-89-94210-39-1 03320

㈜민음인은 민음사 출판 그룹의 자회사입니다.